中国软科学研究丛书

丛书主编：张来武

"十一五"国家重点图书出版规划项目
国家软科学研究计划资助出版项目

老工业基地城市的改造与发展

以吉林省四城市为例

王劲松 等 著

科学出版社

北京

内 容 简 介

作为东北老工业基地的一部分，吉林省为我国的现代化建设做出了独特的贡献。本书以吉林省行政区划全域为研究对象，以省内重要的老工业基地城市为分析单元，回顾了吉林省老工业基地的形成发展、调整改造的历史进程，总结了国家实施东北振兴战略以来吉林省老工业基地各项事业取得的伟大成就，分析考虑了当前国内外的宏观形势和基本环境，并在此基础上提出了吉林省老工业基地调整改造的战略定位、指导原则、总体思路和总体目标。

本书可为推进吉林省老工业基地调整改造工作提供基本的理论背景、情况分析和战略思路，可供相关领域研究人员参阅，也可为政府部门制订决策提供参考。

图书在版编目（CIP）数据

老工业基地城市的改造与发展：以吉林省四城市为例 / 王劲松等著 .
—北京：科学出版社，2016
（中国软科学研究丛书）
ISBN 978-7-03-049015-5

I.①老… II.①王… III.①老工业基地 – 城市建设 – 研究 – 吉林省
IV.① F299. 273. 4

中国版本图书馆 CIP 数据核字（2016）第 141116 号

丛书策划：林　鹏　胡升华　侯俊琳
责任编辑：石　卉　程　凤 / 责任校对：蒋　萍
责任印制：徐晓晨 / 封面设计：黄华斌　陈　敬

科 学 出 版 社 出版
北京东黄城根北街 16 号
邮政编码：100717
http://www.sciencep.com

北京凌奇印刷有限责任公司 印刷
科学出版社发行　各地新华书店经销

*

2016 年 7 月第　一　版　开本：720 × 1000　1/16
2024 年 1 月第三次印刷　印张：14 1/4
字数：293 000
定价：88.00 元
（如有印装质量问题，我社负责调换）

总 序 ·············· ▶

　　软科学是综合运用现代各学科理论、方法，研究政治、经济、科技及社会发展中的各种复杂问题，为决策科学化、民主化服务的科学。软科学研究是以实现决策科学化和管理现代化为宗旨，以推动经济、科技、社会的持续协调发展为目标，针对决策和管理实践中提出的复杂性、系统性课题，综合运用自然科学、社会科学和工程技术的多门类多学科知识，运用定性和定量相结合的系统分析和论证手段，进行的一种跨学科、多层次的科研活动。

　　1986 年 7 月，全国软科学研究工作座谈会首次在北京召开，开启了我国软科学勃兴的动力阀门。从此，中国软科学积极参与到改革开放和现代化建设的大潮之中。为加强对软科学研究的指导，国家于 1988 年和 1994 年分别成立国家软科学指导委员会和中国软科学研究会。随后，国家软科学研究计划正式启动，对软科学事业的稳定发展发挥了重要的作用。

　　20 多年来，我国软科学事业发展紧紧围绕重大决策问题，开展了多学科、多领域、多层次的研究工作，取得了一大批优秀成果。京九铁路、三峡工程、南水北调、青藏铁路乃至国家中长期科学和技术发展规划战略研究，软科学都功不可没。从总体上看，我国软科学研究已经进入各级政府的决策中，成为决策和政策制定的重要依据，发挥了战略性、前瞻性的作用，为解决经济社会发展的重大决策问题作出了重要贡献，为科学把握宏观形势、明确发展战略方向发挥了重要作用。

20 多年来，我国软科学事业凝聚优秀人才，形成了一支具有一定实力、知识结构较为合理、学科体系比较完整的优秀研究队伍。据不完全统计，目前我国已有软科学研究机构 2000 多家，研究人员近 4 万人，每年开展软科学研究项目 1 万多项。

为了进一步发挥国家软科学研究计划在我国软科学事业发展中的导向作用，促进软科学研究成果的推广应用，科学技术部决定从 2007 年起，在国家软科学研究计划框架下启动软科学优秀研究成果出版资助工作，形成"中国软科学研究丛书"。

"中国软科学研究丛书"因其良好的学术价值和社会价值，已被列入国家新闻出版总署"'十一五'国家重点图书出版规划项目"。我希望并相信，丛书出版对于软科学研究优秀成果的推广应用将起到很大的推动作用，对于提升软科学研究的社会影响力、促进软科学事业的蓬勃发展意义重大。

科技部副部长

2008 年 12 月

前 言 ·············▶ FOREWORD

　　本书以吉林省行政区划全域为研究对象，以长春市、吉林市、四平市、通化市等重要的老工业基地城市为分析单元，研究探索未来时期，吉林省老工业基地如何通过改革开放创新、加快调整改造步伐，实现全面振兴的伟大目标。本研究具有重要的现实意义，研究视角、研究路径也比较新颖。

　　吉林省作为东北老工业基地的重要组成部分，为我国的现代化建设做出了独特的贡献。本书首先回顾了吉林省老工业基地形成发展、调整改造的历史进程；总结了国家实施"振兴东北"战略以来，吉林省老工业基地各项事业取得的伟大成就；分析考虑了当前国内外的宏观形势和基本环境。在此基础上，本书提出了吉林省老工业基地调整改造的战略定位、指导原则与总体思路、总体目标。

　　本书主体部分从产业体系、城市体系与城市功能、公共服务与民生事业、创新体系、体制改革与转变经济增长方式等几个基本方面展开深入研究，分析了长春市、吉林市、通化市、四平市等老工业基地城市在城市化方面的成就和面临的问题。附录收录了对丰满水电站建设历程及其经济社会影响的研究。被誉为"中国水电之母"的丰满水电站已有80多年的历史，是东北老工业基地建设发展难得的典型案例。

　　自国家决定实施振兴东北老工业基地战略以来，吉林省经济社会获得了新的发展机遇，发展步伐明显加快，在全国和东北区域范围内的位次都得到提升。吉林省在东北经济区和东北亚区域经济一体化中的作用和影响也不断加强。当前，吉林省处于发展的关键期，也是大有作为的战略机遇期。然而，发展如同逆水行舟，不进则退。我们要深刻认识吉林省振兴战略任务的艰巨性和长期性。

笔者认为，振兴吉林省老工业基地必须坚持科学发展、改革开放和体制创新，大力推进现代产业体系建设，坚持提升城市综合功能和增强承载能力，坚持科技创新和可持续发展，坚持完善公共服务体系和保障民生。

在今后一段时期内，努力方向主要包括：改革开放实现新突破，经济保持平稳较快发展；经济结构调整取得重大进展，构建以有竞争力的工业为主体、以现代农业和服务业为两翼的现代产业体系；城镇化质量和水平明显提高；水、电、气、通信、垃圾处理等基础设施有效改善；长吉都市经济圈辐射带动能力增强，多层次的城市体系日益完善；对内对外开放深度广度进一步拓展；区域经济一体化向深层次发展；以行政体制改革为突破，政府的服务能力、公信力和行政效率明显提高；综合配套改革试验工作深入推进，合理调整行政区划范围；建设公共财政，深化公共预算体制改革，完善地方政府间财政转移支付制度；建设"富民工程"，推进收入分配公平，减少贫困；社会建设明显加强，科教文卫等社会事业全面发展；民主法制更加健全，社会管理体制创新，社会更加和谐稳定。吉林省在东北经济区和东北亚区域开放中的地位和作用进一步提升。

笔者认为，从吉林省各地区、各城市的实际出发，根据"区别对待、分类指导、切实可行、适时调整"原则，统筹利用财政、税收、金融、投资、产业、土地、区域与对外合作、资源环境等政策，从经济、社会、产业、可持续发展、对外关系等多个方面，全面推进调整改造工作，十分必要和十分迫切。我们要努力把各老工业基地城市建设成为人民生活幸福的繁荣和谐之城，让城乡居民生活得更加美好。

综上所述，本书针对东北老工业基地特别是吉林省老工业基地调整改造的前景，以及前进道路上遇到的困难、存在的矛盾，从学者研究的角度，对一些相关的基本理论背景、实际情况、战略构想和路径设计等方面进行了研究，提出了一些具备理论性和操作性的政策建议。本书的研究成果可供各级政府及有识之士参考。

目 录 ································► CONTENTS

第一章 　　　**绪　　论**

　　本书以吉林省行政区划全域为研究对象，以吉林省内重要的老工业基地城市为分析单元[①]，研究将来一段时期内，吉林省老工业基地如何通过调整改造，实现全面振兴的问题。

　　本书首先回顾吉林省老工业基地形成发展、调整改造的历史进程，总结国家实施振兴东北老工业基地战略以来，吉林省老工业基地经济社会各项事业发展的成就；然后分析考虑当前国内外的宏观形势和基本环境，提出吉林省老工业基地调整改造的战略定位、指导原则与总体思路、总体目标。

　　本书主体部分从产业体系、城市功能、民生事业、体制改革与转变经济增长方式等各个基本方面，研究探索未来十年内，吉林省老工业基地如何通过改革开放创新、调整改造，实现全面振兴的宏远目标。本书将为推进吉林省老工业基地调整改造工作，提供基本的理论背景、情况分析、战略思路，进一步提出可行的政策建议。

一　吉林省老工业基地的形成和发展

　　众所周知，东北老工业基地是新中国工业的摇篮，为我国建成独立、完整的工业体系和国民经济体系，为国家的改革开放和现代化建设做出了历史性的重大贡献。吉林省作为东北老工业基地的一部分，也为我国的现代化建设做出了自己独特的贡献。

　　经过"一五"期间和其后的建设，一个向全国提供能源、原材料和机电设备的重工业基地在吉林大地建立起来。第一汽车制造厂是中国汽车工业的摇篮。吉林化学工业公司是新中国第一个大型化学工业基地，是我国化学工业发展的里程碑。吉林省还支援了内地的三线建设，建设和形成一批科学技术体系和科研机构，为国家输送了大批人才；上缴了大量的税收，为国家财政积累做出了重要贡献。

---

① 吉林省的老工业基地城市主要有长春市、吉林市、通化市、四平市、辽源市等。根据相关理论研究成果，对处于不同发展阶段的城市进行分类：长春市为繁荣型老工业基地城市；吉林市为发展型老工业基地城市；四平市、通化市为问题型老工业基地城市；辽源市为资源枯竭型老工业基地城市。

⬛二 当前的宏观环境、指导原则与总体目标

改革开放以来，特别是东亚金融危机以来，随着东南沿海地区的崛起，部分老工业基地一度陷入困境，出现了相对衰退的现象。为此，国家实施了振兴东北老工业基地战略。振兴行动以来，吉林省经济社会发展获得了新的机遇，发展步伐明显加快，在全国和东北区域范围内的位次都得到提升。吉林省在东北经济区和东北亚区域经济一体化中的作用和影响也在不断加强。

当前，吉林省处于发展的关键期，也是大有作为的战略机遇期。主要表现如下：工业化和信息化进程加速，结构调整和产业升级步伐加快；城镇化进程、基础设施建设快速推进，社会事业发展，体制机制创新不断深化。这些都为加快发展提供了巨大空间和强大动力。发展如同"逆水行舟，不进则退"。我们要充分认识吉林省振兴战略任务的艰巨性和长期性，克服"小富即安"的思想，认真寻找差距，不松懈、不麻木，以更大的热情和坚韧性投身到振兴吉林老工业基地的工作中去。

笔者认为，振兴吉林省老工业基地的指导思想应该是：深入贯彻落实科学发展观，以科学发展、加快振兴、富民强省为目标，以解放思想、改革创新、转变方式、科学发展为主题，以加快转变经济发展方式为主线，统筹推进工业化、城镇化和农业现代化"三化"建设；建设一体化市场经济，着力实施投资拉动、项目带动和创新驱动战略，以发展保障民生改善，强化改革开放战略整体推进和要素支撑保障，推动经济转型取得大的进展，推动行政和社会管理体制机制不断创新；着力加强环境保护和节能减排；加快推动富民进程，全面加强社会事业，为全面建成小康社会奠定坚实基础。

振兴吉林省老工业基地的发展目标应该是：通过十年或更长时间的努力，加快改革创新，转变经济发展方式取得实效，区域经济一体化取得进展。针对省内不同规模、不同性质、不同问题、不同发展阶段的众多老工业基地城市，必须按照"区别对待，分类指导；综合配套，有限目标；远近结合、重点突破"的调整思路，努力提高综合竞争力，把老工业基地城市建设成为产业特色鲜明、竞争优势明显、城乡发展协调、生态环境优美、人民生活幸福的繁荣和谐之城。全域城镇体系更加完备，全面建成小康社会的基础更加牢固，城乡居民生活得更加美好。

振兴吉林省老工业基地必须坚持以下原则：坚持科学发展，坚持改革开放、

体制创新；坚持一体两翼，推进现代产业体系建设；坚持提升城市综合功能，增强承载能力；坚持科技创新和可持续发展；坚持保障和改善民生。

主要的努力方向包括以下五个方面。

（1）改革开放实现新突破，经济保持平稳较快发展：政府服务能力、公信力和行政效率明显提高；综合配套改革试验深入推进；对内对外开放深度广度进一步拓展；区域经济一体化向深层次发展；吉林省在东北经济区和东北亚开放中的地位和作用进一步提升。

（2）经济结构调整取得重大进展：支柱优势产业带动能力进一步增强，战略性新兴产业加快发展；科技创新能力明显提高；支柱优势产业、高新技术产业及服务业的比重不断提高；民营经济、县域经济得到发展和提高。

（3）城镇化质量和水平明显提高：在国家主体功能区布局中，以长吉一体化为核心的中部城市群带动作用明显增强；初步形成具有吉林特色的新型城镇化格局；多层次的城市体系日益完善；城乡基础设施、人居环境进一步改善；资源节约和生态环境继续改善；资源型老工业基地城市可持续发展能力增强。

（4）"富民工程"取得实质性成效：收入分配日益公平，消费需求比重进一步提高；社会保障体系加快完善，保险全覆盖，城乡医疗统筹发展；城乡居民居住条件明显改善；贫困人口显著减少。

（5）社会建设明显加强：科教、医疗卫生、文化等社会事业全面发展；覆盖城乡的基本公共服务及其均等化程度大幅提高；民主法制更加健全，社会管理得到切实加强，社会更加和谐稳定。

三 促进产业转型，构筑现代产业体系

建立有吉林特色的现代产业体系：加快推进工业化、信息化和生态化的融合，走新型工业化道路，突出自主创新能力建设和产业集聚，打通三次产业之间的战略关联，构建以有竞争力的工业为主体、以现代农业和服务业为两翼的现代产业体系。

（1）加快产业结构调整与升级，实现产业创新和科技创新：以扩大内需为主，立足于现有支柱、优势产业，打造世界级的汽车产业基地、国内重要的大型石化产业基地，打造具有竞争力的农产品加工产业基地，打造具有吉林特色的装备制造业基地；改造提升传统产业，大力发展特色资源产业，培育发展战略性新兴产业；提高产业核心竞争力。

（2）构建现代农业产业体系：加强农业基础设施建设，不断提高农业综合生产能力，加大现代农业制度创新力度；促进传统农业向高产、优质、高效、生态、安全的现代农业转变，在更高起点上建设粮食大省、现代农业大省。

（3）加快发展服务业：服务业是衡量生产社会化程度和市场经济发展水平的一个重要标志，要努力发展传统服务业和现代服务业，让服务业提供更多的税源和就业岗位；加快把旅游业和文化产业培养成新的支柱产业。

四 提速城镇化，完善城乡体系建设

1. 走吉林特色的城镇发展道路

在全国城镇化步伐加速、经济一体化程度不断加深的背景下，探索符合吉林实际，充分利用经济、人口、地缘等优势，形成高速度、高质量的城镇化发展道路，努力完善全省多层次城市体系。

随着经济社会的发展、人口的流动，吉林省多层次城市体系的发展格局和空间布局也在变化之中。吉林省的发展要努力促进城市体系的完善扩展、提升各城市的整体功能、提高城市的人口承载能力和经济密度，实现城市综合竞争力的不断提升。城市规模与城市功能、城市竞争力是相互促进的，要促进城市市场规模、经济规模的扩大，以城市规模发展降低城市的运营成本。

2. 大力建设吉林省"两横两纵"发展轴

吉林省有哈大（哈尔滨—长春—大连）、舒梅（舒兰—梅河口）两条纵向发展轴，南部门户（四平—辽源—梅河口—通化）、珲乌（珲春—延吉—敦化—吉林—长春—松原—白城—乌兰浩特）两条横向发展轴。要充分发挥"两横两纵"发展轴纵横交错的优势，以及其在吉林省发展和东北对内对外开放格局中的作用。

3. 推动长吉一体化，实行中间突破战略

努力提高长吉都市经济圈在国家主体功能区中的地位，扩大长吉都市经济圈在东北经济一体化进程中的影响；推进相邻城市间的一体化和同城化进程；建立和完善跨区域合作机制，发展城市联盟；消除市场壁垒和户籍制度壁垒，促进要素流通；积极发挥各方优势，提升互动层次，着力推进"规划同筹、交通同网、信息同享、市场同体、产业同布、科技同兴、旅游同线、环境同治"。

4. 加快开发区和工业新区的发展

发挥开发区在经济发展中的主力军作用，推动开发区转型升级；提升开发区载体功能；科学规划确定各类开发区、工业集中区的功能定位，进一步加快

特色产业园区建设，积极鼓励生态环保、循环经济、特色产业、国际（省际）合作等产业园区的发展；加强老工业集中区调整改造，推动长春铁北地区、吉林哈达湾地区、通化二道江地区的发展。

5. 促进城乡统筹与县域经济的发展

做好"三化"统筹，稳步推进户籍人口、社会保障、土地流转、财税金融、行政管理等重点领域改革，通过体制机制创新促进"三化"协同推进。

6. 推动资源型老工业基地城市转型发展

吉林省资源型城市包括辽源、通化、白山等 5 个地级城市和九台、磐石、蛟河、临江等 23 个县级城市。吉林省资源过度开采现象突出，资源利用效率低，生态环境损害严重；资源产业一支独大、接续替代产业发展乏力、产业结构失衡现象突出；经济发展动力不足，社会民生问题突出，生态环境压力巨大。吉林省必须通过走新型工业化道路，培育发展接续替代产业，由资源依赖型向自主创新型转变，推进产业结构升级和经济发展方式转变。

五 强化基础设施建设，提升支撑保障功能

近年来，吉林省城市基础设施建设不断完善，人居环境质量不断提高。全省道路、供排水、供气、供电、通信、污水及垃圾处理等基础设施建设水平大幅度提高。但城市基础设施综合承载能力仍然偏低，建设水平和指标总体较低，与发达省份相比还有差距。不少中小城市基础设施普遍缺乏，还处于城市化的起步阶段。通过加大投资和建设力度，实现立体交通网络和市政基础设施的升级和改造，不断加强能源和信息化基础设施建设，将是吉林省城市基础设施建设发展的主要方向。

（1）完善综合交通网络。为改善投资环境，吉林省始终将发展交通运输业作为基础设施投资的重中之重。特别是国际金融危机以来，结合国家扩大内需战略，吉林省更是加大了连接省内外铁路、公路、港口等交通基础设施的投资力度。加快构建结构合理、快速高效的城市综合交通体系，完善城市内部交通道路系统和配套设施，优化城市路网结构，提高道路交通管理水平，着力缓解大中城市交通拥堵问题。

（2）构建现代能源保障体系。吉林省正逐步进入工业化中后期阶段，对能源消耗的依赖进一步增强，环境压力不断增大。因此，吉林省要以经济结构调整为契机，优先发展新能源，促进能源生产和消费结构转型，按照保障供给、

节能优先、调整结构、多元发展的思路，构建安全、稳定、经济、清洁的现代能源保障体系。拓宽外埠能源供应渠道，建立长期稳定的供应基地；鼓励使用电力、天然气等优质能源，适度发展分布式能源；因地制宜地发展新能源和可再生能源，推进能源新技术产业化进程；加强现代吉林电网和油气输送管网建设；积极实施"气化吉林"惠民工程，推进地级市城际管道联网并与中石油东北主干网联通；推进"长吉图"低碳能源示范带建设。

（3）加强信息基础设施建设。坚持"资源共享、融合创新、深化普及、保障安全"的原则，以"数字吉林"地理空间框架建设为核心，加强信息基础设施建设，丰富全省信息资源，提高信息的应急保障能力；整合全省信息资源，构建吉林省信息公共服务平台；加强数字城市建设。

六 关注民生，建设公共服务体系

推进基本公共服务均等化是保障和改善民生的重要内容，是实现人的全面发展和构建和谐社会的重要支撑，是加快经济社会发展转型和发展方式转变的必然要求，是加快城乡统筹步伐和缩小区域发展差距的直接动力。推进基本公共服务均等化，有利于保障公民的基本权利，促进社会公平公正，维护社会和谐稳定；有利于城乡居民改善预期，扩大内需，促进统一市场，促进经济平稳较快发展，具有显著的经济意义；有利于加快政府职能转变，完善公共财政体制，建设以公共利益为目标、以公共需求为尺度、为全社会提供高质量基本公共服务的服务型现代政府。

基本公共服务，核心在保障供给，关键在形成机制。必须坚持"保基本、广覆盖、可持续"的基本原则，既尽力而为又量力而行，依循"保基本、强基层、建机制"的基本路径。吉林省推进基本公共服务均等化的实践，为后发省份在公共服务方面赶超发达省份指明了方向。

当前，城乡接轨和比较均衡的公共服务体制框架基本形成，基础教育、公共卫生、社会保障、文化事业等领域取得重要进展。吉林省公共服务均等化的主要目标应该是："坚持民生优先，改善公共服务，完善社会管理，促进社会公平正义，提高政府提供基本公共服务的能力，提高公民参与社会管理的程度，促进社会和谐稳定。"吉林省基本公共服务的基本原则应当是："效率与公平相结合，低水平广覆盖，多方参与完善，市场化运作。"在此原则指导下，逐步完善覆盖城乡的基本公共服务体系，推进城乡基本公共服务均等化。加快面向民生领域的社会事业发展，采取政府采购、特殊经营、政策优惠等方式，鼓励、支持和引导社会力量参与公共服务，形成政府主导、市场引导和社会参与的公共服务供给机制，满足群众多样化需求。

在推进基本公共服务均等化的策略上，现阶段必须以实现"学有所教、劳有所得、病有所医、老有所养、住有所居"为核心内容，把义务教育、公共卫生医疗、社会保障、住房保障、公共就业服务作为推进基本公共服务的近期目标，把启动农村城镇居民养老保险、改善生态环境质量和基础设施条件作为推进基本公共服务均等化的中长期目标。

吉林省是经济欠发达、人均财力少的发展中省份，保运转、促改革、还欠账的任务很重。因此必须理性考虑吉林省公共财政的可挖掘潜力与实际承受能力，分层次、有步骤地逐步推进基本公共服务均等化。财政资金应当继续减少并逐步取消对竞争性领域的投资，逐步向基本公共服务倾斜。推进吉林省基本公共服务均等化发展的最根本出路在于政府转型，在于政府理念、政府职责的调整。这就要求明确各级政府在基本公共服务均等化中的主体地位作用和职责划分。

七 增强创新能力，实现可持续发展

把增强自主创新能力作为调整经济结构和转变经济发展方式的中心环节，提高科技进步水平，推动发展向更加注重科技进步、人才支撑转变。推进创新型吉林建设，使吉林省成为东北重要的创新型区域、东北亚地区重要的创新中心和成果转化基地。

（1）建设生态吉林，实现可持续发展。确立绿色、低碳发展理念，健全激励机制和约束机制，加大环境保护力度，强化节能减排，加快发展绿色经济和循环经济，推广低碳技术，积极推行资源节约、环境友好的生产方式和消费模式，保护以长白山为代表的吉林特色生态资源，打造国内一流的生态环境，构筑我国东北生态安全重要屏障。

（2）加快科技创新能力建设，保护知识产权。有所为，有所不为，有重点地、有选择地突破科技创新体系建设，努力缩小与先进省份的差距；加强知识产权保护；加强科技创新平台和服务体系建设；解决关系民生的科技问题，推动产业重大技术突破和成果转化；强化企业创新主体作用，加强人才队伍建设。

八 深化体制改革开放，增强发展内生动力

坚持社会主义市场经济改革方向，加强改革总体指导和统筹协调，充分发挥各方面改革积极性，着力消除不利于发挥市场基础性作用、不利于转变经济发展方式、不利于社会和谐稳定的体制机制障碍，为推动科学发展奠定体制机制基础。继续推进行政体制（包括财政管理体制）改革和社会管理体制改革，从根本意义上实现"还政于民、问政于民"。

（1）坚持公有制为主体、多种所有制经济共同发展的基本经济制度，营造各种所有制经济依法平等使用生产要素、公平参与市场竞争、同等受到法律保护的体制环境。坚持平等保护物权，推进公平准入、改善融资条件、破除体制障碍，不断完善社会服务体系；促进非公有制总量上规模、结构上层次、质量上水平、管理上台阶。

（2）扩大有效需求，建设市场体系。通过扩大消费需求来扩大拉动真实有效需求；兼顾效率和公平，通过调节收入分配，稳步提高城乡居民收入，促进社会公平，推动经济长期持续增长；建设统一开放、竞争有序的市场体系，把经济协调发展建立在国内市场需求不断扩大的可靠基础之上。

（3）实施开放带动战略，提升对内对外开放水平，以开放促振兴。在更高层次上推动"引进来"和"走出去"；突出引资引智并重，充分利用"两个市场""两种资源"，有效整合国内外生产要素，提高开放带动能力，形成全方位、宽领域、多层次的开放格局，逐步形成内外联动、互利共赢、安全高效的开放型经济体系。

（4）不断完善涉外管理体制，加快建立以"便利化"为核心的服务机制。加快长吉图开发开放先导区建设，全力打造吉林省扩大开放、改革创新的重要平台；畅通我国通往日本海的国际运输通道，对俄对朝跨境经济合作区建设取得积极进展，形成一批特色鲜明、优势明显、具有较强集聚能力的国际产业合作园区，长吉图基本实现区域经济一体化，长吉图区域的竞争力和影响力显著增强。

（5）推进行政体制改革。以行政体制改革配合社会体制改革，推动政治体制改革；努力建设"法治政府、服务政府、效率政府、透明政府、廉洁政府"；积极向下扩权放权，完善行政层次改革和区划改革；加快转变政府职能，改革行政管理方式，继续深化扩权强县改革，完善行政层次改革和区划改革，积极推进政府信息公开，健全行政决策机制，加强公共安全和应急体系建设。

（6）深化财政管理体制改革，建设公共财政。深化公共预算体制改革，建立政府层级之间合理分工的公共服务体制，完善地方政府间财政转移支付制度；推进现代财政管理制度建设，增强依法理财能力，不断强化财政财务监督。

（7）积极推进社会管理体制创新。社会管理体制创新是当前热点之一，按照"小政府、大社会"的原则，积极稳妥地推进社会管理体制创新；构建并完善社会管理体系，创新城市管理体制，加快城市管理法制建设，积极推进户籍管理制度改革，开展平安创建活动，维护群众权益。

九 推进吉林老工业基地振兴的政策建议

从吉林省各老工业基地城市的实际情况出发，遵循"区别对待，分类指导、切实可行、适时调整"原则，统筹利用财政、税收、金融、投资、产业、土地、区域与对外合作、资源环境等政策，从经济、社会、产业、对外关系等多个方面进行全面调整改造，十分必要。本书针对东北老工业基地特别是吉林省老工业基地发展的前景，以及前进道路上遇到的困难、存在的矛盾，从学者研究的角度，提出了一些具备理论基础和操作空间的政策建议，供各级政府及有识之士参考。

（1）更加注重振兴政策差别化设计。加大对吉林市、四平市等二线城市，以及吉林哈达湾、通化二道江等成片老工业集中区的支持力度；加大对老工业基地产业调整升级的支持力度；支持信息化与工业化融合，支持汽车产业与化工产业的融合；支持支柱产业、优势产业、骨干企业、重要品牌扩大市场份额，把新能源汽车、高速轨道客车、碳纤维等产业提升到国家战略层面进行大力扶持。

（2）加大财政税收政策支持力度。中央财政设立老工业基地调整改造基金，增加对老工业基地城市的转移支付；加大农业、社保、搬迁、治陷等专项资金的支持力度，实行各项专项资金的捆绑使用；稳步推进增值税、房产税、个人所得税等改革；实施区域性的增值税分成政策；对搬迁改造企业给予税收优惠。对实行改组改制的老企业的特定收入给予税收优惠；对进口设备和关键部件给予税收优惠；对老工业基地城市的税收返还实行支持。

（3）加大金融投资政策支持力度。加大金融信贷扶持力度，加强对金融机构发展的支持，扩大商业银行核销历史坏账规模，扩大投资项目的审批权限，增强地方投资能力；进一步拓宽项目融资渠道，努力争取增加央企投资项目数量。

（4）加大对老工业基地的土地政策支持力度。推动城乡土地政策改革；统筹建设用地计划；制定与调整改造相适应的土地政策，适当增加用地指标。

（5）加大对企业改制和社会保障的扶持力度。延长老工业基地国有企业改制税收优惠的政策期，彻底解决国有企业改制遗留问题；扩大各类集体企业改革的优惠政策的试点，并相应加大财政支持力度；扩大对社保定额补助基金划拨额度，及时划拨做实个人账户基金，进一步延长社保补贴政策享受年限，扩大享受范围；在就业群体的培训、职业介绍、社会保险和公益性岗位等方面，加大补贴力度。

（6）加大对节能减排和环境治理的政策支持力度。完善资源价格形成机制和资源开发补偿机制；完善矿山环境恢复治理保证金制度等；加强节能减排政策的实施；支持开发和应用低碳技术；争取国家在节能减排试点城市给予照顾，争取支持建立松花江上游城镇居民生态补偿机制；加强环境污染治理，开展排污权交易试点；建立环境污染责任问责制度；加强生态保护与治理；继续实施天然林资源保护工程、退耕还林还草等政策，加强矿山环境整治等生态工程建设；建立健全生态补偿长效机制。

（7）加大对资源型城市转型发展的支持力度。资源型城市转型是东北全面振兴的重点和难点，急需建立可持续发展长效工作机制；希望中央继续给予资源枯竭型城市财力性转移支付支持，同时进一步扩大资源型城市充分吸纳就业、资源综合利用、接续替代产业发展专项规模。长白山林区比照《大小兴安岭林区生态保护与经济转型规划》，享受相关全部政策。长白山区域部分地区应该参照享受资源枯竭型城市财政转移支付等政策。

（8）加快行政体制改革，推进综合改革试验区工作。行政改革是当前改革的突破口，要加快推进政务公开、信息公开、预算公开。结合财政"省管县"的试点，加强转移支付；要完善行政层次改革和区划改革，适当地推进"县改市（区）"等工作；要推动开发区、新区行政体制的改革；为扩大长春中心城市的影响，可以跨区域设立"长春经济区"。

（9）推进行政区划调整。结合综合改革试验工作，分别设立地级、副地级或县级综合改革试验区。主要设想包括以下四个方面：其一，设立副市级的长春市长东北新区。进行行政区划调整，进一步明确规范长东北新区的行政区划范围，明确和调整其辖区内的行政主体的区划范围。其二，以吉林市全辖，设立吉林（地级市级别）综合改革试验区。吉林市作为吉林省老省会城市和次中心工业城市，在吉林省区域发展中具有特殊的历史地位。吉林市的地理位置，也决定了吉林市在东北经济一体化，特别是联系黑龙江省东部方面具有重要作用。其三，设立梅河口（地级市级别）综合改革试验区。新的试验区范围包括梅河口、柳河、辉南等3县（市），随着其实力不断融合发展还可以进一步扩大范围，将其他地级市所辖的县级行政区纳入进来。待条件成熟时，梅河口综合改革试验区可以进一步改为梅河口市（地级市）。届时，向南可以加强与抚顺市、沈阳市合作，向北可以加强与吉林市、延边朝鲜族自治州，以及牡丹江市、佳木斯市等黑龙江东部城市的联系。梅河口地区将发挥重要的南来北往通道和交通枢纽的作用，极大地促进东北经济一体化进程。其四，敦化、公主岭等城市可以设立副地级或县级的综合改革试验区，以试验各项改革措施，以试点带动全局。

（10）加大对东北区域经济合作和新发展轴的支持力度。积极参与东北区域分工与合作；发挥东北四省区合作行政首长联席会议作用，推动区域合作、经济一体化发展；要主动出击，打破省界、市界，大胆地引进省外的人口、人才、资源、资金；要大力建设吉林省"两横两纵"发展轴，充分发挥其作用；在建设物流通道时，要促进过境资源的截留、加工和升值；围绕"大生态、大交通、大电网、大开放"，鼓励跨省（区）经济合作和企业兼并重组，加快推进一批旅游、物流、交通、能源、科技和生态环保等方面跨省合作重大项目，如加快与蒙东地区能源合作和跨省运输通道建设，满足吉林省日益增长的煤炭需求。

吉林省南北两翼分别与辽宁、黑龙江接壤，在东北城市人口、交通、物流的一体化网络中，起着重要的中心枢纽作用。辽宁、吉林两省合作，在南北向骨干交通网络方面，除现有的哈尔滨—长春—沈阳—大连轴线外，还应增加"沈阳—辽源—（梅河口）—吉林—（敦化）—牡丹江"的通道，打造新发展轴。而从黑龙江的佳木斯、牡丹江出发，途经吉林（敦化）、通化（梅河口），进入辽宁的抚顺、鞍山等市，一线往南，到达营口港，此线将成为与哈尔滨—长春—沈阳—大连轴线平行的一条新的经济发展轴。这将进一步推动东北北部三江平原的资源、能源和客流的南下。另外，打通丹东出海通道，共同建设通（化）—白（山）—丹（东）经济区，促进东北地区东部12个城市的一体化发展，也具有重要的全局意义。

第二章 吉林省老工业基地的形成和发展[①]

吉林省国土面积、人口、经济总量大约均占全国的 2%，是一个规模较小、较不发达的内陆（近海）边疆省份。吉林省和整个东北地区一样，是我国进入计划经济最早、退出计划经济最晚的地区，思想观念、发展理念和发展方式受计划经济影响比较深。长期以来，吉林省走了一条优先发展重化学工业的道路。经过"一五""二五"时期的大规模工业化建设，在计划经济体制框架下，形成了以汽车、石化为代表的工业基础和比较完备的产业体系。

自 1978 年改革开放以来，吉林省的经济社会发展虽然也取得了进步，但是相比东南沿海地区的率先发展，吉林省的发展相对困难，相对衰落，进一步发展也面临着许多困难和问题：①市场化程度低，经济发展活力不足；②所有制结构较为单一，国有经济比重偏高；③产业结构调整缓慢，企业设备和技术老化；④企业办社会等历史包袱沉重，社会保障和就业压力大；⑤资源型城市主导产业衰退，接续产业亟待发展。2002 年，吉林省地区生产总值在全国排名由1978 年的第 13 位下降到第 19 位。

2002 年，党的十六大报告中明确提出，支持东北等老工业基地加快调整改造，支持以资源开采为主的城市和地区发展接续产业。2003 年，中共中央、国务院出台《关于实施东北地区等老工业基地振兴战略的若干意见》（中发 [2003]11号），这标志着党中央、国务院振兴东北等老工业基地战略正式开始实施。与以往不同的是，中央把这次振兴东北的战略重心放在：用新思路、新体制、新机制、新方式，走出加快老工业基地振兴的新路子。2004 年，吉林省通过了《振兴吉林老工业基地规划纲要》。2009 年，国务院颁布《关于进一步实施东北地区等老工业基地振兴战略的若干意见》（国发 [2009]33 号），吉林省老工业基地进入了全面振兴的新阶段。

---

① 本章主要由王晖、王劲松完成。

第一节 吉林省老工业基地形成和发展的历史进程

中国近代工业发起于洋务运动，伴随洋务运动的扩大，东北地区的近代工业也开始兴起。光绪七年（1881年），清政府批准设立吉林机器局，1883年建成投产。吉林机器局是吉林省乃至东北第一个近代工厂，是东北地区近代工业的开端。

1895年中日甲午战争后，清政府为支付大量战争赔款，诏令各省广开矿物，诏准吉林推行垦荒开矿，并为此成立了垦矿总局，使吉林省的采矿业发展起来。中华民国政府成立后，吉林地方政府部分调整了工矿业政策，采取了税收优惠政策，促进了工矿业的发展。军阀张作霖注重工业特别是军事工业的发展。到"九一八"事变前，吉林省工业已经有官办、官督商办、官商合办等多种经营形式。至1930年，吉林省内注册有煤矿96处、银矿1处、铅矿2处、锌矿1处、铜矿2处、锡矿1处，电厂13家。在伪满时期，吉林省的工业基础继续得到加强。

一 以重化工业为主体的工业结构形成阶段（1949～1965年）

"一五"期间，吉林省根据国家工业的整体布局，开始新建并扩建一批工厂（表2-1）。在这一过程中，吉林省工业创造了我国工业史上若干个第一，为新中国工业的发展做出了巨大贡献。"一五"期间，属于苏联援建的全国156个重点项目中有57个安排在东北地区。其中，吉林省有11项，占东北地区项目的19.30%。这些项目包括一汽、三大化（吉林染料厂、氮肥厂、电石厂）、铁合金厂、碳素厂、热电厂、丰满水电站、辽源煤矿西安竖井、通化湾沟煤矿、铁路机车厂、客车厂。"一五"期间，吉林省工业基本建设投资18.4亿多元，建设限额以上工程109项，奠定了吉林省在机械制造业和化学工业等方面的发展基础。不同年份吉林省国民经济农、轻重工业比例关系见表2-2。

表 2-1 "一五"期间吉林省重点项目情况

项目名称	建设性质	建设期限	计划安排总投资/万元	实际完成		其中"一五"期间完成	
				总投资/万元	形成生产能力	投资/万元	形成生产能力
辽源西安竖井	新建	1950～1955年	5 400	5 486	设计能力90万吨/年	—	—

续表

项目名称	建设性质	建设期限	计划安排总投资/万元	实际完成		其中"一五"期间完成	
				总投资/万元	形成生产能力	投资/万元	形成生产能力
丰满水电站	扩建	1951～1959年	9 372	9 634	装机42.25万千瓦	8 439	36.25万千瓦
吉林热电厂	扩建	1955～1958年	9 551	11 200	装机10万千瓦	6 835	—
吉林铁合金厂	新建	1953～1956年	5 400	6 300	铁合金4.35万吨	6 300	5万千瓦
吉林碳素厂	新建	1953～1955年	7 712	6 976	石墨制品2.23万吨	6 976	4.35万吨
吉林染料厂	新建	1955～1958年	10 500	11 461	合成染料及中间体7385吨	6 584	2.23万吨
吉林氮肥厂	新建	1954～1957年	2 400	25 722	合成氨5万吨 硝酸铵9万吨	25 722	合成氨5万吨 硝酸铵9万吨
吉林电石厂	新建	1955～1957年	5 023	4 989	电石6万吨	4 989	6万吨
第一汽车厂	新建	1953～1956年	56 000	60 871	解放牌汽车3万辆	60 871	3万辆

资料来源：吉林省政协文史资料委员会编.振兴老工业基地资料选编.2004年1月

表2-2 不同年份吉林省国民经济农、轻、重工业比例关系

项目	1957年		1962年		1965年	
	产值/亿元	比重/%	产值/亿元	比重/%	产值/亿元	比重/%
工农业总产值	32.2	100.0	40.1	100.0	60.8	100.0
农业	10.6	33.0	11.7	29.2	14.2	23.3
轻工业	9.9	30.7	11.3	28.2	18.4	30.3
重工业	11.7	36.3	17.1	42.6	28.2	46.4

资料来源：李锦斌.2004.吉林工业史鉴.长春：吉林人民出版社：42

1. 机械工业

吉林省机械工业是以建设一批国家骨干企业发展起来的。1953年7月开始兴建的第一汽车厂是苏联援建的首批重点项目。1956年，我国第一台发动机变速箱及第一台驾驶室相继在这里诞生。同年7月13日，首辆CA10型解放牌载重汽车开下总装线，中国的汽车工业自此开始起步。1958年5月，一汽东风牌轿车试制成功，迈出了国产轿车的第一步。1958年8月1日，红旗牌高级轿车诞生，从此，红旗牌轿车一直承载着中国汽车人轿车国产化的梦想。1959年年初，CA30型越野车投产。国产越野车随即开始装备军队。到1962年，一汽已由单一品种向多品种、多系列发展，形成了解放、红旗、越野等三个系列。第一汽车制造厂的建成投产，开辟了中国汽车工业的新纪元，为我国汽车工业的迅猛发展奠定了坚实的基础。

1954年，吉林省又相继兴建了长春机车工厂、长春客车工厂。汽车、机车、客车三大工厂的兴建,奠定了吉林省交通运输设备的坚实基础。随着第一汽车制造厂的兴建,汽车零部件行业迅速发展。相继又有些企业转产机油滤清器、气门芯、水箱、齿轮,为汽车配套。接着,出现了利用解放汽车底盘生产改装车。吉林省汽车行业在国内处于领先地位。

1955年10月,国家计委批准了新中国第一个铁路客车制造厂——长春客车厂的设计计划任务书,设计能力为年产铁路客车1000辆,远景发展规划为年产1600辆。1957年7月,长春客车厂破土动工。1955年10月,长春机车厂正式开工兴建,当时生产能力为年检修机车300台,车型以解放、胜利型为主,检修机车所用主要配件自制能力仅为34%。1958年,机车厂正式投产。

1953年,吉林省对吉林重型机械厂进行扩建改造,奠定了吉林省重型矿山机械工业的基础。吉林省重型机械厂除承担国家计划任务钻探机、U形矿车的生产外,还为重点工程建设服务①。吉林省重型机械厂、吉林省机械厂(后改为吉林重型机器厂)、辽源市机械厂(后改为辽源市重型机器厂)、吉林市机械厂(后改为吉林市第一机械厂)这四大骨干企业的建立,使吉林省重型矿山机械工业进入发展期。

国营东北光学仪器厂,是苏联援建的156个项目中唯一的航空照相机厂家,1963年基本完工。1965年年底研制成功第一架航空照相机,填补了国内工业的空白。1960年竣工的国营长春机械厂、1965年建成投产的国营东光无线电厂,以及投资扩建的吉林江北机械厂和吉林柴油机厂,发展成为国防工业的骨干企业。而农机行业是吉林省机械工业最早形成的行业,1958年新建了长春拖拉机厂。全省农机厂家逐步发展到95家,形成强大的农机工业阵容,制造出拖拉机、收割机、柴油机等大型设备。

2. 化学工业

"一五"期间,国家决定在吉林市江北建设吉林化工区,重点发展化工肥料,并相应发展酸、碱等基本化学工业。化工区主要由"三大化"和吉林热电厂组成,化肥厂计划年产合成氨5万吨、稀硝酸7.7万吨、浓硝酸1.5万吨、硝酸铵93吨;电石厂年产电石6万吨、氰氨化钙1万吨;染料厂年产7种染料(还原冰染料)0.29吨,苯酐、二苯粉、H酸等14种中间体0.8吨,硫酸等6种无机化工产品5万吨;电厂装机容量为10万千瓦,以供应3个厂的蒸汽和电力需要。1957年10月,吉林化工区基本建成,揭开了新中国化工史新的一页。"三

---

① 在早期就为吉林省各煤矿生产了刮板机6台、皮带运输机24台、成型机1台,为201厂生产摩擦压力机5台,为富拉尔基一重生产搅拌机5台,为一汽制造非标设备和完善装配全部安装工程。

大化"的建成投产,确定了吉林省化学工业在全国的优势地位,也奠定了吉林省重化工业的基础。

3. 冶金工业

为确保钢铁发展所需的铁合金和碳素用品,国家决定在吉林市建设铁合金厂和碳素厂。吉林铁合金厂是中国第一座铁合金厂,设计规模年产铁合金 4.35 万吨,投产当年生产硅铁、碳素锰铁、硅合金、中碳铁、铵铁等共 2.26 万吨,实现利润 609 万元。1958 年,铁合金厂开始了冶金炉料第二期扩建工程,到 1965 年铁合金生产能力达到 18 万吨,产品由十几种增加到二十余种。

吉林碳素厂设计规模为年产碳素制品 2.28 万吨,1956 年碳素制品达到 1 万吨,1957 年达到 6.4 万吨。碳素厂的建成投产,结束了中国不能独立生产人造石墨及碳素制品的历史,为中国开辟了一个崭新的工业部门。1966 年,碳素制品产量已达 6.6 万多吨,1970 年产量提高到 10 万吨。

1959 年 9 月,通化钢铁厂第一座 255 米^3 高炉建成投产,标志着吉林省地方钢铁工业开始兴起。到"二五"时期,通化市钢铁产量已占全省钢铁产量的 60% 以上,成为吉林省重要的钢铁产地。

4. 煤炭工业

"一五"期间,吉林省煤炭工业建设的重点是辽源西安煤矿中央竖井建设工程和通化煤矿扩建工程。西安竖井的建成,不仅对增加吉林省煤炭产量具有重大意义,同时也为此后建设更大规模的竖井积累了经验,培养了干部。延边煤矿对福洞井进行了技术改造,缸窑煤矿新建了 3 个小井,提高了生产能力。到 1952 年地方煤矿已有 5 处,总产量为 44.2 万吨。至此,吉林省煤炭工业初步形成了以辽源、通化、蛟河、营城等煤矿为主体的生产基地。[①]

5. 石油化学工业

到 1957 年年末,吉林省石油化工企业由 1949 年的 6 家增加到 18 家,生产石油化工产品由 1949 年的 4 种增加到 35 种。1959 年发现了扶余油田,并于 1961 年年初组建了扶余油矿,经过石油大会战,吉林油田由年产 20 万吨的小油田,到 1972 年发展成为年产百万吨的中型油田。

6. 电力工业

"一五"期间,吉林省的电力工业重点是建设吉林热电厂、丰满水电站二期工程和白城发电厂,以及加快电网建设。吉林热电厂是作为"三大化"的自筹

---

① 高严,刘继生,李德增 . 1992. 吉林工业发展史 . 北京:中国经济出版社:267.

电站来修建的，也由苏联专家设计，装机容量为 10 万千瓦。吉林热电厂的兴建，为吉林化工企业的发展起到了保驾护航的作用。而丰满水电站二期工程的竣工，在当时意义重大。在"一五"期间，丰满水电站的装机容量约占东北全系统发电容量的 37.6%～50%，担负了全部系统最高负荷的 24%～43%。丰满水电站对东北电力系统的稳定运转起了主要的保证作用。1953 年，中国第一条 220 千伏高压送电线路兴建，主要用于丰满电站恢复发电后向急需电力的辽宁省输送电力。线路全长 370 千米，这一送电线路横跨辽宁、吉林两省 14 个县，为吉林、辽宁两省的经济发展奠定了初步基础。

7. 交通运输业

新中国成立之初，吉林省人民政府动员人民群众开展公路恢复整修工作。到 1952 年年末，全省共有公路 84 条，共 7728 千米，拥有专业运输车辆 336 辆。

"一五"计划期间（1953～1957 年），吉林省成为国家工业建设重点地区，伴随着大规模的经济建设，公路交通得到快速发展。1954 年，随着行政区划的改变，吉林省公路增至 170 条，11 724 千米。1956 年，吉林省对私营运输业进行了社会主义改造，成立了 115 个运输合作社和 4 个航运社。

在"二五"计划和三年国民经济调整时期（1958～1962 年），吉林交通事业取得全面发展。1958 年 6 月，吉林省委推广延吉县白金、明东两乡发动群众修建地方道路、发展山区经济的经验。此后，全省掀起公路建设高潮。这期间桥梁建设有了质的变化，路面铺装采用了新材料；公路运输业能力增强；汽车修理业快速发展；交通工业、交通科技教育开始起步；内河运输与造船业也得以恢复和发展。

"一五"期间，国家分配基本建设投资，首先是解决以 156 项重点工程为中心的重工业建设和国防工业建设。分配到吉林省的基本建设投资为 2.7 亿元。吉林省限额以上项目共 400 余项，其中主要工程项目有 60 项，在主要工程项目之中列入计划的有 11 个工业项目，即新建 5 个、扩建 6 个。新建项目有新中国制糖厂、吉林机砖厂、吉林市造纸厂、长春市糖稀厂、通化市硫化铁矿。扩建的项目有延边和龙铁矿、延边农具厂、吉林葡萄酒厂、吉林省机械厂等。"一五"期间吉林工业的谋篇布局，奠定了吉林省在化学、汽车工业的领先优势，也为其奠定了重工业的产业基调。从此，吉林省开始了漫长的工业化发展历程。

1958～1965 年，用于工业方面的基本建设投资达 31.4 亿元，比"一五"期间的年均投资额高 11.2%。在这八年期间，又新建扩建了大批重要企业，建成大中型项目 66 个。新扩建的企业除通钢外，还有冶金工业的航天磐石镍矿、化学工业的四平联合化工厂、吉林市石井沟联合化工厂，能源工业的舒兰矿务局、云峰发电厂，机械工业的长春客车厂、长春机车厂、长春拖拉机制造厂、四平联合收割机厂，电子工业的长春市无线电厂、东光无线电厂，森林工业的敦化、松江河等 9 个林业局。而"一五"期间开工的属于苏联援建的重点工程，也进行了改造扩建。这些企业对吉林省工业发展的意义更是举足轻重。

● 徘徊与低速发展阶段（1966～1978 年）

（一）工业项目建设

"文化大革命"期间，在大办地方"五小"工业（小钢铁、小机械、小化肥、小煤窑、小水泥）和加强"小三线"建设方针指导下，吉林省工业布局开始由集中转为分散，由中心城市向边远山区转移，经过 10 年的建设，白城、通化、四平、延边等地区的工业虽有了一定发展，但是"文化大革命"也给整个吉林省经济发展带来破坏性的冲击。

"三五""四五"时期，吉林省兴建：①大型企业 10 个，即扶余油田、霍林河林业局[1]、白河林业局、长山发电厂、浑江发电厂、吉林冶金机电设备制造厂、辽源煤矿机械厂、东北齿轮厂、长春宇光电子厂、吉林省松江光学仪器厂；②中型企业 45 个，其中机械工业部门 24 个，轻工业部门 10 个，石化工业部门 6 个，电子工业部门 2 个，冶金、森林、电力部门各一个。由此可见，吉林省的大型骨干工业企业有 1/3 以上集中在机械工业部门，使轻重工业之间比例严重失调。"四五"期间，重工业年均产值占整个工业年平均总产值的 62.2%。[2]

在这一特殊时期，吉林省取得突出进展的是石油化学工业。在 1960 年重点开发扶余油田之后，吉林油田从一个年产只有 20 万吨的小油田一跃成为年产百万吨的中型油田。随着具有 35 万吨原油加工能力的前郭炼油厂及吉化公司炼油厂的建成投产，吉林省的化工工业逐步由以煤为基础的煤化工转向了以现代石油化学工业为主的阶段。到 1978 年，全省建成大型和中小型炼油厂各一座，炼油能力达到 300 万吨以上，在全国处于领先地位。在这一时期，吉化以清油裂解为起点的新化工区，也开始了全面建设。

---

① 1969 年 7 月至 1979 年 7 月，内蒙古自治区通辽市在建制上划归吉林省。

② 李锦斌. 2004. 吉林工业史鉴. 长春：吉林人民出版社：47.

（二）加强国防工业的小三线建设

1963 ～ 1965 年，吉林省建设了一批"三线"军工企业。从 1965 年起，按照国家的战略部署，开始建设常规武器"三线"基地。"三五"计划、"四五"计划，在指导思想上都把战备摆在突出位置。按照国家"小三线"规划会议精神，按照"要准备打仗、把小三线建成独立作战的战略基地"的方针，吉林省在东部山区建了一批军工企业。1965 年，吉林省上马 3 个军工企业和 11 个军工配套工程项目，总投资 7327 万元。1966 年，上马 3 个军工企业和 7 个军工配套工程项目，总投资 2034 万元。到 1972 年，在蛟河、桦甸、辉南、东丰、磐石等地先后建成 16 个军工企业，共投资 4.7 亿元，相继建成白云机械厂、吉林省金星配件厂、吉林市向阳磁性材料厂、五五二三厂、五五一四厂、五五一七厂等军工企业。通化市"三线军工"建设企业十几家，主要生产火箭炮、空军战机零配件等产品，为国防工业建设做出了较大贡献。

由于违背了经济客观规律，虽投资很大，但由于生产、生活条件差，生产任务不足，各项费用过高，"小三线"企业连年亏损。"小三线"建设分散了省内财力、物力、人力，影响了其他工业部门和整个国民经济的发展。许多军工企业，在 20 世纪 80 年代进行了返城搬迁。

三 改革开放以来老工业基地的发展（1978 ～ 2002 年）

1978 年 12 月，党的十一届三中全会召开，将我国的工作重心转移到经济建设上来，我国进入了全面建设有中国特色社会主义的历史阶段，在经济体制上开始了向社会主义市场经济过渡。

改革开放初期，由于吉林省工业基础良好，发展受到的阻力并不明显。但随着国家逐渐对企业实行放权和价格体制改革，吉林省以重工业为主的工业发展模式受到了极大的冲击，吉林省工业开始了经济转型期的探索历程。

（一）改革开放初期国有工业的艰难抉择（1979 ～ 1992 年）

这个阶段，是我国由计划经济向市场经济发展的过渡时期。围绕"调整"这条主线，全国加快了轻工业的发展，逐步提高了企业的经营自主权，基本建立起了以社会主义公有制为主体的多种所有制经济共同发展的格局。但吉林老工业基地仍然在不断输出能源、原材料和企业利润。在为全国发展做出贡献的过程中，轻工业发展受到抑制，能源和原材料等重工业结构被固化，企业经营自主权没有完全形成，吉林老工业基地积累了大量阻碍经济发展的各种矛盾，包袱沉重。这期间，吉林省工业发展呈现出以下几个特点。

1. 轻工业的发展和清理整顿

1980 年，国务院决定对轻纺工业实行"六个优先"的原则。重工业部门采取"重转轻""军转民""长转短"等形式，调整产业结构。吉林省委根据国家的方针提出了以"压基建、保农业、上轻纺、节能源、求产值、讲效益、创水平"为中心的任务，调整了产业结构及轻重工业的比例关系，加强了对农业、轻纺工业的投资，全省上马 74 个轻纺项目，轻工业所占比重由 1976 年的 40.4%上升到 43%，重点发展了纺织、糖、纸、烟、酒、肥皂、皮革产业和林副产品加工，以及以农副产品为原料的轻工业。

"六五"（1980～1985 年）期间，吉林省坚持壮大主导产业，加强基础产业，培植优势产业，发展高科技产业，使工业部门结构得到了相应调整。工业各行业总产值占全省工业总产值的比重发生变化：交通运输设备制造业由 12%上升到 12.5%；化学工业由 10.5%上升到 11.1%；机械工业由 8.8%上升到 9.5%；石油和天然气开采业由 1.5%上升到 2.1%；纺织业由 2%上升到 3.4%；食品制造业由 8.6%下降为 7.5%；造纸及纸制品业由 4.2%下降为 3.5%。

1986 年，辽源化纤厂从德国引进了高速纺织机，吉林化纤厂经过 1986 年、1987 年两次改造和扩建，生产能力迅速扩大。到 20 世纪 80 年代末，吉林省电子行业先后完成了 48 个企业 119 项技术改造，完成投资 3.07 亿元，其中引进项目 432 项。

然而，面对能源和原材料紧缺，"七五"末期国家对轻工业进行了清理和整顿。在新一轮的调整中，吉林省大部分轻工企业被国家整体计划拒之门外，形成了轻工行业国有资产的大量沉积。纺织和电子行业的工业总产值由 1989 年的 22.2 亿元和 7.8 亿元下降到 1993 年的 20.2 亿元和 6.2 亿元，分别下降了 9%和 20.5%。

2. 偏重型工业结构的继续发展

1980 年建成和部分建成大中型项目 42 个，主要项目有前郭（长山）化肥厂、通化公铁厂板石沟铁矿、榆树川电厂、浑江电厂、长春第一汽车厂红旗轿车分厂、吉化公司炼油厂、长春拖拉机厂、长春机车厂、吉林化纤厂、四平联合化工厂、四平联合收割机厂、双辽玻璃厂、石砚造纸厂、长春衡器厂、吉林手表厂、长春跃进水泥厂、吉林松江水泥厂矿山工程、磐石无缝钢管厂、磐石镍矿冶金厂、辽源矿区梅河三井、通化矿区松树二井、舒兰矿区一井等。

1980～1985年，为了保障国家能源、原材料、机械等紧缺物资的供应，加大了对石油、煤炭、冶金、电力等行业的基本建设投入力度。在此期间，电力工业完成了吉林电厂扩建；加快了白山、通辽电站建设；建成了珲春坑口电站；利用东部水利资源，发展了一批小水电；对长山热电厂、珲春发电厂、长春热电总厂等大型电力企业都进行了大规模的改扩建工作。煤炭工业开发了霍林河和珲春煤田，以及舒兰、通化和九台等地的煤炭资源，并继续大力发展地方小煤矿。建材行业重点扩建了庙岭和松江两个大型水泥厂，使吉林省水泥企业的生产能力达到150万吨，比1977年增长2倍。1985年重点改造了板石沟等铁矿。

1979～1993年，吉林省用于全民所有制工业的基本建设投资为272.69亿元，用于能源工业的基本建设投资达130.22亿元，相当于1958～1978年的4.1倍。对重化工业的大规模投入，更强化了吉林省偏重的工业结构。

同时，吉林省对重工业的结构和服务方向进行了调整，狠抓能源、建材工业等薄弱环节，机械工业由为基本建设服务转到主要为企业技术改造服务。通过对经济的调整，使轻重工业的比例关系趋于合理。

3. 开发新产品的带动作用显著

1976～1984年，吉化公司兴建了以石油为主要原料的11.5万吨乙烯等11套装置，这是国家计划兴建的70个重点项目之一。以11.5万吨乙烯工程为代表的石油化工装置的建成投产，改变了吉化公司原来以煤为主的原料路线，初步建成以石油和煤为原料的大型石油化工联合企业，奠定了吉化公司向现代化工业发展的优势。以11.5万吨乙烯为依托，吉化公司在发展深加工和精细化工新产品方面，1985～1988年又新建年产11万吨尿素、1.2万吨异丁醇、2000吨有机硅、2010吨有机硅深加工系列等17套石油化工生产装置。

1980年，一汽CA141新型"解放"牌5吨载货汽车的开发成为产品换型的关键环节。一汽用了六年的时间完成了新型解放牌汽车的批量生产，甩掉了"老解放汽车三十年一贯制"的帽子，创出我国汽车工业老企业进行自主技术改造的新路子。在"解放"车换型不久，一汽向国家计委上报了从轿车3万辆先导工程入手，建设15万辆轿车基地的建设方案。

1988年，一汽与德国大众公司签订了奥迪轿车产品技术转让协议，奥迪100轿车成为一汽3万辆先导工程的基本车型。为一汽大众15万辆轿车的进一步合资合作生产铺平了道路。1990年，一汽与德国大众就年产15万辆轿车合资项目正式签约，这对处于起步阶段的中国轿车行业无疑起到了典范作用。

从签订引进奥迪产品协议起，到 1994 年国产化率累计达 52%，到 1996 年年末累计达 90% 以上，其中自制件占 51.73%。[①]1991 年 2 月，一汽–大众汽车有限公司正式成立；1997 年 8 月，15 万辆轿车工程项目正式通过国家验收，奠定了一汽在全国的轿车排头兵地位，并探索出一条技术引进、自我开发发展民族轿车工业的发展模式。截止到 1997 年年底，十年间，累计生产奥迪轿车 95 502 辆，自行开发的"红旗"系列轿车 27 792 辆，销售 119 633 辆，实现销售额 311 亿元，上缴关税 70 亿元，税金 46.5 亿元，实现净利润 19.5 亿元。[②]

4. 体制转轨过程中的困难和探索

在国家逐步放开了一些产品价格后，由于吉林省特殊的产品结构，大部分产品仍被低价调往其他地区，企业没有自己的定价权利，造成企业利润大量流失。直到 1992 年，吉林省的大部分产品管制才被逐渐放开。在此过程中，吉林省的大量利润被其他地区的下游企业分享。范家屯糖厂，最高年产量占全国产糖量的一半，但在国家实行价格双轨制期间，范家屯糖厂的糖价仅为 3000 元/吨，而同期其他地区的糖价却已经达到 6000 元/吨。长春无线电一厂从飞利浦引进的彩电生产线，是一条在 20 世纪 80 年代具有国际先进水平的生产线，产品在市场上供不应求。但是产品价格却被定在 1200 元/台，而四川长虹却因为享受"地方国营工业企业扩大自主权试点企业"的政策优惠，拥有独立的定价权。同时，1984 年国家实施"拨转贷"政策，即保持国家对技术改造项目的拨款制度，但对基本建设项目的拨款改为银行贷款，这使吉林省许多在建项目背负起沉重的银行债务。

1979 年以后，国务院以扩大企业自主权为核心的改革试点工作，在吉林省的国有企业全面展开，企业内部组织结构经历了一系列的改革。1978 ～ 1982 年是"扩权让利"阶段，通过放权扩大企业经营自主权。1979 ～ 1980 年，在吉林省的"一汽"、"吉化"、长春拖拉机厂、通化钢铁公司等 30 余家企业进行了"扩权"试点，之后又增加 66 家企业。在人、财、物，产、供、销及民主管理等方面都不同程度地扩大了企业自主权，效益提高十分明显。工业产值在"六五"期间平均年增长 10.2%。[③]

1982 年，吉林省企业开始承包经营，从 1984 年开始，全省工业企业推行承

① 《一汽创业五十年（1953 ～ 2003）》，第 363 页。
② 《一汽创业五十年（1953 ～ 2003）》，第 355 页。
③ "六五"以后，吉林省再次关停并转了 675 家企业，乡镇企业开始崛起，在固定资产原值中，大、中、小型企业之比由 1980 年的 47：27：26 变为 47：24：29。

包责任制，调动了广大职工的积极性，"六五"计划规定的 1985 年工业总产值及主要产品指标于 1983 年提前完成，经济效益也有明显提高。1986 年吉林省开始实行股份制试点。

（二）市场经济体制下的艰难前行（1992～2002 年）

党的"十四大"明确了中国经济体制改革的目标是建立社会主义市场经济体制，要建立适应市场经济要求的"产权清晰、权责明确、政企分开、管理科学"的现代企业制度。1992 年，国家颁布《全民所有制工业企业转换经营机制条例》，明确规定企业享有 14 项自主权，从法律上确立了国有企业的市场主体地位。到 1993 年，国家逐步取消了计划调拨和价格管制，吉林省老工业基地被动地走向了市场。

1. 国有企业仍占有主导地位，所有制改革缓慢

从所有制结构看，国家从 1993 年提出了公有制实现形式多样化，国有企业就开始了改革和改制。1992～2000 年，全国国有企业固定资产投资占全部投资的比重下降了 4.3 个百分点，个体企业的比重上升了 2 个百分点；而同期吉林省国有企业固定资产投资比重却在明显上升。这说明吉林的投资主体仍然是政府，国有企业仍是经济发展的主导力量。1993～2000 年，全国工业总产值构成中，大型企业和小型企业的总产值占全部产值的比重都保持在 40% 左右，共同支撑着经济的发展。而同期吉林省的工业产值却明显依赖于大型企业，中小企业处于相对较弱地位，产值比重逐年下降（表 2-3）。

表 2-3　大中小型企业产值占工业总产值比重比较　　　　　单位：%

分类	大型企业			中型企业			小型企业		
	1993 年	1996 年	2000 年	1993 年	1996 年	2000 年	1993 年	1996 年	2000 年
全国	39.13	38.15	44.71	18.91	14.70	12.48	43.95	47.15	42.81
吉林	50.18	59.39	70.88	20.06	13.54	11.69	29.76	27.08	17.43

资料来源：1993～2000 年《中国统计年鉴》《吉林省统计年鉴》

2. 重工业结构被固化，经济效益下滑

从工业内部结构看，1996～2000 年，吉林的重工业比重比上海和广东高，而轻工业却一直没有发展起来。这一时期，全国以电子及通信行业为代表的高新技术产业的发展远远高于传统产业。1993～2001 年，全国电子及通信设备制造业年均增长速度达到 27.4%。吉林省电子行业 1993 年刚刚起步，当年产值仅为 6.18 亿元，在 1997～1998 年实现了高速增长，但在 1999～2000 年便出现

滑坡，2000 年比 1999 年产值下降了 5.3%。

1996 年，是我国工业企业经济效益下滑幅度最大的一年。全国独立核算国有企业首次出现了盈亏相抵后的净亏损。吉林省由于国有经济比重较大，对这一经济环境变化表现尤为敏感，1996 年工业出现全线净亏损。随后 1997 年的亚洲金融危机，使吉林省经济发展遭受重大损失和挫折。

3. 国企改革三年脱困，初见成效

1997 年，党的十五届一中全会提出国企改革三年脱困的目标，即"用三年左右时间，通过改革、改组、改造和加强管理，使大多数国有大中型亏损企业摆脱困境，力争到 20 世纪末使大多数国有大中型骨干企业初步建立起现代企业制度"。之后，吉林省开始采取积极措施扭转困难局面。国家在吉林省重点跟踪考核的 252 户国有大中型亏损企业，到 2000 年已有 202 户扭亏，扭亏脱困率为 80.2%。部分严重困难的企业，也通过破产、兼并、重组等多种方式实现了再生。

4. 重大项目带动支撑经济发展

这期间，吉林省实施了"十五大系列重点工程"建设，有效发挥了重大项目对经济调整的带动作用，加大了对汽车、石化两个支柱产业，食品、医药、电子三个优势产业的投入。一汽 - 大众 15 万辆轿车、吉化公司 30 万吨乙烯、百万吨玉米深加工、彩色液晶显示器（TFT-LCD）先导工程、通化东宝塑料软带大输液等一大批工程的建成投产，初步形成了以汽车、石化、食品、医药、电子为优势的支柱产业群。同时采取一系列政策措施，支持高新技术项目的开发，提高投资的技术含量。到 1995 年年末，100 户 174 个重大技改项目基本完成，初步构筑了以电子信息、生物工程、新材料、先进制造技术和中药现代化为主、具有吉林特色的高技术产业框架。吉化公司的 30 万吨乙烯工程是"八五"期间十大重点工程之一，每年可提供 30 多种近百万吨化工原料供深加工使用。"九五"期间，乙烯下游产品深加工及配套项目纳入省规划的共有 70 项，这些项目全部建成投产后，每年可消化乙烯下游产品 60 多万吨，实现销售收入 167 亿元，利税 53.84 亿元。

吉化公司、通钢、双辽玻璃厂、吉林造纸厂等一大批企业进行了技术改造，有力地改善了吉林省产品结构。投资总量的大幅增加对扩大内需、实现 GDP 增长 9.8%，起到了巨大的支撑作用。在电力方面，浑江电厂、四平电厂、双辽电厂、松江河梯级水电站等项目全部或部分投产，新增发电装机 143 万千瓦，全省城乡部分电网改造完成，极大地缓解了电力供应不足的局面。

全省重点项目归类成 15 大工程，160 多个子项，估计总投资 1600 亿元左右，其中工业有十项：①百亿斤粮食增产工程中的化肥工程；②百万吨玉米深加工工程；③禽畜产品加工型工程；④汽车及零部件配套工程；⑤乙烯及下游产品深加工工程；⑥医药工程；⑦电子工程；⑧电力建设工程；⑨轻纺及原材料工业改扩建工程；⑩石油及矿产勘探开发工程。这些工业加工项目、高科技项目和技术改造项目，使工业利税大幅增加，对国有企业脱困起到极大的促进作用。

5. 基础设施日臻完善

改革开放后，吉林省的基础设施建设成效显著。吉林省的公路通车里程由1978年的3494千米增加到2001年的39 747千米。货运量由1978年的1927万吨增加到2001年的33 059万吨。1998年，为应对亚洲金融危机，国家实行扩大内需的政策。吉林省交通厅增加工程项目，延吉至图们高速公路、长春至扶余（拉林河）高速公路开工建设，同时改建3条740千米一级公路、7条700余千米二级公路①。

6. 产业结构的初步调整

从2001年开始，吉林老工业基地的加工工业迅速崛起，产业结构开始由资源型向加工型转变。1997～2002年，吉林省制造业年均增长13.1%，比全国平均增长速度高出4个百分点，总产值占全国的比重由1.5%上升到2%。其中，交通运输设备制造业增长22%、食品加工制造业增长14%、医药制造业增长19.5%，分别比全国高出10.1个、11个和6.7个百分点。此外，木材加工制造业、电子及通信设备制造业也实现了较高增长，年均增速分别为18.9%和18.8%。冶炼及金属、非金属制品工业年均增长速度为9%，略高于全国7.4%的水平。另外，采掘、造纸、石油化工等资源型产业年均增长1.7%、-0.8%和2.8%，增长速度分别低于全国3.6%、9.7%和9.6%的水平，这3个行业在全国的优势明显下降。

第二节　"振兴东北"战略实施以来吉林省老工业基地的发展成就

国家实行振兴东北战略以来，吉林省深入贯彻落实科学发展观，加快经济发展方式转变，积极推进老工业基地振兴，充分发挥市场配置资源的基础性作

---

① 2004年，全年公路竣工里程首次突破1万千米，达到15 779千米，全省二级以上公路达到8226千米，占公路总里程的17.4%，高于全国平均水平1.4个百分点。截止到2004年，吉林省干线好路率达到89.7%，专养路线好路率达到83.6%，在全国位居第三和第二。新建GBM工程及文明样板路287.5千米，完成绿色通道建设1204千米，绿化里程比重达到86.6%，位居全国第二。

用，社会主义市场经济体系建设步伐加快；统筹推进工业化、城镇化和农业现代化，全力推进国企改革攻坚，大力实施"投资拉动、项目带动、创新驱动"的发展战略，有效应对国际金融危机冲击，农业基础地位进一步巩固，现代产业体系建设稳步推进，经济保持持续平稳较快发展；坚持以人为本，加大保障改善民生力度，全省城乡面貌发生了巨大变化。

● 一 振兴吉林省老工业基地的历程回顾

2003年以来，吉林省24个项目入选第一批共60个振兴东北老工业基地高技术产业发展专项；获得了首批11个老工业基地国债项目。正式启动辽源矿区采煤塌陷区综合治理项目；启动吉林省城镇社会保障体系试点；实行全面减免农业税的政策，扩大粮食生产补贴范围和规模；实行生产型增值税改为消费型增值税；对企业购进机器设备所含增值税予以抵扣；对国有企业政策性关闭破产支持；支持企业分离办社会；减免表外欠息和核销呆坏账工作等。

2005年，吉林省启动816家国有企业改革，积极推进"工业项目年"；启动"扩权强县"工作，实行财政"省管县"体制，省属部门先后两次下放权力876项；进行城市棚户区改造等。开始实施民营经济三年腾飞计划和服务业三年跨越计划；研究提出增产百亿斤^①粮食工程，使全省粮食阶段性生产水平由500亿斤提高到600亿斤。

"十一五"期末，吉林省综合经济实力显著增强，地区GDP达到8577亿元，地方财政收入达到602.4亿元，分别是"十五"末期的2.4倍和2.9倍（表2-4）。人民生活水平进一步提高，城乡居民收入稳步增长，教育事业较快发展，就业规模持续扩大，城乡公共服务能力不断增强；重点领域和关键环节改革取得新突破，国企改革不断深化，民营经济活力显著增强，政府职能加快转变；资源枯竭城市转型工作进展顺利；对外开放迈出新步伐，长吉图开发开放先导区上升为国家战略；经济、政治、文化、社会及生态文明建设取得重大进展，为实现吉林新一轮又好又快发展奠定了坚实基础。

吉林省积极实施国企改制、开放带动、投资拉动、县域突破、科教兴省、工业提速增效、节能减排、民营经济腾飞、服务业跨越、全民创业等一系列战略措施，吉林老工业基地振兴实现了阶段性目标，走出了最艰难时期。突出

---

① 1斤＝500克。

了投资拉动和基础设施建设，突出了对内对外开放，突出经济发展方式转变，突出产业结构优化升级，突出自主创新能力建设。全省地区 GDP、人均地区 GDP、财政收入、工业利润、实际利用外资等主要经济指标都翻了一番以上，相当于用 6～7 年的时间再造了一个吉林。全省经济社会发展也达到了一个新的历史高度。交通、水利、能源、通信及公用事业等各项基础设施大幅改善，改变了城乡面貌。高速公路的迅速延伸改变了出行方式。长吉城际高铁、哈大客运专线的通车，标志着吉林进入了高铁时代。今后，吉林省将继续坚持科学发展，促进和谐发展，坚定不移地走新型工业化道路，实现全面振兴。

表 2-4　"十一五"规划主要指标实现情况

指标	2005 年	规划目标		实际情况	
		2010 年	年均增长 /%	2010 年	年均增长 /%
地区 GDP/ 亿元	3 614.9	6 400	12 以上	8 577	14.8
人均地区 GDP/ 元	13 328	23 300	12 左右	31 306	14.6
地方财政收入 / 亿元	207.1	400	14	602.4	23.8
全社会固定资产投资 5 年累计 / 亿元	5 430.3	15 500	20	29 297	39.8
民营经济比重 /%	34.1	50	—	49.2	3.02
城镇化率 /%	52.5	57.5	—	—	—
万元地区 GDP 能耗 / 吨标煤*	1.47	1.14	−4.8		
万元工业增加值水耗 / 米³**	136	104	−5.22	104	−5.22
基本农田保护面积 / 万公顷	484.89	484.89	—	484.89	—
森林覆盖率 /%	43.2	45	—	43.6	0.08
主要污染物排放总量减少 / 万吨　化学需氧量	40.68	≤36.5	−2.15	35.24	−2.83
二氧化硫	38.23	≤36.4	−0.958	35.5	−1.47
工业固体废物综合利用率 /%	52.51	57		65	2.5
研究与试验发展经费占地区 GDP 比重 /%	1.09	2	—	1.15	0.012
实际利用外资 5 年累计 / 亿美元	33.12	100	20	145	28.9
外贸进出口总额 / 亿美元	65.3	135	16	168.5	21.1
其中：出口额 / 亿美元	24.7	55	17.4	44.8	12.65
人均受教育年限 / 年	8.73	10 以上		8.86	
高等教育毛入学率 /%	28	35		35 以上	1.4
城镇基本养老保险参保 / 万人	325	350		565	每年 48 万人
新型农村合作医疗覆盖率 /%	21	80		96.75	15

续表

指　　标	2005 年	规划目标		实际情况	
		2010 年	年均增长 /%	2010 年	年均增长 /%
人口自然增长率 /‰	2.57	2 以下		1.95	
累计城镇新增就业 / 万人	75	175		247.5	每年 34.5 万人
城镇登记失业率 /%	4.2	5		4	
五年累计向城镇转移农村劳动力 / 万人		100		112	每年 22.4 万人
城镇人均可支配收入 / 元	8 690.6	15 000	11.5	15 411.5	12.2
农民人均纯收入 / 元	3 264	4 350	6	6 237	13.8
社会消费品零售总额 / 亿元	1 470.3	2 670	13	3 501.8	18.95

* 万元地区 GDP 能耗原规划目标为五年下降 30%，年均下降 6.9%。经省人大批准，目标调整为五年下降 22%，年均下降 4.8%。此项指标按 2005 年不变价计算。

** 万元工业增加值水耗原规划目标为 85 米^3，后按水利部重新核定用水量，目标调整为 104 米^3。此项指标按 2005 年不变价计算。

二 吉林省经济社会发展的特点

实行振兴战略以来，吉林经济社会发展呈现出以下主要特点。

（一）增长速度明显加快，经济总量连续跃上新台阶

随着经济增长速度的加快，地区经济总值即将进入"万亿元俱乐部"，全省经济社会发展水平不断提高。人均地区 GDP 水平，在东北地区的位次已经实现进位，经济总量也即将进位。

（二）基础设施建设成绩显著，生态低碳环境建设取得进展

"十一五"期间，全省高速公路竣工里程 1850 千米，比"十五"末新增 1308 千米，全省 94.1% 的行政村开通水泥（沥青）路，形成了公路、铁路、民航、航运等为主的综合交通网络。互联网用户达到 726 万户，比"十五末"翻一番。水、电、气、暖等城乡公用事业得到长足发展。

（三）体制机制创新取得历史性突破，发展活力和后劲明显增强

到 2007 年年底，全省 3381 家国企全部完成改制，近 100 万名职工得到安置。2010 年，国有经济比重由 80% 下降到 50% 左右，国有控股企业增加值占全省工业增加值的比重为 41.3%，比 2005 年下降了 22.6 个百分点；股份制企业增加

值比重为56.7%，比2005年提高了4.6个百分点；外商及港澳台商投资企业增加值比重为24.6%，比2005年提高了2.2个百分点。国有工业企业国有股比重由80%下降到25.9%，用39.8亿元的国有股引导和控制了442.26亿元的资产。2009年年末，全省不良贷款余额为680.1亿元，不良贷款率为10.8%，比2005年末下降16.6个百分点。民营经济和中小企业在经济发展中的地位进一步提高，为经济增长增添了活力。

（四）对内对外开放取得新进展，经济发展外向功能增强，区域经济一体化趋势日益明显

随着统一开放的市场体系建设和基础设施的发展，东北区域一体化取得进展。吉林省在东北区位发展中的重要地位日益突出。长吉图战略上升为国家战略，对内对外开放跃上更高水平。吉林省连续六年成功地举办了"中国吉林·东北亚投资贸易博览会"，成功引进一大批跨国公司、金融机构和战略投资者落户吉林。截止到2009年，已有46家世界500强跨国公司，在吉林省设立了64家外商投资企业，实际利用外资达到35.7亿美元，比2003年增长了3倍多。外贸进出口总值达到117.47亿美元，比2003年增长87%。

（五）区域经济和城市体系建设取得成就

长吉一体化取得进展，颁布了8项配套措施。长吉都市经济圈的重要战略地位日益彰显。延龙图城市一体化和行政体制改革取得进展。大中小城市协调发展的城市体系整体推进，县域经济发展活力进一步增强。2009年，全省县域生产总值达到3790.70亿元，占全省比重达52.63%，成为全省经济新的增长板块。各类开发区也成为经济快速增长点。

（六）投资力度逐渐加大，投资结构不断优化

2009年，城镇以上固定资产投资达到5958.6亿元，增长29.7%，全省工业投资规模进一步扩大，由2005年的825亿元增加到2010年的4935.7亿元，增长了5.98倍。工业经济竞争能力显著提高。吉化千万吨炼油、北车长客集团时速350千米动车组制造平台、一汽轿股20万辆整车等一批重大项目陆续建成投产。形成了汽车200万辆、乙烯百万吨、玉米深加工千万吨的生产能力。粮食生产能力达到500亿斤新的阶段水平。

（七）产业结构升级，现代产业体系现雏形

三次产业比例为 13.6：48.5：39.7，服务业实现增加值 2730.72 亿元，增长 12.7%。从 2008 年开始，农产品加工业成为全省新的支柱产业。2009 年，三大支柱、两大优势和四大特色产业增加值占规模以上工业的 77.5%。2010 年，汽车、农产品加工、石化等三大支柱产业共完成工业增加值 2222 亿元，占全省工业总产值的 59.2%，对全省工业增长的贡献率达到 56%，直接拉动全省工业增长 11 个百分点。此外，电子、医药、冶金建材等优势产业加快发展，逐步形成了支柱产业、优势产业、特色产业竞相发展的新格局。

（八）社会民生极大改善，公共服务水平显著提升，全民共享改革发展成果

始终把改善民生作为振兴工作的出发点和落脚点，集中大量财力推进改善民生工作。①实行"全民创业促就业"工程，六年新增城镇就业人员 300 多万人。②养老、失业、医疗、工伤、生育等五大险种全部建立，基本养老金，以及新农合、城乡低保补助标准均得到较大提高。③共解决了 349 万农村人口饮水安全问题，累计减少农村贫困人口 60 万人。④"十一五"期间，全省保障性安居工程建设改造面积 1.17 亿米^2，总投资 1402 亿元，覆盖 211.5 万户、630 万人，使全省近 1/4 人口的住房条件得到明显改善，初步建立起了多渠道、多层次、覆盖城乡的住房保障体系。⑤城乡居民生活质量明显提高。2009 年全省城镇居民人均可支配收入为 14 006.3 元，比 2003 年增长近一倍，由 2003 年全国的第 30 位上升到 2009 年的第 21 位；农民人均纯收入为 5266 元，由第 16 位上升到第 10 位。⑥城乡恩格尔系数持续下降。

三 吉林振兴的基本经验

振兴吉林老工业基地，必须改变过去那种"等、靠、要"的观念，进一步解放思想，用开放的思维、改革创新的办法，破解前进中遇到的各种问题和矛盾，坚持科学发展观，促进社会和谐，实现经济社会跨越式发展。

（1）必须始终坚持科学发展观，必须突破体制机制束缚，重塑发展动力机制，把调整改造建立在更加适应现代市场竞争的基础上。①体制机制创新是实现老工业基地振兴的关键和前提，先改制后改造是吉林振兴老工业基地的现实选择。②调整国有经济布局，国有资本退出一般竞争性领域，增强国有经济的控制力。③扩权强县、农村综合配套、粮食流通体制、长白山管理体制、供销

社系统、林业加工企业、投资体制、社会保障体系和分离办社会职能等十项改革配套措施联动，有效地集成了各项改革的力量，进一步消除不利于经济发展和调整改造的体制性障碍，增强老工业基地自主发展的内在动力。

（2）必须坚持对内对外开放并举，努力推进区域经济一体化，发挥吉林的比较优势，有所为有所不为，走出一条内陆省份开放的新路子。①通过以"东博会"、开发区为代表的各类对外开放平台建设，对俄"路港关"、对朝"路港区"一体化等对内对外通道建设，大图们江地区开发开放，以及服务型政府建设，大力改善投资环境，以招商引资为重点，快速获得和高效利用资金、技术、人才等外部资源，建设一体化市场。②发挥长吉都市经济圈在东北地区中北部、哈长经济区的核心作用，实现对内开放与对外开放的相互促进，进一步拓展经济发展空间。

（3）必须依靠投资拉动，夯实发展基础，扩大经济总量，优化产业结构，增强发展能力。①自2005年吉林省实施投资拉动战略以来，进一步优化了产业结构，提升了支柱、优势和特色产业的核心竞争力，五大基地和五大特色产业快速发展。②贯彻落实国家宏观政策，严把土地和信贷闸门、市场准入门槛，以投资结构战略性调整为主线，突出投资重点，注意节约土地、能源，保护环境和引进多元投资主体，消除垄断，积极发展民营经济和中小企业。

（4）处理好经济发展、资源节约和生态保护三者之间的关系，努力走出一条科技含量高、经济效益好、资源消耗低、环境污染小、人力资源得到充分利用的新型工业化道路。①积极推进"两个改造"，即利用高新技术改造提升传统产业，利用生态技术改造现有企业生产方式，通过技术跨越促进产业升级，增强老工业基地自身"造血功能"。一方面大力发展以光电子、生物为重点的高新技术产业；另一方面加强节能减排力度，推广清洁生产方式，降低能耗物耗，优化资源配置，在开发中保护、在保护中开发。②推进资源型城市转型发展。

第三章

当前的宏观环境、指导原则与总体目标①

当前国内外形势日趋复杂多样，国际金融危机尚未结束，欧洲债务危机爆发，但我们仍有加快发展的诸多有利条件。国家持续加快东北等老工业基地调整步伐，在东北取得成效的政策也向广大中西部地区扩散。资源枯竭型城市转型发展取得成效，老工业基地城市调整改造进入议事日程。本章研究吉林省老工业基地调整改造面临的宏观环境、指导原则与总体目标。

第一节　推进吉林省老工业基地全面振兴的必要性和条件

一　吉林省老工业基地的历史贡献

东北老工业基地是新中国工业的摇篮，为建成独立、完整的工业体系和国民经济体系，为国家的改革开放和现代化建设做出了历史性的重大贡献。吉林省作为国家"一五"期间重点建设的省份，为我国经济实现由工业化起步阶段到工业化初级阶段再到工业化中期阶段的历史大跨越，做出了卓越的贡献。

1. 为我国形成独立完整的工业体系奠定了基础

新中国成立伊始，我国的工业体系可谓"一穷二白"。而吉林省作为国家重点发展的重工业基地，在机械、石油化工、钢铁、有色金属、电力、煤炭、建材、轻纺、食品、医药等工业的建立过程中，为我国建立行业比较齐全的工业体系做出了自己的贡献。

"一五"期间，国家在东北三省的固定资产投资总额高达124.34亿元，占全国的20.33%。在吉林省投资23.54亿元，占全国的3.85%，其中用于基本建设投资22.82亿元，占投资总额的95%，基本建设新增固定资产20.2亿元。一个向全国提供能源、原材料和机电设备的重工业基地在吉林省建立起来。初步形成了以国有大中型企业为骨干、重化工业为主体、门类比较齐全的工业体系，成

---

① 本章主要由王劲松完成。

为国家重要的工业基地。1952～1957年，吉林省工业总产值年均增长16.3%，工业总产值占工农业总产值的比重由1952年的43.8%提高到1957年的67.1%。

1953年开工的第一汽车制造厂是中国汽车工业的摇篮。1956～1987年，一汽累计生产解放牌汽车128万多辆，占全国载重汽车保有量的50%左右，为创立和发展中国的汽车工业做出了巨大贡献。一汽不仅走上了自主创新之路，还为我国合资企业的发展创造了成功范例。通过合资，壮大了红旗轿车的生产，提升了我国汽车业在国际汽车业的地位，并为轿车国产化探索了一条新的征程之路。

吉林化学工业公司是新中国第一个大型化学工业基地，是我国化学工业发展的里程碑。"一五"期间"三大化"的竣工投产，使新中国有了第一个大型煤化工生产基地，其生产规模巨大，技术水平先进。其中，化肥厂是我国首批基本化学工厂中最大的一个，每年生产的化肥可增产粮食14亿斤，对改变新中国农业落后面貌、增加粮食生产起到了重要作用；染料厂供应我国缺乏的染料中间体和高级染料，对改变我国染料化学落后的状况起到至关重要的作用；电石厂是当时亚洲最大的电石厂，为我国有机化学工业的发展打下了基础。而吉林铁合金厂、碳素厂的建立，也相继填补了国内相关产业的空白。

2. 为国家税收做出了突出贡献

吉林省作为老工业基地，是国家的税收大户，在计划经济体制下尤为如此。在1951年吉林省财政即实现了收支平衡，也因此成为新中国成立后最早实现财政收支平衡并略有结余的省份之一。1950～1952年，吉林省的财政总收入为7.54亿元，三年共上缴5.69亿元，上缴额占全省总收入的75.5%，为国家实现财政经济状况的根本好转做出了贡献。"一五"时期，吉林省的财政总收入达27.53亿元，上缴中央财政16.55亿元，上交额占全省总收入的60.1%。此外，吉林省在汽车制造、石油化工、能源工业、煤炭工业、冶金工业等方面均有长足的发展，不但拥有一批国家级的大型重点企业，而且为国家提供了大量的相关物资、设备。至1985年，吉林省石油化学工业企业累计上缴国家利税92.4亿元，同期，一汽向国家上缴利税和折旧费61.6亿元，相当于建厂投资的10倍。

3. 建设了科学技术体系和科研机构，为国家输送了大批人才

由于吉林省在汽车、石化、水电等行业上的优势，在国家现代化建设中为其他地区输送了大批精英人才，有力地促进了我国工业的快速发展。20世纪60年代，国家开始筹建第二汽车制造厂。1965～1970年，一汽承担了二汽总装、车箱、底盘零件、铸造、锻造、车架、车身、车轮、车桥、发动机等11个专业

厂和热处理电镀系统的设计任务,以及大部分工艺设备的制造任务。同时,一汽抽出 4000 多人支援二汽的建设,其中大学本、专科毕业的干部 919 人(包括工程技术人员 596 人),老技术工人 2888 人,并为二汽培训了大量特殊工种的工人,有力地支援了二汽的建设。

到 1985 年为止,一汽向全国各地输送了 1.8 万多名干部和生产技术骨干。作为中国汽车工业的摇篮,一汽还支援了许多兄弟汽车厂和机械工厂的建设与发展,在中国汽车工业的发展乃至整个机械工业的发展上都起到积极作用。吉林化学工业公司作为中国最早的化学工业基地,培养并向全国各地输送了大批人才,仅 20 世纪 50 ~ 80 年代,就为同类企业、大专院校及一些政府机关培养和输送了 5.63 万余名管理干部、工程技术人员。

二 吉林省老工业基地振兴面临的问题

《国家发展改革委关于印发 2010 年振兴东北地区等老工业基地工作进展情况和 2011 年工作要点的通知》提出:要清醒地看到,东北地区等老工业基地振兴工作中不平衡、不协调、不可持续问题依然突出。①经济结构方面,国有经济比重依然偏高,增长过度依靠投资拉动,服务业发展滞后。②体制机制方面,市场化程度低,企业改革有待深化。③社会民生方面,居民和职工收入偏低,社会建设相对滞后,一些民生问题依然突出。④资源环境方面,生态环境欠账较多,能源资源保障能力下降,环境约束强化。⑤区域协调发展方面,东北地区内部发展不均衡状况仍然突出。

吉林省老工业基地振兴发展,仍然面临许多问题[1]:①干部群众思想解放不够,受计划经济影响仍然较大,投资环境有待改善;②经济结构不尽合理,农业基础比较薄弱,基础设施建设欠账较多,科技成果转化能力不强,城乡居民收入增长较慢,民生依然困难。③盲目追求经济高速增长的倾向仍未改变,经济增长方式不可持续。④政府行政体制和民主政治改革仍然困难重重,全能政府依然越位。具体还表现在以下几个方面。

(一)产业结构不尽合理,产业结构调整任务艰巨

在计划经济体制下形成了以重化工为主的产业结构未得到根本改善。重工

---

[1] 吉林省"十一五"规划指标大部分超额、提前完成,但仍然有部分指标未完成,如城镇化率(%)、研究与试验发展经费占地区 GDP 比重(%)、出口额(亿美元)、人均受教育年限(年)。

业、传统产业、基础原材料产业比重仍较高。这种结构具有大运量、高消耗、高排放、链条短、附加值低等特征，对外部环境的依赖性较强，极易随着市场变化而剧烈波动。近年来，化工、冶金等部分骨干企业一直徘徊在较低水平，对工业经济的负面拉动比较明显。吉林省石化产业总产值由"十五"期间全国第 4 位，近两年已落到了第 16 位，占全省总产值的比重也由 2004 年的 18% 下降到 2010 年的 12.2%，优势地位逐步减弱；农机装备产业的优势地位也逐步丧失。钢铁行业部分企业亏损严重。吉林省主导产业的产业链条短，配套率低。全省石化产业精细化学品率占 32.5%，低于全国 40% 的水平。汽车零部件企业为一汽整车的配套率仅为 38%，扣除一汽自身的配套量，省内地方配套率只有 27.2%。

（二）发展活力较弱，经济效益有待提高

民营经济发展滞后，其增加值占 GDP 的比重低于与吉林省经济总量相近的省份，增加值、上缴税金及规模以上企业数等相关指标仅为发达省份的 10% ~ 20%。经济外向度低，缺乏国际竞争力。绝大多数工业产品在国内市场销售，2009 年全省外贸依存度仅为 11%，大大低于 44.3% 的全国平均水平，与发达省份的差距更大。金融机构数量少，体系不尽完善，金融机构总数至今不足百家，外资银行仅有韩亚银行一家，民营银行数量也少。

研发经费占 GDP 的比重在 1% 左右，低于全国平均水平 0.5 个百分点。规模以上工业企业利润占全国比重仅为 1.3%，仅为辽宁、内蒙古的 1/2、黑龙江的 1/4。地方级财政收入居全国偏下水平，占 GDP 的比重仅为 6.6%，在东三省中也是最低的，而发达省份比重基本在 9% 以上。

（三）城市化速度较低，城市体系和城市布局不完善，基础设施相对滞后

2009 年，吉林省城市化增长速度全国倒数第一。①以长春市、吉林市为核心的都市经济圈尚未完全建成，对全省乃至东北地区的辐射力有待提高。②部分老工业基地城市水、电、热、气等管网设施老化，旧城改造和"暖房子"工程任务十分繁重；空间布局矛盾凸显，城市功能分区不明晰；城市快速路网尚未形成，交通拥堵，物流基础设施不尽完善。长春市就存在市区物流走向和交通基础设施布局不合理的现象。吉林市哈达湾老工业集中区，面积 8.8 千米^2，工业区、商业区和居住区混杂，必须实施企业整体搬迁改造，改造任务繁重。③部分城市的开发区布局分散，规模较小，产业趋同和同城竞争现象比较明显。

（四）企业改制遗留问题突出，社会保险保障能力脆弱

受改革过程中政策设计的局限及形势变化的影响，企业改制仍然存在诸多遗留问题。一是部分国有企业职工安置费仍未解决。国有企业改革后，许多社会职能移交地方，加之改善民生事项增多，地方财政配套压力很大。二是集体企业改制实施难度大①。三是社会保险地方统筹调剂能力有限，做实个人账户难度大。由于集体企业职工缴费能力弱，续保及以个人身份参保人员缴费压力大，社保资金潜在支付风险较大。比如，吉林市市级社保基金积累仅够支付 4 个月，已濒临警戒线。

（五）科技进步、节能减排任务重，后续发展支撑能力不强

（1）老工业基地经济重型结构特征突出，目前尚未摆脱高投入、高消耗、高排放的粗放型发展模式。发达省份的工业增加值率一般在 30% 以上，而吉林省工业增加值率为 28%。吉林省高新技术产业发展规模小，自主创新能力不强。2010 年，全省仅有高新技术企业 245 户，高新技术产业完成产值 720 亿元，列全国第 19 位，仅占全省规模以上企业总产值的 5% 左右。虽在东北三省中比重较高，但比全国平均水平低 5.7 个百分点，而广东、上海均在 20% 以上。

（2）人均能源储量明显低于全国的平均值，煤炭储量仅占全国的 0.3% 左右，自给率不足 50%（吉林省煤炭消耗一年大约为 8300 万吨，而产量不到 4000 万吨）。能源安全问题日益严峻，每年需从省外大量购进原煤。节能减排压力较大，环境保护任务繁重。

（3）基础设施还不够完善，历史欠账较多，还处于补课阶段。高速公路通车里程虽然有所提高，但仍属全国中等偏下水平。人均水资源占有量只有全国平均水平的 65%，全省农田灌溉保障率只有 33.5%，不足全国水平的 70%。保护松花江流域生态环境的任务十分繁重。城乡公用事业发展仍居全国中下水平。

（六）财政收支矛盾突出，人民收入和消费水平较低，民生困难多

（1）财政收支矛盾突出。一是全口径财政收入占 GDP 比重低。主要是因为传统产业比重过大，高附加值、高成长性产业发展滞后，企业盈利水平普遍

---

① 吉林省厂办大集体改革在长春、四平、白山三个城市试点。目前突出的矛盾是改革成本严重不足，据测算，全省解除职工劳动关系和接续养老保险共需约 110 亿元。按现行政策，国家补助 18 亿元，省补助 16 亿元，仅占 30%；部分"三无"企业经济补偿金没有自筹能力，三个试点城市缺口 6 亿元；职工养老保险关系接续企业欠费断保人数 11 万人，人均欠费约 1.5 万元，政府承债每人 7500 元，总额约为 8.3 亿元，地方财政压力很大。

不高，化工、冶金等主导产业综合税率较低。二是地方级财政收入所占比重低。目前全省地方级收入占全口径财政收入比重为 49.7%，国内先进地区的比重也都在 50% 左右。三是央企对地方财政收入增长的贡献一直处在较低水平。国家实施燃油"费改税"后，中石油吉化年预计实现燃油税 50 亿元，但这些税收全部上缴国家。

（2）居民收入水平偏低，特别是城镇居民收入增幅一直低于全国平均水平。2009 年，吉林省城镇居民人均可支配收入为 14 006 元，比全国平均水平低 3169 元，位列第 22 位；与全国平均水平的差额逐年扩大，由 2003 年的 1467 元扩大到 2009 年的 3168.7 元，六年差距扩大了 1701.7 元。农民人均纯收入为 5266 元，比全国平均水平高 13 元，位列第 10 位。但农民收入来源单一，缺少稳定的增收渠道和长效机制。

（3）吉林省改善民生仍然需要付出艰苦的努力。增收富民，提高"五险一金"覆盖率和城乡低保救助标准，加强廉租房、公共租赁住房建设，改造棚户区及危旧房，冬季供暖等许多问题有待解决，民生支出方面的缺口大。

三 振兴吉林省老工业基地的潜力和有利条件

东北老工业基地调整改造在全国具有举足轻重的作用。自中央实施东北地区等老工业基地振兴战略以来，振兴吉林工作取得了重要成就。以国有企业改革为重点的体制机制创新取得重大突破，多种所有制经济蓬勃发展，经济结构进一步优化，自主创新能力显著提升，对外开放水平明显提高，基础设施条件得到改善，重点民生问题逐步解决，城乡面貌发生很大变化。但从总体看，吉林省的发展还没有走上持续健康发展的良性循环轨道，特别是计划经济时代形成的结构性、体制性、机制性矛盾仍然突出，发展的内生动力仍然不足，制约科学发展的体制机制障碍仍很突出。许多方面还面临自身难以化解的困难。吉林省老工业基地体制性、结构性等深层次矛盾有待进一步解决，已经取得的成果有待进一步巩固，加快发展的巨大潜力有待进一步挖掘。

当前及今后相当长的一个时期内，吉林省发展仍处于可以大有作为的重要战略机遇期，也面对诸多风险挑战。国家继续加大支持东北振兴的力度、长吉图开发开放先导区建设全面推进、东北亚区域国际合作呈现加快发展态势，为"十二五"发展创造了良好的外部环境。吉林省处于工业化中期阶段，结构调整和产业升级步伐加快，城镇化进程、基础设施建设和社会事业发展快速推进，体制机制创新不断深化，为加快发展提供了巨大空间和强大动力。但也要清醒地看到，伴随着改革发展不断深入，发展所面临的外部环境更趋复杂，竞争更为激烈。

总体上讲，吉林省目前正处在夯实基础、积蓄能量、调整结构、加快发展方式转变的关键节点；处在统筹城乡发展，推动工业化、城镇化、农业现代化相互支撑、相互融合、互动发展的关键节点；处在破除体制机制深层次矛盾、激发创新发展活力、加快形成经济内生增长机制的关键节点。

我们必须立足吉林省实际，进一步解放思想，促进科学发展，突出工作重点，坚持统筹兼顾，强化措施保障。要加快经济发展方式转变，进一步加大改革开放的力度、广度和深度。坚持统筹经济社会发展毫不动摇，切实推进社会管理创新。坚持发展保障和改善民生毫不动摇。努力开创科学发展、创新发展、和谐发展、绿色发展、共享发展的新局面。

第二节　振兴吉林省老工业基地的指导思想

振兴吉林省老工业基地的指导思想如下。

深入贯彻落实科学发展观，以科学发展、加快振兴、富民强省为目标，以解放思想、改革创新、转变方式、科学发展为主题，以加快经济发展方式转变为主线，统筹推进工业化、城镇化和农业现代化"三化"建设，建设一体化市场经济，着力实施投资拉动、项目带动和创新驱动战略，以发展保障民生改善，强化改革开放战略整体推进和要素支撑保障，推动经济转型取得大的进展，推动体制机制不断创新。着力加强环境保护和节能减排。加快推动富民进程，全面加强社会事业，为全面建成小康社会奠定坚实基础。

根据省内存在不同规模、不同性质、不同问题、不同发展阶段的众多老工业基地城市，必须采取"区别对待，分类指导；综合配套，有限目标；远近结合、重点突破"的指导方法。推动全省老工业基地经济社会又好又快发展，把老工业城市建设成为产业特色鲜明、竞争优势明显、城乡发展协调、生态环境优美、人民生活幸福的繁荣和谐之城。必须坚持以下原则。

（1）坚持科学发展。坚持以经济建设为中心，统筹推进工业化、城镇化和农业现代化，加快发展方式转变，更加注重以人为本，更加注重全面协调可持续发展。更加注重优化需求结构。适时推进行政体制改革。

（2）坚持改革开放。坚持市场化改革取向，建设完备的商品和要素市场体系。着力扩大对内对外开放，推动各类要素资源整合集聚和自由流动，促进区域经济一体化发展。构建充满活力、富有效率、更加开放、更加有利于科学发展的体制机制，增强促进经济发展方式转变的内生动力。努力实现经济转型。深化国有企业改革。配套改革，整体突破，大力推动综合改革实验区工作。推进以长吉图开发开放为先导的图们江国际合作。

（3）坚持一体两翼，推进现代产业体系建设。以工业为主体，以农业、服务业为两翼，一、二、三产业协同发展，调整产业结构，实现产业融合。坚持把产业转型升级作为老工业基地振兴的主攻方向。以创新促进产业升级，培育未来发展新优势。优化产业布局，促进产业集群发展，建设新型工业化和信息化产业基地。

（4）坚持增强提升城市综合功能。突出长吉两市在全省乃至东北经济区的重要地位。推进长吉、延龙图城市一体化和同城化。推动长吉图经济带和四平辽源通化白山经济带的发展。努力推进大中小城市和城镇协调发展，加强城市与城市间基础设施建设，发挥吉林省城市在内应外联中的重要作用。对资源型城市、交通商贸物流型城市和老工业基地城市等分类指导。坚持开发区、城区和县域协调发展，走出一条具有吉林特色的城镇化道路。

（5）坚持科技创新和可持续发展。发挥科技创新的有力支撑作用，加快区域创新体系建设。把可持续发展作为加快经济发展方式转变的重要目标和战略举措，更加注重环境保护和节能增效，更加注重大力发展绿色低碳经济和循环经济，促进经济社会发展与人口资源环境相协调，实现转变方式与增强持续发展能力的有机统一。

（6）坚持保障和改善民生。把改善民生作为发展的根本出发点和落脚点，加快发展教育、卫生、文化等各项社会事业，推进社保、就业等各项基本公共服务均等化。正确处理好加快发展、改善民生和维护稳定的关系，让改善民生、富裕人民成为加快经济发展的持久动力。加强和创新社会管理，让全体人民共享改革发展成果。

第三节　振兴吉林省老工业基地的发展目标

综合考虑基础条件和未来发展趋势，通过十年左右的努力，分阶段地推进各项工作，实现老工业基地全面振兴的目标：转变经济发展方式取得实质性进展，全面建成小康社会的基础更加牢固，城乡居民生活更加美好。区域经济一体化，城镇体系趋于完备。在十二五期间，主要实现如下目标，见表3-1。

（1）经济保持平稳较快发展。地区生产总值年均增长12%以上，增长质量和效益明显提高，财政收入增长高于地区生产总值增长。

（2）改革开放实现新突破。①要素市场、国有企业（包含集体企业）、行政管理等重要领域和关键环节改革取得重大进展，市场化程度不断提高，国有经济和布局进一步优化。②政府服务能力、政府公信力和行政效率明显提高。③综合配套改革试验深入推进。④招商引资水平显著提高，对内对外开放深度、广度进一步拓展。⑤长吉图先导区建设取得实质性进展，图们江区域合作开发取得积极成效。⑥区域经济一体化向深层次发展。⑦吉林省在东北经济区的地位和作用进一步提升。

（3）结构调整取得重大进展。①三次产业比例调整为10∶50∶40，支柱优势产业和高技术产业增加值占规模以上工业增加值比重分别达到68%和20%。②民营经济占地区生产总值比重达60%，县域经济总量占地区生产总值比重达35%以上。③支柱优势产业带动能力进一步增强，战略性新兴产业加快发展。④高技术产业和服务业增加值比重增加。⑤研究与试验发展经费占地区生产总值比重增加。⑥科技创新能力明显提高。⑦消费需求比重进一步增加。

（4）城镇化质量和水平明显提高。①城镇化率达到60%，以长吉一体化为核心的中部城市群带动作用明显增强，大中小城市和小城镇协调发展。②县城集聚能力不断增强，初步形成具有吉林特色的新型城镇化格局。③城乡基础设施、人居环境进一步改善，供水能力、城市热化率、综合气化率、公共交通分担率均得到提高。

（5）资源节约和生态环境继续改善。①单位地区生产总值能源消耗和二氧化碳等主要污染物排放继续减少。②工农业用水效益提升。③资源型老工业基地可持续发展能力增强。

（6）"富民工程"取得实质性成效。①就业规模不断扩大，每年新增就业50万人。②城镇居民人均可支配收入、农村居民人均纯收入及在岗职工平均工资年均增长均在12%以上。③社会保障体系加快完善，实现全省城镇居民五项保险和新型农村养老保险全覆盖，实现城乡医疗统筹。④城乡居民居住条件明显改善。⑤贫困人口显著减少。

（7）社会建设明显加强。①科教、医疗卫生、文化等社会事业全面发展。②覆盖城乡的基本公共服务能力和均等化程序大幅提高。③社会主义民主法制更加健全，人民权益得到切实保障，社会管理得到切实加强，社会更加和谐稳定。

表 3-1 "十二五"时期经济社会发展主要指标

类别	指标		单位	2010 年	2015 年	年均增长	属性
经济增长	地区生产总值		亿元	8 577	15 000 以上	12% 以上	预期性
	全口径财政收入占地区生产总值比重		%	14	17	0.6%	预期性
	其中：地方财政收入占地区生产总值比重		%	7	9	0.4%	预期性
结构调整	三次产业比重		%	12.2：51.5：36.3	10：50：40		预期性
	支柱优势产业增加值占规模以上工业增加值比重		%	62.3	68	1.14%	预期性
	高技术产业增加值占规模以上工业增加值比重		%	8.5	20	2.3%	预期性
	社会消费品零售总额		亿元	3 501.8	7 403	15%	预期性
资源环境	耕地保有量		万公顷	553	553		约束性
	单位工业增加值用水量		米³	87.5		按国家要求确定	约束性
	非化石能源占一次能源消费比重		%	6.02	9.8	0.76%	约束性
	单位地区生产总值能源消耗		吨标煤			5 年累计降低 16 吨标准煤	约束性
	单位地区生产总值二氧化碳排放		万吨			5 年累计降低 17 万吨	约束性
	主要污染物排放减少	化学需氧量	万吨			按国家要求确定	约束性
		二氧化硫	万吨			按国家要求确定	
		氨氮	万吨			按国家要求确定	
		氮氧化物	万吨			按国家要求确定	
	森林增长	森林覆盖率	%	43.6	44.2	0.12%	约束性
		森林蓄积量	亿米³	9.14	9.6	0.98%	
城镇化	城镇化率		%		60		预期性
人民生活	全省总人口		万人	2 746	2 787	3‰以内	约束性
	城镇登记失业率		%	4 左右	4.5 以内	年控制为 4.5%	预期性
	城镇新增就业人数		万人	247.5	250	每年新增 50 万人	预期性
	城镇参加基本养老保险人数		万人	565	650	年增 17 万人	约束性
	城乡三项基本医疗保险参保率		%	91.59	92	0.08%	约束性
	城镇保障性安居工程建设		万套	151.3	214．57	累计新增 63.27 万套	约束性
	城镇居民人均可支配收入		元	15 411.5	27 160	12% 以上	预期性
	农村居民人均纯收入		元	6237	10 992	12% 以上	预期性
	在岗职工平均工资		元	28 850	50 900	12% 以上	预期性

续表

类别	指　　标	单位	2010年	2015年	年均增长	属性
社会 建设	九年义务教育巩固率	%	97.8	99	0.24%	约束性
	高中阶段教育毛入学率	%	95	95		预期性
	研究与试验发展经费占地区 生产总值比重	%	1.15	2	0.17%	预期性
改革 开放	民营经济增加值占生产总值 比重	%	49.2	60	2.16%	预期性
	外贸进出口总额	亿美元	168.5	310	13%	预期性

第四章

促进产业转型，构筑现代产业体系

在大力发展现代农业、积极发展服务业的基础上，全面提升和优化第二产业，是建设新型工业基地的主要任务。结合吉林省实际，立足于现有支柱、优势产业基础，加快产业结构调整与升级。通过体制与机制创新，走新型工业化道路，实现产业创新和科技创新。以扩大内需为主，围绕做大做强支柱产业，改造提升传统产业，打造产业基地，培育战略性新兴产业，构建具有吉林特色的现代产业体系，提高产业核心竞争力。[①]

第一节　建设有吉林特色的现代产业体系

实现老工业基地振兴的一个重要标志就是建立有吉林特色的现代产业体系。加快推进工业化、信息化和生态化的融合，突出自主创新能力建设和产业集聚，打通三次产业之间的战略联系，构建以有竞争力的工业为主体、以现代农业和服务业为两翼的现代产业体系，是吉林省今后一个时期结构调整和产业创新的重点。

⚫ 一　面临形势和指导原则

近些年来，吉林省工业生产力布局调整虽然取得了很大进展，但仍存在着许多问题。与发达地区相比较，吉林省工业经济总量不大，区域布局不协调的问题仍然存在，地区之间缺少专业化分工与协作，产业趋同现象明显，大规模的产业集聚和有效率的产业集群还没有形成。产业链条短，配套率低，一汽集团零部件省内配套率只有38%，全省石化产业精细化学品率仅为32.5%。工业园区产业特色不突出，基础设施建设滞后，承载能力有待进一步加强。

未来五年，将进入全面振兴吉林的新阶段，产业升级的要求将不断提高，

[①] 本章主要由王劲松、张丽娜完成。其中第一节、第三节、第四节、第五节主要由王劲松完成，第二节、第六节主要由张丽娜完成。

工业生产力布局调整的任务十分繁重。随着长吉两市极化效应的相对弱化，扩散效应会逐步增强，省内各地区间的产业分工将发生新的变化。国内外经济环境的变化、技术创新步伐的加快，都将对全省的工业布局产生重大影响。因此，应该遵循以下原则。

（1）坚持以市场为主导。①充分发挥市场在资源配置中的基础性作用，加大招商引资力度，以增量带动原有工业布局的调整。②注重发挥政策的引导作用，加强政府在优化生产力布局方面的推动力量。

（2）坚持发挥比较优势。①根据各地资源禀赋条件，依托原有产业基础，突出特色，重点发展，形成产业优势。②加强区域合作，不断提高全省工业的整体实力。

（3）坚持融合发展。①加快信息技术在企业发展、产业创新和生产领域各环节的集成应用，推进信息化与工业化深度融合。②加强汽车、化工等重点产业间协作配套，延伸产业链，推进产业间的有机衔接和协同发展。③积极发展先进生产性服务业，加快推进制造业服务化。

（4）坚持协调发展。①科学规划布局，突出区域特色，优化地区间产业分工，努力构建中心城市带动和区域重点城市产业优势互补、错位发展的新格局。②立足产业基础，强化支柱产业带动作用，提高产业关联度和集中度，促进产业集聚、企业集群发展。

（5）坚持开放带动。①以长吉图开发开放为先导，立足区位优势，扩大外引内联，改善发展环境，提升开发功能，扩大开放领域。②充分利用国内外两种资源和两个市场，主动承接产业转移，积极参与国际分工。

● 产业体系的发展目标和空间布局

在区域经济一体化背景下，努力培植和挖掘资源禀赋的内涵，进一步发挥产业比较优势，适应需求结构变化和产业发展趋势，按照"调整、改造、升级、换代"的总体要求，加速淘汰落后产能，依托区域优势，培育建设一批创新能力强、市场占有率国内领先、具有较强竞争优势的产业集群，形成特色产品优势突出、专业化协作分工合理、配套较为完备的产业格局。建设世界级的汽车、轨道客车制造产业基地。着力发展三大合成材料、医药等产业，使之成为国家重要的产业基地，在生物化工、新能源汽车产业上成为国内行业的领跑者。

统筹推进"三化"建设，优化资源配置，发挥比较优势，促进区域协调发展。依托各地原有工业基础，与资源环境条件相适应，突出区域特色，实行差异化发展。加强区域之间的分工与协作，推进产业集聚，发展产业集群，实现产业融合，促进产业升级，把全省工业建设成为布局合理、优势突出、市场竞争力不断增强的现代产业体系。

空间布局将更加合理。长吉一体化取得明显进展，核心和辐射带动作用进一步增强；中部城市群加工制造业的整体优势更加突出，通化、白山、延边地区的长白山地区特色资源得到有效开发，松原、白城地区能源基地建设取得巨大成效。

考虑到吉林省仍处于工业化中期的特点，点集聚和轴带集聚仍是经济空间组织的重要形式。因此，应重视轴带集聚的发展，发展重点是以交通干线为依托，沿长春—吉林、长春—四平等方向拓展。集中力量建设汽车及零部件制造业、专用车制造业、石化工业循环经济示范产业、玉米深加工产业、轨道交通装备制造业、农机装备制造业、生物医药产业、光电子产业、精品钢产业、碳纤维及新材料产业等十大产业基地。

形成以长春为核心的中部制造业密集区和物流中心区，重点发展汽车及零部件基地、农产品加工基地、以光电子信息为主的高新技术产业基地。以吉林、辽源、松原为支点的原材料工业带，重点发展吉林化工原料工业区、松原石化工业区、辽源新材料工业区。通化—白山—延边长白山生态经济走廊，重点发展以通化药业为龙头的现代中药和生物药基地，以靖宇、抚松、安图为重心发展长白山矿泉水产业，以汪清、敦化、珲春、和龙为重心发展生态有机食品产业。

吉林省主要产业（表4-1）的空间布局如下。

表4-1　吉林省主要产业分布表

产业	地区
汽车、行走机械	长春、吉林、四平、辽源
化工、材料	吉林、四平
建材、矿泉水	长春、吉林、通化、延边、白山
能源、钢铁	吉林、通化
农产品加工	长春、吉林、四平、松原
生物、药品	长春、通化、延边
服务业、旅游	长春、吉林、四平、通化

（1）汽车、轨道客车产业布局。①构建以长春市为核心，四平市、吉林市为两翼的汽车产业带：将长春市建成汽车零部件、整车组装、汽车研发及汽车服务业中心；四平市、吉林市为汽车零部件、汽车改装等产业区。②合理发展

汽车物流园区和物流业。

（2）农产品生产加工业布局。吉林省基本形成了中、东、西各具特色的农业产业带，农产品生产加工基地的建设要在此基础上，发挥各区域的比较优势和特色优势。吉林省绝大多数的畜产品来自中部地区，是重要的畜产品基地。中部地区要发展农产品加工业，建设中部农畜产品加工基地；东部农业发展路径与中部地区有所不同，突出发展山地生态农业，在保护长白山自然环境的前提下，大力发展山特产品。同时，依托绿色山特产品，大力发展加工业。西部地区主要发展畜牧业和节水型现代农业。

（3）石油加工业布局。对吉林省石化产业的定位与发展规模，应慎重确定。东北地区石油化工产业主要分布在大庆市、吉林市和大连市，三者相比，吉林市的石化工业基础虽好，但未来发展的区位不具有优势；大连市可以临海获取海外石油，又便于产品输出，是很有发展潜力的新兴石化基地；大庆市有一定石油基础，虽然面临石油产量逐年减少的危机，但是能获得俄罗斯石油的供应，其发展仍可持续。相比之下，吉林市石化的发展形势较为严峻，必须未雨绸缪，朝精深加工方向发展，找好产品定位，发展具有特色的石化工业。

（4）制药与生物制药布局。药业是吉林省的优势产业，目前吉林省已经形成了以长春为核心的中部医药产业群和以通化、敦化为龙头的东部医药产业群。未来五年，要统筹协调东部内部各地区，以及东部、中部的医药产业发展，这是吉林省医药产业持续发展的关键。具体规划：一是协调、保护、开发、整合长白山这座天然医药资源宝库，是吉林省医药产业持续发展的基础。要协调好东部地区各城市医药产业开发的关系，形成有序开发的局面。在长白山地区形成若干颇具特色的药材供应基地，通过市场竞争和资源整合等手段，形成几个具有全国乃至世界知名度的特色品牌。二是重点整合以长春为龙头的中部地区和以通化、敦化为龙头的东部地区医药产业，形成地域分工明确、效率较高、跨区域的链条式发展；东部地区主要发挥长白山的特色资源优势，提升吉林省北方药业的整体实力。

（5）光电子与信息产业布局。光电子及信息产业主要分布在长春，尽管规模不大，但它的发展对吉林省传统产业的改造具有十分重要的意义。光电子及信息产业的布局，主要是以高新技术产业开发区为载体，充分发挥科技优势，坚持产学研联合，快速发展、壮大光电子及信息产业；加快建设长春国家光电子产业基地，积极推进吉林汽车电子、吉林新型元器件、长春软件、吉林软件、延边信息等5个省级产业园建设，逐步形成信息产业集群。

第二节　构建现代农业产业体系

吉林省把发展现代农业摆在重要位置，认真贯彻落实惠农政策，加强农业基础设施建设，不断提高农业综合生产能力，加大现代农业制度创新力度，现代农业建设取得显著成效。今后，吉林省将着力构建现代农业体系和运行机制，促进传统农业向高产、优质、高效、生态、安全的现代农业转变，在更高起点上建设粮食大省、现代农业大省。

一　吉林省现代农业建设的主要成就

1. 现代化农业产业体系初步形成

几年来，国家、省、市、县各级财政，以及民营企业和个体工商户组成的多层次、多元化投资体系对现代农业建设投入资金逐年增加，主要用于农业基础设施、农业机械化、大型水利工程和农业产业化项目、标准化农田、标准化棚膜园区、标准化牧业小区、农产品加工龙头企业、农产品储运销体系等建设。农业生产现代化装备水平明显提高，初步构建了现代化的农业产业体系。

2. 农业综合生产能力显著提高

在国家一系列强农惠农政策的激励下，广大农民农业生产积极性空前高涨，全省粮食生产已连续多年获得大丰收。1984 年以来，人均粮食占有量和商品率始终居全国首位，其中玉米的生产优势尤为突出。畜牧业发展速度比较快，在农业中所占份额不断提高，人均肉类总产量居全国前列。林业及人参等特色产业在全国占有重要地位。

3. 农业现代化生产水平进一步提高

一是农业机械装备结构明显改善，功能进一步增强。农业机械由小型化向大型化发展，由单一生产向综合配套作业发展，由耕翻种向全程机械化发展。二是农田水利设施建设取得明显成效。近几年，投入大量资金兴建各类水利工程、引水灌溉工程和农田节水工程，提高了抗旱能力，见图 4-1；三是农业生产科学技术水平全面提升。新品种、新技术全面普及，科技入户率达 80% 以上。农业生产从业者素质明显提高，新知识、新技术接受较快。四是农业科技创新能力不断加强。近年来，全省实施了种子工程、沃土工程、科技入户工程、丰收计划，推广玉米、水稻、大豆高产栽培综合配套技术，推广测土配方施肥、玉

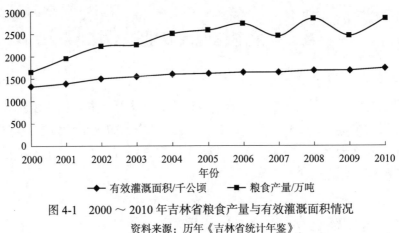

图 4-1　2000～2010 年吉林省粮食产量与有效灌溉面积情况

资料来源：历年《吉林省统计年鉴》

米大垄双行覆膜栽培技术和生物防治玉米螟技术，蔬菜无公害高产栽培和畜牧业规模化饲养等一批新成果、新技术，为吉林省农业现代化建设起到了支撑作用。

4.农业产业化经营进一步发展

一是龙头企业发展。农产品加工业已成吉林省支柱产业。目前已培育各类农业产业化龙头企业 2800 多家，其中国家级农业产业化龙头企业 34 家，省级重点龙头企业 356 家。龙头企业资产占农产品加工企业资产总额的近 60%，销售收入占农产品加工业销售收入总额的 65%。大成集团、皓月集团已经成为闻名世界的大型企业，修正药业、天景食品等重点龙头企业在国内同行业中名列前茅。二是产业化规模不断扩大。全省农产品加工业围绕优势农产品基地，已形成了粮食加工业、畜产品加工业和特产品加工业三大主导产业。三是科技创新水平不断提高。60% 的农产品加工企业自建研发机构或与科研院所建立紧密的合作关系。

5.农村合作经济组织发展较快

各类农民专业合作经济组织发展势头强劲，已经延伸和拓展到农业农村的各个领域和环节，增强了抵御自然风险和市场风险的能力。全省各类农民专业合作经济组织已经发展到 8922 个，极大地提高了农民组织化程度，在发展现代农业、促进农民增收、推进新农村建设等方面发挥了重要作用。

▣ 吉林省现代农业建设面临新的机遇和挑战

吉林省农地和水资源的空间分布极不均衡，中西部粮食主产区耕地面积约占总耕地面积的 80%，水资源总量仅占 18%。全省 8000 多万亩耕地，中低产田占 2/3 以上，有效灌溉面积仅为 20% 左右，旱田具备灌溉条件的不足 15%。旱涝保收高标准农田比重低，抵御洪旱灾害能力差。干旱缺水已经成为制约吉林省粮食生产和现代农业发展的重要因素。

近年来，吉林省粮食生产不断跃上新台阶，农业基础地位进一步稳固，同时也促进了畜牧、农产品加工业和农村服务业的快速发展，农业和农村产业结构进一步优化，实现了农业增效、农民增收。随着农业的全面发展，特别是农村市场经济体制改革的进一步深入、农村工业化和城镇化的带动、农村劳务经济的崛起，农业现代化建设进入了新的历史阶段，面临着新的机遇和挑战。

国家宏观经济的加速发展，加快了农村工业化和城镇化建设，促进了农村劳动力向城镇转移和城乡经济统筹发展，使农民增收和规模经营成为可能。这为吉林省现代农业建设提供了难得的机遇，特别是全省目前实施增产百亿斤粮食、百亿斤肉、百万亩棚膜蔬菜、百户龙头企业建设工程、人参产业二次创业工程、农村泥草房改造工程、农村改水工程、引水和农田水利化工程建设，以及森林经营工程，直接拉动现代农业建设，增强了农业整体竞争力。

但同时我们也应看到，随着国际和国内经济环境的变化，国际金融危机的进一步显现，国际贸易保护主义有所抬头，国内外农产品市场竞争加剧，加之吉林省农业发展资源环境的约束，城乡统筹发展，社会保障体系建设和双层经营体制还不完善，在农村改革不断深入的过程中，多方利益的交织和冲突，导致新问题、新矛盾的涌现和叠加，使现代农业建设面临着新的挑战。

三 吉林省现代农业产业结构调整的重点

（一）加快推进农业和农村经济结构的战略性调整

加强农村产业结构调整，以资源优势和市场需求为导向，延长产业链，提升农业整体效益，壮大优势产业，培育特色新兴战略性产业。大力发展农产品加工、农产品仓储物流和网络营销服务业，促进农村一、二、三产业协调发展。针对吉林省区域差异明显、经济发展不平衡的状况，应按照因区制宜、突出重点、分类指导、先易后难、梯度推进、全面发展的思路推进吉林省农业现代化建设。

（1）郊县农业开发区，包括长春、吉林、四平等大中城市郊区及沿四长铁路、公路交通要道延伸扩展，形成以大中城市为中心的郊县农业开发区。应重点提高工业化水平，依托城市资金、技术优势，加快农业产业化步伐，搞好深加工"龙头"企业建设，上规模、上档次。发展精品农业、设施农业和旅游休闲观光农业。建设百万亩棚膜蔬菜、花卉生产基地。种植业要以生产优质绿色蔬菜、瓜果和青食玉米等为主，养殖业以规模饲养奶牛、蛋鸡为主。推广农业高新技术，加快土地流转，实现规模经营和农业机械化操作，搞好环境规划和建设，防止工业"三废"和城市垃圾污染，尽早实现农村工业化、农村城市化和农民市民化。

（2）中部种养加农业综合开发区，包括长春、四平、辽源、永吉、扶余、长岭等14个县（市）。应重点加大农业和农村经济结构调整力度，推进农业产业化经营。大力发展农产品加工和养殖业，尽早实行分工分业和专业化生产。加大科技投入，加快产业升级和标准化生产，促进适度规模经营。发展方向是以农为主，种、养、加结合，建设国家级粮食、肉、蛋、奶商品生产基地，积极推行全程机械化作业，以防洪治涝、抗旱为中心建设好高产、稳产生态良性循环的基本农田。

（3）东部山区、半山区农业立体开发区，包括延边朝鲜族自治州、通化市、白山市的全部和吉林市的大部分地区。应重点发展绿色食品加工业、中药材加工业及旅游观光农业，利用现代科技、设备改造传统工业和制药业。开发与保护并重，加强小流域治理，防止水土流失，因地制宜发展小区经济，多层次立体开发。大力推广中小型农业机械，林、农、牧结合，实施精品农业战略，充分发挥绿色优势，开发特色农产品，搞好产业化经营。

（4）西部农牧开发区，包括白城、镇赉、大安、洮南、通榆、前郭、乾安7个县（市）。应重点加强基础设施建设，抓好设施农业和生态环境建设（植树、种草），实施优惠政策，改善投资环境，吸引省内外资金参与开发，实现跨越式发展。农业生产主要方向是加强生态建设，保护耕地、草原和地下水，实施保护性开发战略。优化资源配置，搞好产业化经营。调整产业结构，农、经、牧结合，粮、经、饲结合，大力发展畜牧业，全面发展多种经营，增强抗灾能力，提高产业收入的互补性和家庭收入的稳定性。发挥高温少雨优势，搞好沙产业开发。适时推行机械化，推动规模经营，加快劳动力转移。

（二）加快推进农业产业化经营

着力发展农产品加工业，增强农产品市场竞争力。加大对龙头企业和基地建设的扶持力度，建立龙头企业与农民合理的利益联结机制。提高农产品精深加工能力，延长产业链条，扩大农产品出口。积极发展农民专业合作经济和农业产业化经营组织，提高农民的市场组织化程度。

（三）全面推广农业机械化和推进农业水利化

优化农机装备结构，全面提高农业产前、产中、产后等各领域的机械化水平，加强农业机械化技术推广、农机安全监理、试验鉴定等公共服务体系建设，推进粮食生产规模经营。大力推进农业水利化。积极争取国家和省水利基础设施建设专项，加大财政支持力度，引导社会投入。加快引水灌溉、涝区改造、江河堤防加固、病险水库加固、旱作节水农业等水利工程建设，提高水利工程防洪除涝灌溉能力。发展膜下滴灌的节水农业。

随着吉林省《增产百亿斤商品粮能力规划》的具体实施，依靠重大水利项目的建设，可以极大地弥补吉林省水资源的时空分布极不均衡，特别是中部引松供水工程的逐步建设，将从根本上解决长春、四平、辽源等地区缺水的问题。吉林省未来粮食综合生产能力将显著增强，巨大的粮食生产潜力将得以释放，粮食生产将迈上一个新的阶段性发展水平。

（四）加快农业信息化进程

着力发展数字农业、精准农业、智能农业和智能粮库，加快信息技术在农产品生产、加工、包装、储藏、运输、销售等环节中的应用。积极发展面向农业大户、农村经济合作组织和农业龙头企业的电子商务服务，带动上下游农户提高信息化应用水平。推进信息技术和智能工具与农业的结合，整合资源信息，建设吉林农业科技信息技术指导网络平台和农村基层信息服务站。

第三节　做大做强支柱产业

交通运输设备制造业、石油化工业与农产品加工业是吉林省的支柱产业，构成三足鼎立的新格局，对全省经济发展起到了重要支撑作用。2009年，交通运输设备制造业、石油化工业、食品工业共实现增加值1638.4亿元，占全省规模以上工业增加值的56%。同时，也应该看到三大支柱产业的发展也存在一些问题。在20世纪90年代工业总产值曾位居全国第4位的吉林省石化产业，近年来在全国的比较优势逐年弱化；一度堪称全国行业龙头的一汽集团，在2005年产量退居上海汽车之后，2007年综合市场占有率比2004年又下降了4个百分点，仅为 16%；近些年发展较快的农产品加工业在全国知名的大品牌少，竞争优势并不突出。为更好地发挥支柱产业对吉林省经济的支撑与带动作用，今后发展重点主要集中在以下几个方面（表 4-2）。

表 4-2　支柱产业重点项目

名称	重点项目	2015 年主要目标
汽车产业	重点实施一汽大众 100 万辆（新增 30 万辆），一汽轿车 100 万辆（新增 60 万辆），一汽丰越 40 万辆（新增），一汽通用 20 万辆轻型商用车（新增 12 万辆）、20 万辆专用汽车（新增 10 万辆），一汽吉林公司 60 万辆（新增 40 万辆），新湖吉林通田 50 万辆（新增），延边华泰汽车有限公司年产 10 万辆 SUV 及 1800 辆客车生产线等整车、专用车、改装车扩能工程。加快建设长春旭阳汽车零部件加工产业园、一汽 MQ200 变速箱、一汽轿股自主乘用车发动机基地等零部件项目	投资 1500 亿元，建设 100 个重点项目，形成 400 万辆整车生产能力，零部件配套率达到 50%。汽车产业产值达到 8000 亿元以上，增加值达到 2000 亿元以上
石化产业	吉林市重点实施吉化 1500 万吨炼油装置大型化改造工程、140 万吨乙烯及配套装置能力提升工程、110 万吨丙烯、58 万吨 ABS 树脂、32 万吨苯乙烯、48 万吨丁辛醇、38 万吨碳 5 分离等重大项目，重点推进化工园区 100 个配套和精细化工项目 松原市实施石油天然气开发、中石化天然气提纯、中化长山 50 万吨合成氨和 80 万吨尿素扩能等项目，恢复前郭炼油生产，力争形成 500 万吨炼油能力。积极谋划松原、珲春千万吨级大型炼化基地，白城煤制烯烃项目	投资 1400 亿元，实施 160 个重点项目，新增炼油能力 500 万吨，乙烯 65 万吨，精细化工和化工新材料产品 100 万吨。石化产业产值达 3000 亿元，增加值达 1000 亿元
农产品加工产业	重点打造长春和松原玉米产业园、中国新加坡吉林食品工业园、皓月高新现代牧业产业园等特色园区。建设中粮吉林农产品综合加工系列工程和长春大成 300 万吨化工醇、100 万吨聚酯、100 万吨玉米秸秆糖、200 万吨树脂、100 万吨融雪剂、50 万吨蛋氨酸等系列项目。推进吉林广泽和新源等乳品加工，德大等肉鸡系列食品加工，长春众品、华正和得利斯等猪肉系列食品加工，辽源金翼蛋品深加工，延边畜牧开发公司 10 万头黄牛等项目	投资 1100 亿元，建成亚洲最大的玉米精深加工基地、清真肉牛食品生产基地和肉食鸡精深加工基地，建成国内最大的鲜食玉米生产基地。农产品加工业产值达 5000 亿元，增加值达 1200 亿元
先进装备制造业	轨道交通装备：长春轨道交通装备园、轨道客车零部件配套产业园、长春轨道客车装备公司搬迁、华信装备制造集团城轨配套产业园等重点项目	投资 60 亿元，形成年产铁路客车 500 辆、高速动车组 1200 辆、城轨客车 1200 辆的生产能力，实现产值 300 亿元
	风电装备：华锐风电（吉林）200 台套 3 兆瓦风电机组、三一电气（通榆）各类风力发电机组 700 台套和叶片 1000 套、国电联合动力 400 台 3 兆瓦风力发电机组、中材科技（白城）500 套复合材料风电叶片、兵装集团 600 台（套）风电机组、中国北车（松原宁江）600 台风机装备等项目	投资 130 亿元，生产能力将扩大到 400 万兆瓦，实现产值 260 亿元

一 打造世界级汽车产业基地

依托一汽集团，调整产品结构，打造自主品牌，提升核心竞争力，构建国内最强、世界先进的汽车研发平台和零部件研制体系，建设世界级汽车产业基地。

1. 扩大整车规模

以一汽集团为核心，进一步扩大汽车生产规模。优化产品结构，形成中重型卡车、中高级轿车、轻型车、微型车、专用车、特种车等较为齐全的产品系列。加强自主品牌建设，进一步增强解放、红旗等品牌的市场影响力。

2. 加强零部件生产

围绕一汽集团整车生产需要，大力发展汽车零部件产业，加强零部件企业研发能力建设，加快发展底盘、变速箱、发动机、汽车电子系统等模块体系建设。着重培育和引进一、二级供应商，进一步提高配套生产能力。扩大零部件企业的市场范围，加强汽车零部件出口基地建设。

3. 加快新能源汽车发展

以研制多能源动力总成系统、驱动电机、动力电池为突破口，重点发展混合动力汽车、纯电动汽车和燃料电池汽车，加大纯电动、混合动力等新能源汽车产能，建设全国新能源汽车生产研发基地。

二 打造国内重要的大型石化产业基地

以吉化、吉林油田为龙头，优化结构，扩大规模，提高效益，发展精细化工、高性能合成材料和特种材料，增加加工制成品比重，逐步改变长期以来形成的以基本化工原料为主的产品结构，建设国内重要的综合性石油化工产业基地。

1. 建设千万吨油气田

加大支持探区勘探开发力度，加快油、气稳产、上产步伐，突出效益和可持续发展的原则，实施"油气并举"，保证勘探开发的连续性，确保稳中求进，实现资源储量，产能建设保持持续增长的良性循环。

2. 实施千万吨炼油工程

推进吉化炼油系统技术改造，采用 MIP-CGP 技术，异地建设年产 140 万吨的催化裂化装置，原油加工处理能力提高到 1000 万吨。推进前郭炼油厂恢复生产，提高炼油能力。

3. 实施百万吨乙烯工程

扩建乙烯装置，年生产能力增加到 100 万吨以上。加大新建、扩建力度，使 ABS、乙丙橡胶、聚乙烯、丁辛醇、苯酚 / 丙酮等 16 套装置生产能力居全国第一位，打造国家级合成树脂、合成橡胶生产基地。

4. 建设吉林化学工业循环经济示范园

着力发展科技含量高、资源消耗少、环境污染少的新型化工产业，构建循环经济的有效载体，重点建设碳纤维产业基地，并全力打造"精细化工园""生物化工园""汽车用化学品园"等，打造一个千亿级化工园区，构建全国知名、具有较强国际竞争力和影响力的化工产业基地。

三 打造具有国际竞争力的农产品加工业基地

依托吉林省丰富的农业资源，延伸产业链，重点建设玉米等十大加工体系，培育第二个双千亿元级支柱产业，建设世界级玉米化工及农产品加工产业基地。

1. 粮食加工

依托玉米生产优势，大力发展玉米加工产业，以大成集团、中粮集团等龙头企业为主体，着力开发玉米深加工产品，发展化工醇、氨基酸、有机酸、葡萄糖和变性淀粉等产品。提高水稻加工品质，创立"吉林大米"品牌。重点发展分离蛋白、异黄酮等深加工产品和大豆功能食品。

2. 畜禽产品加工

扩大猪、牛、鸡的屠宰加工能力，重点发展冷鲜分割肉、调理肉制品、熟肉制品三大主导产品。利用生物技术，搞好副产品的综合利用，提高产品附加值。推进皓月公司、德大公司、华正公司等龙头企业加快发展，建设全国最大的清真牛肉制品加工基地。

3. 粮食、蔬菜、饮品加工系列

以有机、绿色、环保、品牌、精深为突破口，重点开发精制大米、鲜净蔬菜、奶制品、优质酒水、饮料等产品。

④ 打造具有吉林特色的装备制造业基地

着力建设长春、吉林、四平三大装备制造产业基地，构建轨道交通、农业机械、汽车制造专用设备、石油炼化、换热设备等主机及配套零部件制造产业体系，建成具有吉林特色的装备制造业基地。

1. 发展重点产品

集中力量支持高速动车组、新型城轨车辆、中大马力拖拉机、新型板式换热器、薄煤层采煤机、电炉变压器、起重机、石油修井机等一批具有比较优势的九大领域重点产品。

2. 培育骨干企业

重点培育长春轨道客车公司、长拖农业机械装备集团、四平巨元换热设备公司、农机装备、矿山机械、石油机械、起重设备、汽车专用设备等50家在国内有较强竞争力的装备制造企业集团。

3. 设立研发中心

推动轨道客车交通装备、农业机械装备、光学精密机械、材料试验机、汽车专用模具、煤炭采掘装备等10个国家工程研究中心、实验室、国家级企业技术中心，以及20个省级科技创新中心建设，促进企业加强自主创新建设，全面提高全省装备制造业的竞争实力和技术水平。

4. 推动优势项目

积极发展高速动车组、新型城轨车辆，进一步提高自主设计核心部件技术能力，使吉林省轨道交通装备制造业技术达到国际先进水平，制造规模居世界前列。轨道客车要实现国内动车组和铁路客车市场份额不低于35%、城轨车市场份额不低于45%的目标，真正具备国际市场竞争力。加快长春轨道交通装备园区建设。加快发展新兴农业机械，着力消化吸收上海纽荷兰、山东福田、中国农业机械研究所等企业的机械装备核心技术，实现长春农机装备产业园主机及配套企业总数超百家，产值突破50亿元，中大马力拖拉机研发能力和制造规模进入全国前5名，重铸农机装备品牌。围绕国家千万千瓦级可再生能源基地规划，打造千亿元风电装备产业基地。

第四节　积极发展传统产业和特色资源产业

一　改造提升传统产业

传统产业在吉林省经济发展中占有相当大的比重，是振兴吉林老工业基地、构建和谐社会的重要力量。吉林省传统产业（表4-3）企业经过改制，自我发展的内在动力不断增强，但要促进传统产业结构升级和经济增长方式转变，实现更好更快发展，必须推进企业信息化，改变粗放型经营方式，增强自主创新能力与核心竞争力。今后的发展重点如下。

1. 冶金工业

适应汽车、石化等产业需求，大力开发专用钢材、特种钢材。建设通钢集团百万吨热轧、70万吨冷轧薄带钢项目。发挥国家级碳素技术中心的优势，开发研制核石墨制品、碳素复合材料、碳纤维及制品，建设吉林碳素集团高功率石墨电极等项目。立足铁合金品种和技术优势，积极推进对外合资合作，加快开发高纯净度、多元复合合金的特种铁合金制品，建设吉林铁合金特钢项目。推进吉林市哈达湾整体搬迁工程，打造冶金铸造园区。

2. 建材工业

以亚泰、冀东、金刚等大企业为主导，建设东北最大的水泥生产基地；推进企业技术改造和升级，新型干法水泥生产比重达到100%。重点发展安全玻璃和节能玻璃。利用矿山废渣、煤矸石资源，推进硅藻土、粉煤灰综合利用等重大项目建设，着力发展纳米碳酸钙、陶瓷等新型建材。

3. 能源工业

重点建设长春、白山、延边三个千万吨级煤炭生产基地，进一步提高煤炭产量。推进热电联产，着力发展风电、核电、太阳能发电等新能源，改善电力装机结构。推进"气化吉林"工程建设。

4. 轻工纺织产业

发展家具制造及木制品、塑料制品、皮革及制品、卷烟等产业。建设一批专业化产业园区。建设吉林森工长春兰家木制品产业园、白山喜丰农用塑料制品产业园、长白山松花石产业园等。发展特色纺织、精品纺织。依托吉林化纤集团，适应市场需求，积极开发功能性纤维、差别化纤维及聚酯纤维，实现产能升级、产品优化。发挥辽源东北袜业纺织工业园集聚作用。加快高档品牌服装开发，积极谋划以生物质为原料的新型纺织产业。

表 4-3　传统产业重点项目

名称	重点项目	2015 年主要目标
冶金产业	钢铁重点实施通钢 750 万吨大型化改造、塔东铁矿开发等项目建设，利用境内外丰富的铁矿资源谋划延边大型钢铁项目 冶金炉料重点实施中钢铁合金、中钢吉炭整体搬迁、技术升级项目 铝制品加工重点实施辽源利源铝业大截面交通运输铝型材深加工、麦达斯高速列车及城市轨道车体铝型材加工、世捷铝业高精铝合金宽厚板、特种铝型材项目	投资 300 亿元，推进 10 个重点项目，钢铁综合生产能力达 1300 万吨，铁合金生产能力达 100 万吨，石墨电极 12 万吨（超高功率 6 万吨），高精铝制品加工量达 40 万吨。冶金产业产值达 1500 亿元，增加值达到 360 亿元
建材产业	重点推进亚泰、金刚、冀东等大型水泥企业升级扩能改造工程。加快建设亚泰百万吨粉煤灰综合利用、双辽电厂百万吨粉煤灰综合利用、成邦煤矸石烧结空心砖、辉南火山渣墙体材料等新型建材项目	投资 200 亿元，建设 10 个重点项目，水泥产能达 3800 万吨。新型建材产业产值达 1000 亿元，增加值达 300 亿元
轻纺产业	重点建设吉林森工 1300 万米^{2}木地板、吉林化纤差别化纤维、辽源袜业纺织新型产业基地、温馨鸟高档服装扩能、白山喜丰高档农膜和新型节水器材、吉林烟草 200 万大箱卷烟等项目	投资 200 亿元，建设 50 个重点项目。轻纺产业产值达 1250 亿元，增加值达 250 亿元

二 大力发展特色资源产业

有色金属、矿泉水、人参、鹿、林蛙等是吉林省独具特色的自然资源，但开发、利用均不到位，特色产业优势尚未形成经济优势。全面实施特色资源产业提升计划，围绕优势矿产资源和长白山独特生态资源，加大勘探和开发力度，规范探矿权管理，坚持在开发中保护，在保护中开发，促进资源有序开发和高效、集约、永续利用，推动精深加工，拉长产业链条，提高资源利用率和产品产出率，形成新的产业支撑。依托吉林省镍、钼、镁、石墨、球黏土和硅藻土等矿产资源优势，大力开发合金材料、新型化工材料、生态环保材料和高端产品，着力打造产业集聚区，加快形成产业规模和产业优势。

依托吉林省的优势资源，突出地方特色，着力培育和大力发展特色产业。推进特色资源产业规模化、集群化、品牌化，打造人参，梅花鹿、林蛙特产之乡，打造具有国际竞争力的林木加工产业带，建设镍钼镁有色金属、矿泉水、硅藻土、油页岩特色矿产基地（表 4-4）。

表 4-4　特色资源产业重点项目

名称	重点项目	2015 年主要目标
优势矿产资源产业	重点实施吉恩镍业年产 2 万吨镍深加工、1 万吨电池材料，大黑山钼业扩能改造，天池矿业小城钼矿 2 万吨钼精粉，白山镁谷 20 万吨镁合金，通化祥元镁业 5 万吨镁合金及压铸件，临江硅藻土工业集中区 200 万吨生态产品等项目	投资 100 亿元，有色金属综合加工能力达到 20 万吨、硅藻土生态产品 200 万吨，建设镍钼深加工基地、硅藻土精深加工基地，打造金属镁综合利用产业示范基地
独特生态资源产业	人参产业：加快推进抚松、集安新开河、敦化敖东、靖宇、延边雄风、长白等 6 个人参产业园区建设，重点实施紫鑫药业人参精深加工、延边初元药业人参酵素深加工、大明人参种植基地及人参精深加工、集安益盛二醇皂苷注射液、集安新开河人参系列产品精深加工、敦化敖东人参中药饮片精深加工、白山皇封参精深加工、长白加一有机人参深加工、吉林森工修养堂人参健康产业园、东宝人参产业园、桦甸长白山野山参综合开发、旺旺集团人参食品加工等项目	投资 120 亿元，产值达到 500 亿元以上，全力打造"长白山人参"品牌，实现人参产业振兴
	矿泉水产业：重点实施泉阳泉、农夫山泉、康师傅、吴太饮品四个 100 万吨矿泉水扩建，建设天士力集团 20 万吨矿泉饮品、延边天池公司 120 万吨矿泉水、未来趋势 200 万吨矿泉水等项目	投资 80 亿元，全省矿泉水产能达到 1000 万吨，把长白山矿泉水打造成国际知名品牌，建成全国优质矿泉水生产基地
	梅花鹿产业：重点建设辽源 20 万只梅花鹿养殖、东丰鹿业园区、修正生物公司 16.75 万公斤鹿系列保健品、长双鹿业 1850 万盒鹿系列保健品、吉春制药 2510 万瓶鹿系列产品、吉云鹿业鹿系列产品深加工等项目	投资 80 亿元，存栏达到 60 万只，形成集养殖、药品、食品、保健品等深加工于一体的产业体系
	林蛙产业：建设 30 个专业化的林蛙良种繁育基地，重点推进白山永利药业林蛙油滴丸综合开发、桦甸隆盛公司北药林蛙科技产业示范园区、集安市林蛙养殖加工和林蛙油系列产品精深加工、上海康大集团（白山）林蛙产品深加工、吉林长白山生物技术公司（临江）长白山林蛙系列产品精深加工与开发、桦甸隆泰林蛙皮胶原蛋白等项目	投资 15 亿元，林蛙年回捕商品量达到 7 亿只，形成多种林蛙油精深加工产品系列，提高附加值

1. 特色产品加工

重点开发长白山特色资源产业，打造人参、鹿产品、林蛙油和矿泉水四大特色资源品牌，培育国际国内知名品牌。①搞好人参精深加工，推进药食同源进程，严格控制参地审批，推行标准化生产，全力打造"长白山人参"品牌。②在鹿产业发展上，加强东丰、双阳等地梅花鹿养殖基地建设，加快品种改良和产品开发，并加强科研攻关，进一步开发以鹿茸为原料的药品、保健品和食品。③加快林蛙产业发展，完善发展规划，建设科研、良种繁育基地，大力开发多种林蛙产品，提高附加值。④利用长白山矿泉水的资源优势，逐步扩大产量，加快靖宇、抚松、安图、辉南四个基地县建设，支持泉阳泉百万吨矿泉水建设，扩大市场占有率，推动千万吨矿泉水开发工程。大力发展高端水产品，加大资源和品牌整合力度。

2. 林木加工

发挥长白山林木资源优势，拓宽木材进口渠道，搞好枝丫材的综合利用，重点发展人造板、地板等产品的生产。延伸产业链条，扩大家具生产规模，着力培育和塑造品牌，提高产品的附加值。

3. 特色矿产资源开发

充分发挥油页岩的资源优势，积极引进先进的生产工艺和设备，加快资源开发进程。加强硅灰石、硅砂、硅藻土等非金属矿产资源的开发利用研究，发展非金属矿产品精细加工产业，延长产业链，提高矿产品的附加值；扩大高冰镍、硫酸镍生产能力，积极开发钼矿资源，开展钼系列产品深加工。搞好吉林镍盐生产基地、白山镁合金工业园建设，进一步提高有色金属综合生产能力。

第五节 培育发展战略性新兴产业

一 吉林省战略性新兴产业的发展现状

战略性新兴产业不仅能够通过自身发展形成新的经济增长点，而且能通过改造提升传统产业实现产业结构调整升级，成为转变经济增长方式的"突破口"和"主引擎"。2007～2009年，吉林省医药、电子等六个高技术产业增长迅速，工业总产值年均增长32.2%，高于全国平均增速19.2个百分点，一定程度上改善了在国内的弱势地位。同期，六个高技术产业增长也高于全省工业整体增速，所占比重有所提高，产业结构进一步优化。虽然吉林省在发展战略性新兴产业上具有一定的基础，但也要看到吉林省工业发展方式还比较粗放，总量不大、结构不优等问题还没有从根本上改变，特别是战略性新兴产业总体规模较小、产业链条短、企业自主创新能力弱等方面的问题还比较突出，为战略性新兴产业培育计划的实施带来一定难度。

二 吉林省战略性新兴产业的优势

从目前看，吉林省已初步具备了发展生物、新材料、新能源及新能源汽车等战略性新兴产业所要求的产业基础和资源条件。

1. 一些新兴产业已粗具规模

在新材料领域，已有一批科技成果成功转化，聚醚醚酮、碳纤维、聚乳酸、纳米水性漆、硅藻土助滤剂等一批具有自主知识产权的成果开始产业化，市场前景广阔。在生物技术领域，长春、通化是国家级生物医药产业基地，拥有一批生物技术实验室、工程中心和中试基地，在基因工程药、生物疫苗及诊断试剂方面全国领先。以赖氨酸、生物化工醇和非粮生物质技术等为代表的生物化工技术也走在世界前列。

在电子信息领域，光电子、汽车电子、电子材料、传感网等领域具有一定优势，LED 显示技术、大功率晶体管、车载电子信息系统、无线传感器应用研究等方面发展潜力巨大。在新能源领域，吉林省是国家七大千万千瓦级风电产业基地之一，风电装机现已达到 400 万千瓦。生物质和太阳能等清洁能源发展具备一定的基础。在高端制造业领域，吉林省是全国最大的高速轨道交通设备制造基地，风电主机制造也已形成一定的规模，市场需求巨大。

2. 掌握了一批关键技术

吉林大学、东北师大、长春理工大学、吉林农业大学等高校，在高分子功能材料、生命科学、电子信息、地球物理探测等方面有一定的理论研究基础，并有一批实用技术研究成果。纳米碳酸钙、磷酸亚铁锂、有机发光二极管（OLED）材料等一大批科研成果国内领先，有些已达到世界先进水平。同时，还拥有中科院光机所、应化所等国内一流的科研机构。光机所在发光学、应用光学、光学工程和精密机械与仪器四个研究领域，以及信息显示、光谱技术、大功率半导体激光技术等八个方面具有明显科研优势。应化所在资源与环境材料、先进材料、能源材料三大领域成果突出，特别在稀土合金、CO_2 基降解塑料、植物和水资源、先进结构材料、复合材料和功能材料、清洁能源、高密度存储和节能技术等十个方面具有很强的科研力量，拥有核心技术和产业化基础。

3. 一批重大新产品已规模化生产

环保石头纸、聚酰亚胺、镁合金、电池隔膜等一批科研成果已成功在企业中转化，形成了一定的生产规模，正在不断加大投入，扩大规模，抢占市场。拥有一汽集团、吉化公司、轨道客车、大成集团、吉林化纤、中钢吉炭、通化东宝、奥普光电、希达电子、新产业光电等一批龙头企业。这些龙头企业拥有核心技术，具有产业发展条件，在国内外都有一定的影响力，未来将形成产业规模，在各自领域打造产业基地。

⊜ 加快培育发展战略性新兴产业的重点

1. 生物医药

以生物疫苗、基因工程药及诊断制剂为主导，着力发展生物医药产业。

（1）依托科技优势，推进新药品种的产业化和规模化，建设亚洲规模最大的生物疫苗产业基地。

（2）做大做强胰岛素、生长素、干扰素及诊断制剂等，培育国内重要的基因工程药及诊断制剂产业基地。

（3）围绕生物技术制药和生物制品制药，加快开发和引进基因重组技术、单细胞融合技术、酶工程和现代生物发酵技术，重点发展生物疫苗、基因工程药和生物中药，扩大人胰岛素、人生长素、干扰素、干细胞等生物药品生产。

（4）利用生物技术，推进中药的现代化，加快合成药的发展。

2. 生物化工

（1）依托玉米生产优势，进一步拓宽淀粉深加工领域，大力发展生物化工产业。

（2）适应汽车快速进入家庭的新趋势，进一步扩大燃料乙醇生产规模。以大成集团独创的生物化工醇为突破口，延长产业链，建设生物化工原料产业基地。

（3）以大成集团、吉安生化等骨干企业为主导，进一步发展赖氨酸、谷氨酸、苏氨酸和有机酸等食品及饲料添加剂产品。

3. 信息产业

（1）重点发展光电子、汽车电子、电力电子和新型元器件等信息产业。依托长春国家光电子产业基地,着力打造激光及加工、LED显示照明、OLED材料及模组生产系统三个产业链。发挥车载、车身、车控等产品的国内领先优势,推进汽车电子产业园建设,打造国内一流的汽车电子产业基地。进一步推进电力电子及新型元器件产业发展壮大。

(2)新材料。重点发展高分子材料、新型金属材料、无机非金属材料、化工新材料等新材料产业。

(3)整合各种资源,建设国内规模最大、种类最全、应用最广的碳纤维生产基地。

(4)发挥应化所、吉林大学的科技优势,打造国际领先的功能高分子材料生产基地。

(5)依托得天独厚的硅藻土资源,打造国内最大的硅藻土深加工基地。

(6)扩大轻质镁合金、铝合金型材、纳米碳酸钙等产品生产规模,在新型金属材料和无机非金属材料领域形成一批拳头产品。

4. 新能源

着力发展风电、太阳能、生物质能、核能等新型清洁能源,优化能源生产结构,发展低碳经济。

(1)加快推进千万千瓦级风电基地建设。

(2)规划建设光伏电站试点项目,以及与建筑物结合的小型光伏发电系统。

(3)搞好赤松核电项目建设。

(4)推广秸秆发电、秸秆制气技术应用,加快生物质等清洁能源基地建设。

5. 新能源汽车

(1)依托产品研发的领先优势,推进奔腾B70混合动力乘用车规模化生产和纯电动城市交通客车的产业化,在新能源汽车领域抢占先机。

(2)加快关键技术和零部件研发,着力推进具有自主知识产权的磷酸亚铁锂电池产业化,布局动力总成、电控装置和电池维护等电动汽车配套体系。

6. 节能环保产业

立足于工业、交通、建筑等领域的节能需求,发展节能设备制造,加大节能技术推广力度,着力发展LED照明等节能产品。根据工业废物处理、江河流域治理、城市污水及垃圾处理场升级改造等方面的需求,着重发展环保装备制造、资源循环利用装备制造产业。

以上各产业的重点建设项目见表4-5。

表 4-5 战略性新兴产业重点项目

名称	重点项目	2015 年主要目标
医药产业	长生科技、长春祈健、长春生物制品所等流感、狂犬、乙肝、甲肝、水痘疫苗改造扩能； 长春海伯尔公司 b 型流感嗜血杆菌（Hib）疫苗项目； 长春金赛长效人生长激素、生长激素水针剂产品扩能；重组人胸腺素 Tα₁、重组人促卵泡激素等产业化项目； 辽源博大伟业重组人白介素项目； 长春中古海伯尔 Hib 疫苗、丙肝疫苗生产基地； 敖东集团、益盛药业、华康药业等企业，人参皂苷 Re 片、20(s)-Rg3 抗病毒眼膏、参芪灵芝颗粒、乙肝扶正胶囊等项目。 修正集团、通化东宝、万通药业等企业，肺宁冲剂、镇脑宁、万通筋骨片等 20 个中药大品种二次开发和质量控制示范项目	投资 200 亿元，全省生物医药产业实现产值翻两番，实现产值 1800 亿元，其中，现代中药产业 1100 亿元、疫苗和基因工程药等产业 150 亿元
信息产业	光电子：长春新产业公司高半导体固体激光器项目，长光数显公司绝对式位移光栅尺项目，长春希达公司 LED 显示及照明项目	投资 20 亿元，产业规模翻两番以上，产值达到 300 亿元
	汽车电子产业：长春启明汽车电子产品研发制造平台项目，航盛宏宇、长春凯利、四平德科等，MOST 总线、CAN 总线、ESP 系统、数字化仪表等项目	投资 30 亿元，产业规模翻一番以上，产值达到 500 亿元
新材料产业	碳纤维：中油吉化、中钢吉炭、吉林碳谷、吉研高科等骨干企业，建设千吨级高性能碳纤维、2000 吨碳纤维原丝、5000 吨聚丙烯腈基碳纤维原丝及 500 吨碳纤维及制品等项目	投资 30 亿元，实现产值 200 亿元
	有机高分子材料：吉林高琦聚酰亚胺纤维、吉大赢创高性能聚芳醚类特种工程塑料、吉林正基导电聚苯胺等项目	投资 50 亿元，实现产值 500 亿元
	无机非金属材料：重点建设大力纳米公司 10 万吨纳米碳酸钙、华夏石头纸业 30 万吨石塑材料等项目，推进白山硅藻土产业园、光伏材料产业园建设	投资 70 亿元，实现产值 200 亿元
新能源汽车产业	一汽大众新宝来 A、A0、B 级系列纯电动轿车项目，一汽轿股奔腾 B50、B70 插电式混合动力、红旗混合动力等自主品牌新能源汽车大规模产业化项目，中航集团、北方凯达、辽源汇丰、一汽启明、吉林华微等企业，动力电池、整车管理系统、动力电机及控制器、汽车动力控制系统、车用开关等项目。加快推进城市新能源汽车配套设施项目	投资 130 亿元，新能源汽车产能达到 20 万辆以上，全国市场占有率达到 10% 以上，占全省整车比重 5% 以上，实现产值 500 亿元
生物化工产业	长春大成 50 万吨蛋氨酸、色氨酸、精氨酸等精深加工生产线，以及 100 万吨秸秆制糖生产线、300 万吨植物多元醇，吉林燃料乙醇 10 万吨秸秆燃料乙醇，松原来禾 100 万吨农业废弃物生物炼制等利用秸秆原料替代玉米生产线建设项目	投资 500 亿元，实现产值 1500 亿元

第六节 加快发展服务业

服务业作为衡量生产社会化程度和市场经济发展水平的一个重要标志，在国民经济中的地位和作用越来越突出。总体上看，近几年吉林省服务业有了长足的发展，为全省的经济发展做出了积极贡献。但现代服务业发展缓慢等问题逐渐凸显，如何加快发展仍是亟待解决的问题。

一 吉林省服务业发展的现状

（一）服务业发展规模逐渐扩大，吸纳就业作用增强

产业规模逐年扩大，税收增速可观。自 2005 年以来，吉林省服务业增加值呈逐年上升势头，于 2007 年突破 2000 亿元大关。2010 年全省服务业实现增加值 3109.52 亿元，同比增加 353.26 亿元，同比增速为 10.4%。在服务业总量不断扩张的同时，全省服务业的税收收入也出现了较快的增长。2010 年，全省服务业税收收入（含地税和国税）为 357.38 亿元，同比增长 24.1%，占全省税收收入的 33.3%。

服务业为社会提供了大量的就业岗位，特别是吸纳了从一、二产业转移出来的一些富余劳动力，对解决就业问题、促进社会和谐和提高人民生活水平起到了非常重要的作用。从服务业从业人员的构成看，吉林省服务业从业人员比重 2005 ~ 2009 年分别比全国平均水平高 4.2 个、3.6 个、3.8 个、3.2 个和 2.1 个百分点。2009 年，吉林省服务业从业人员比重比上海低 21.3 个百分点，比广东低 2.5 个百分点，比辽宁低 6.5 个百分点，比天津低 7.2 个百分点。

（二）主要行业稳定增长

2010 年，全省服务业各主要行业稳定增长。批发和零售业实现增加值 753.33 亿元，同比增长 7.55%；住宿和餐饮业实现增加值 179.99 亿元，同比增长 12.1%；交通运输、仓储和邮政业实现增加值 373.9 亿元，同比增长 8.0%；非营利性服务业增加值为 882.89 亿元，同比增长 16.4%；营利性服务业增加值为 518.1 亿元，同比增长 12.4%；房地产业和金融业增长势头偏弱，同比分别增长 1.6% 和 2.1%。

现代物流业正在吉林省强势崛起。一是物流总额逐年增加。二是物流基础设施日益完善。吉林省加快了对外大通道建设，以打通俄罗斯远东地区和大连、丹东出海物流通道为重点，物流基础设施已粗具规模。三是物流园区建设力度空前。四是物流企业发展迅速。

2010年，旅游业保持了既好又快的发展势头。一是旅游经济总量增加。全省接待国内外旅游者6490.9万人次，增长18.0%；全年旅游总收入732.83亿元，增长26.2%。二是旅游基础设施和项目建设取得新进展，完成投资286亿元，比上年翻一番。三是旅游交流合作和对外开放取得新成效。吉林省依托省政府驻外办事处，成立了吉林省旅游北京、深港澳、上海推广中心。

2010年，房地产业保持了平稳健康的态势，完成投资1115.2亿元，增长20.5%，占全省固定资产投资的11.6%，仅低于制造业。税收收入为104.8亿元，占全省地方级财政收入的17.4%，对全省具有积极贡献。

（三）产业结构朝着合理化方向演进，发展模式创新

随着服务业规模的迅速扩大，服务业占国民经济的比重发生了积极的变化，吉林省的产业结构也呈现出由生产向服务型转变的趋势。2008年与1978年进行比较，第一产业比重下降了15个百分点，第二产业下降了4.7个百分点，服务业比重上升了19.7个百分点。1978年吉林省地区GDP中三次产业构成比为29.3：52.4：18.3；1988年调整为25.1：47.1：27.8；2008年调整为14.3：47.7：38.0，实现了产业结构由"一二三"向"二三一"的合理化转变。

2010年年底，吉林省三次产业结构为12.2：51.5：36.3。虽然近两年服务业比重有所下降，但需要说明的是，由于吉林省处于工业化快速推进阶段，工业呈现了快速发展的良好势头，发展速度快于服务业的发展速度。服务业由于客观的"发展阶段性"问题和主观的"体制性政策性"制约因素，出现比重下降，可以看做是吉林省工业化进程中的正常现象。从长远看，服务业比重上升是必然趋势。

随着吉林省经济的快速发展，服务业结构出现重大调整。传统服务业得到改造提升，不断拓展新的领域和新型业态。连锁店、专卖店、大型超市等现代流通方式不断涌现。现代物流、旅游会展、金融保险、信息咨询等现代服务业发展趋势良好。2010年，吉林省现代服务业占服务业增加值的比重为47.8%，比2009年略有回落，降低了0.3个百分点，现代服务业单位从业人员数为942418人，占全部单位从业人员数的35.2%，占服务业单位从业人员数的70.7%，比2009年增长了8.8个百分点。

2010 年，吉林省编制了《吉林省 2010 年产业发展综合服务平台建设计划》，争取国家服务业发展引导资金 4200 万元，扶持了总投资 11.2 亿元的 15 个服务业平台项目建设。其中，以生产性服务业为重点，安排吉林省服务业引导资金 4000 万元，支持 77 个项目建设。加快了现代服务业发展模式的创新，培育服务业新的增长点，谋划了一批规模大、集聚能力强、功能特色鲜明的现代服务业集聚区，其中"长春净月经济开发区低碳生态服务业集聚区综合改革试点方案"申报国家试点并成功获批。

二 吉林省服务业发展存在的主要问题

（一）服务业比重持续走低

服务业比重随经济发展水平的提高而不断上升，被认为是经济结构演进的普遍规律。近年来，吉林省服务业比重持续走低，与经济发展阶段不适应。发达国家已经进入工业化后期，服务业增加值占 GDP 的比重为 60% ～ 80%，它们在工业化发展中期阶段比重也大都超过了 50%。目前，与吉林省人均 GDP 比较接近的印度、乌克兰等国家服务业比重都达到了 45% ～ 50%。我国一些经济发达的省份服务业比重已达到 50% 左右，而吉林省近几年来一直徘徊在 38% 左右，低于全国平均水平。2010 年比重更是降为 36.3%，比全国平均水平低 6.7 个百分点。

2005 ～ 2008 年，服务业增加值增速一直高于全国平均水平。2009 年，吉林省服务业发展速度放缓，增速为 13%，低于同期 GDP 增速 0.6 个百分点；2010 年，更是低于 GDP 增速 3.3 个百分点。服务业比重下降，其实揭示了在当前的经济发展阶段，吉林省服务业发展尚未进入以知识型、效益型、生产配套型为核心，以产业化、规模化、城市化为依托的内生扩张期。

（二）内部结构层次不高

现代化工业和农业生产与现代化服务业是相互协调、共同促进的。多年来，吉林省还是传统服务业和非生产性服务业占主体。2008 年，吉林省交通运输、仓储和邮政业、批发和零售业、住宿和餐饮业等传统产业增加值占服务业的 44.1%，高于北京、上海、广东 20.1 个、13.0 个、7.9 个百分点。而为现代工业和农业生产配套服务的生产性服务业和为现代生活服务的新兴非生产性服务业发育缓慢。生产性服务业占全部服务业的比重为 31%，比发达地区低 20 个百分点左右。其中，金融业不足 7%，信息传输、计算机服务和软件业仅占 7%。

2010 年，交通运输、仓储和邮电业，批发和零售业，住宿餐饮业的增长速度分别为 9.4% 和 11.9% 和 14.1%，而房地产、金融保险业和信息技术、计算机服务和软件业的增长速度只有 6.8%、6.1% 和 6.2%。服务贸易出口也与全国平均水平有较大差距。这些都说明结构问题十分突出。

（三）企业规模偏小，市场竞争能力弱

2010 年，吉林省拥有现代服务业法人单位 29 520 个，比 2009 年减少了 2289 个。而且大多数企业规模较小，缺少引领行业发展的支柱企业和大型企业集团。全省物流企业中，90% 以上都是中小企业，经营收入亿元以上的仅 5 家，通过 3A 级以上认证的企业仅 12 家，具有国际竞争力、实行集约化经营的跨国物流集团更是一家没有。绝大多数信息服务企业年收入不足 500 万元，从业人员不足 100 人。吉林省房地产企业无论从规模上还是数量上都与发达省市相差甚远，房地产企业数仅占全国的 1.6%。

（四）区域发展不平衡，城乡差距大

吉林省服务业发展受区域经济发展及一些客观因素的影响，地区间发展极不平衡，主要服务业资源都集中于长春、吉林两个城市。2010 年，长春、吉林两市服务业增加值占全省服务业增加值比重的 58.5%，仅长春市就占了 38.5%。其他地区所占比重均在 10% 以下。四平市服务业增加值占全省的 6.8%，通化市占 6.7%。长春和吉林两市现代服务业增加值占全省的比重达 71.8%，仅长春市就占 48%，其他七个地区所占比重也均在 10% 以下。

现代服务业发展呈现出比较明显的二元结构，长期困扰农村发展的融资服务、农业保险、科技、资讯、生产与销售服务等问题没有很好解决，加之农村居民由于生活方式和收入水平的限制，对现代服务业的需求较小，农村现代服务业发展空间有限。

三　未来发展的重点方向

（一）着力培育新兴服务产业

1. 旅游业

一是打造精品旅游线路。①全方位整合旅游资源，以长白山为中心，重点开发长吉图、鸭绿江、松花江旅游带，构建"一心三带"旅游业发展格局。②根据自然景观、历史遗迹、电影文化、民俗风情、边境风光和节庆会展等资源，精心设计旅游线路。③推进温泉度假、农家乐、自驾游等旅游新业态的发展。

二是推进旅游服务方式转变。以长白山国际旅游度假区、长春莲花山农业生态旅游运动休闲基地等项目为重点，建设10个集休闲、餐饮、住宿、娱乐、购物、康体、信息、金融、医疗等服务于一体的国内一流的度假区，推进观光游向休闲游转变，提高旅游业收入水平。

三是创建知名旅游品牌。①突出生态和冰雪两大特色，以"吉林八景"为重点，提高长白山、吉林雾凇等景观的知名度，加强旅游项目的品牌建设。②培育和引进大型旅游集团，逐步向规模化、集团化、网络化发展，进一步促进旅游企业成长壮大，不断提高市场竞争力，加强旅游服务品牌的建设。

2. 文化产业

一是打造东北亚动漫游戏产业基地。①发挥吉林动漫集团的资源整合能力和人才优势，集中一批国内有较高知名度的动漫创作力量，培育具有国际竞争力的大型龙头企业，打造具有吉林特色的动漫品牌。②推进吉林动漫游戏原创产业园二期工程建设，完善网络游戏、动漫、数字媒体技术等三个公共服务平台，加强东北亚创意产业交易平台建设。

二是加快影视传媒业发展。①扩大影视、出版、广播电视等传媒产业的规模，打造长春影视传媒产业基地。②支持长影集团、吉林出版集团、吉林电视台等核心企业加快发展，鼓励文化创作和生产原创产品。③推进二人转等地方特色文化演出剧场的发展，搞好电影院线的建设。

3. 会展业

加快长春国际会展中心和长春现代农业博览园等大型会展场馆的基础设施建设，以东北亚投资贸易博览会、国际汽车博览会、国际农业·食品博览（交易）会、长春电影节等展会为基础，扩大会展业规模，将长春市打造成国际会展名城。

（二）优先发展生产服务业

1. 物流业

一是围绕汽车、农产品等优势产业，完善物流体系，建设物流专用通道，加快物流信息化建设，打造立足吉林、辐射东北亚的区域性物流中心。

二是建设物流园区。高起点规划建设汽车、生产和生活资料、玉米加工、装备制造、综合保税等五大物流园区，大力发展第三方物流，实行进区经营，规范管理，完善中转联运设施和集疏运体系，实现各种运输方式的有效衔接。

三是打造物流平台。①加快建设有利于信息资源共享的行业和区域物流公共信息平台项目，着力构建物流信息网、综合运输信息平台和物流资源交易平台，扶持一批物流信息服务企业成长。②改造和新建一批现代化的仓储设施和配送中心，满足精细化、高质量的物流管理服务需要。

2. 信息服务业

一是重点发展电信、互联网、嵌入式软件和软件外包等服务产业，提高信息服务业的能力和水平，用先进的信息技术武装全省各个产业，以信息化带动工业化的发展。

二是加强第三代移动通信网络建设，下大力气推进"三网融合"。

三是大力发展软件产业。加快汽车、石化、冶金、教育等具有比较优势的应用软件的基础研发和商业应用。①鼓励面向汽车电子、视听网络产品、智能化仪器仪表、智能设备和新型信息终端产品等领域的嵌入式软件研发和应用。②打造启明公司的汽车软件、东师理想的教育软件等 2～3 个名牌软件产品。

四是积极发展信息服务外包业。①重点发展以软件外包、业务流程外包、IT 基础设施外包、呼叫中心为主要内容的服务外包业务。②加快建设长春、吉林和延边 3 个软件外包产业基地和延吉呼叫中心产业基地。

3. 金融业

一是丰富金融业态。①进一步发挥四大国有银行的主渠道作用，大力引进境内外金融机构。②积极发展金融咨询、汽车金融公司、汽车保险公司、金融租赁公司等高端金融服务机构。③支持吉林银行、东北证券等地方金融机构加快发展。④支持设立村镇银行、小额贷款公司和农村资金互助社。⑤积极引进外资银行和全国性股份制银行，更好地满足全省经济发展对银行业服务的需求。

二是大力发展证券业，为省内企业上市融资提供服务，鼓励和支持上市公司采取增发、配股及发行公司债券等方式扩大融资规模。鼓励金融产品和服务创新，发展多种形式的股权投资基金，加强产权市场和股权交易平台建设。

三是加快发展保险业。①进一步提高全省的保险强度和保险深度，探索保险机构参与新型农村合作医疗管理的有效方式。②鼓励出口信用保险机构帮助化解出口收汇等风险，支持吉林省企业扩大出口和开拓国际市场。发展壮大专业性农业保险机构，扩大政策性农业保险试点范围。

4. 农业服务业

一是健全农业生产服务体系。①加快新农村现代流通服务网络工程建设。②积极发展农资和农产品连锁经营、直销配送等农村现代流通业态。③加强和完善良种和新品种、新技术推广服务，强化农业科技、人才和金融服务。④推进农业技术推广体系建设。

二是完善农村生活服务体系。鼓励中心城镇的流通、文化、医疗、科技、教育等企业和机构，向广大农村提供网络化的延伸服务，建设综合服务中心等服务设施。

三是加快农村信息服务体系建设。加强以 12316 新农村热线和 12582 短信平台为核心的"三农"综合服务平台建设。

四是大力推进农民专业合作社发展。①制定出台"吉林省实施农民专业合作社法办法"，开展省级农民专业合作社试点示范。②全面建设"中国农民合作社网"，加快县、乡农民专业合作社信息网点建设。

5. 中介服务业

大力发展会计、律师、广告、咨询、评估、科技服务等中介服务业。①引进和培育市场主体，丰富服务品种和内容，不断提高行业的专业化水平，鼓励服务方式创新，提倡连锁化经营。②重点扶持一批服务水平较高、管理理念较新、经营规模与业绩在行业中排名前列的中介机构。

（三）进一步发展消费服务业

1. 商贸业

按照城市发展进程和布局规划，搞好百货商店、商业街、批发市场和农贸市场的建设，推进"万村千乡"市场建设工程，加强商业网点建设，满足城乡居民消费需求。积极发展连锁经营、大型购物中心、城市综合体等新型业态，扩大市场辐射范围。大力发展电子商务，创新货款支付方式，完善物流快递体系，方便群众购物。大力支持在全国具有重要影响力的商贸企业做大做强，着力打造商贸服务业龙头。

2. 房地产业

一是推进"六路安居工程"建设，加大棚户区改造力度，加快居民回迁房、廉租房、公共租赁住房、城市保障性住房建设，完善保障性住房供应体系，满足低收入群体住房需要。二是搞好商品房建设。根据城镇化快速发展的客观需要，加快城镇住房建设，推进房地产业的发展。实行集中连片开发，提高建筑质量，美化居住环境，鼓励发展中低价位、中小套型商品住房，适当发展中高档商品住房，通过市场调节满足市民多样化住房需求。三是做大做强商业地产。围绕新城新区、综合商圈、特色街区的建设与改造，科学规划、合理布局，推进大型城市商业综合体建设和楼宇经济发展，实现区域消费就地平衡。

3. 社区服务业

适应城镇住宅小区化的发展趋势，推进物业管理产业的发展，不断提高服务质量和水平。围绕居民日常生活需要，大力发展医疗保健、产后护理、家电维修、美容美发和餐饮等服务产业（表4-6），提高居民生活质量。积极发展关系民生的家政服务、养老托幼、社区医疗、休闲娱乐、养生健身、生活咨询等服务业。整合社区公共服务资源，加强对社区闲置、富余设施的综合利用。建设家庭服务网络中心，加快城乡社区综合服务和信息平台建设。

表 4-6　服务业重点项目

名称		重点项目	2015 年主要目标
生产性服务业	现代物流业	（1）物流园区。重点实施吉林现代汽车物流园区、吉林市北部石化物流园区、白山老营物流园区、通化长白山医药物流园区、辽源市综合物流园区等项目 （2）物流中心。重点实施长春一汽丰越配送中心、长春一汽通用配送中心、省国华物流集团汽车零备件及整车现代物流中心、省东风化工非金属汽车零部件物流中心、长春东北亚粮食物流中心、东北亚农资物流中心、长春海吉星农产品物流中心、吉林市九站储运物流中心、吉林云天化物流集团公司物流中心、长白山山货集散地、松原港商贸物流中心、洮南洪兴杂粮杂豆有限公司物流中心、省盛铭实业公司珲春中俄木材物流中心、珲春国际货运站物流中心等项目 （3）陆（空）港。重点实施长春内陆港、长春空港国际物流园区、吉林内陆港物流园区、通化陆港、松原内陆港、通化三源浦空港、四平市东北亚物流港及白城内陆港等项目	投资 308 亿元，建设 18 个大型物流园区，充分发挥辐射和聚集作用；投资 275 亿元，建设 78 个物流中心，大力发展汽车整车及零部件物流、石化物流、农副产品物流、生物医药物流、轻工纺织物流及国际贸易物流等；投资 70 亿元，建设 8 个内陆（空）港，提高内地城市通关能力和通关效率
	金融业	重点实施一汽集团金融平台、长春市南部新城金融商务总部集中区等项目	投资 50 亿元，实现收入 120 亿元，建立种类齐全、定位明确、服务高效的金融体系架构

续表

名称		重点项目	2015 年主要目标
生活性 服务业	商贸流通业	重点实施长春新光复路综合市场、吉林蛟河天岗石材城、吉林市东北亚农产品批发市场、长春南部新城中央商务区、通化市江南新区商务服务区等项目	投资 380 亿元，实现收入 500 亿元，建设大型批发市场和现代商贸业集聚区
	家庭服务业	重点实施长春爱晚中心、长春双阳湖休闲康乐中心、九台市波泥河镇福寿宫自然村、白山八道江区太安养老院等项目	投资 25 亿元，实现收入 50 亿元，打造有广泛影响力的家庭服务业知名品牌
	新兴业态	重点实施东北亚总部基地、钜城国际商业综合体、中东集团现代商业综合体、吉林省客户联络产业基地、尚德森铭新媒体产业园、省国华物流集团第四方物流高端服务平台、通化茂祥医药电子商务等项目	投资 150 亿元，实现收入 300 亿元，创立和打造龙头企业，带动形成新的产业领域，培育新的增长点
吉林特色服务业	旅游业	重点实施长白山国际旅游度假区、吉林北大湖滑雪场、延边中国朝鲜族风情园、莲花山国际生态旅游度假开发区、莲花山国际中央休闲社区、萨满世界文化旅游生态园区、叶赫满族风情旅游度假区等 100 个项目	投资 720 亿元，全省旅游业总体规模、质量和效益、国际竞争力得到明显提高，成为新的支柱产业
	文化产业	重点实施吉林省交互式现代媒体服务平台、吉林东北亚动漫游戏产业基地、四平亿豪动漫产业园、东北亚文化创意产业园、长影世纪城二期、长春新华印刷产业园、吉林省演艺中心、东北亚影视广播产业园、吉林动漫游戏产业园、四平文化教育产业出版园等项目	投资 200 亿元，文化产业规模不断扩大，产业整体实力和竞争力不断增强

第五章

提速城镇化，完善城乡体系建设[①]

研究有吉林特色的城镇发展道路，加快城镇化速度，努力完善吉林省城市体系，对于吉林省老工业基地振兴具有深远意义。随着经济社会的发展、人口的流动，城市体系的发展格局也在变化之中。城市规模与城市功能、城市竞争力是相互促进的。要实现长吉一体化，促进市场规模、经济规模的扩大。

本章主要研究了有吉林省特色的城镇发展道路、城市体系的完善扩展、各城市的整体功能提升、长吉一体化、老工业集中区调整改造和竞争力提升、开发区和新区的跨越发展、县域经济及资源型城市发展。

第一节　探索有吉林特色的城镇化发展道路

在全国加速城镇化步伐，经济一体化程度不断加深的背景下，充分利用经济、人口、地缘等优势，积极探索符合吉林省实际的高速度、高质量的城镇化发展道路具有重要意义。

一　吉林省城镇化发展的成就与不足

截至 2010 年年底，吉林省城镇人口达到 1483 万人，比 2005 年增加了 57 万人。"十一五"期间，五年累计向城镇转移农村劳动力 112 万人；城镇化率由 52.5% 提高到 54%。五年间，全国城镇化年提高 1.2 个百分点，而同期吉林省城镇化率年均仅递增 0.3 个百分点，相当于全国水平的 1/4；城镇化增速明显低于全国，与全国的差距也由 9.5 个百分点，缩小为 4 个百分点。长期以来，吉林省城镇化数据水平较高，但存在"虚高"现象[②]。另外，吉林省城镇化的质量也较低。总体看来，近期全省城镇化的水平急转直下，不容乐观。

---

① 本章主要由王劲松、孙博完成。
② 这种现象主要来源于统计口径上的差别和市镇设置标准的降低。比如工矿镇、林业镇和农场镇的存在。许多属于城镇统计范围内的矿山、农场、林场等职工及其家属，虽被统计为城镇人口，但他们的生产生活方式还缺乏城市特征，更接近于乡村。

吉林省城市发展存在问题,城市吸纳人口能力弱。长春、吉林两市的规模和实力在全国同等规模城市中处于中等偏下水平,四平、辽源、通化、白山等地级城市的规模较小、实力较弱,城市间的横向联系薄弱,区域中心作用不强,对周边农村的辐射、带动作用较差,城镇人口数量少,消费能力不足,限制了第三产业的发展,阻碍了城镇规模的扩张。

现有的管理机制也约束限制了吉林省城镇化的发展。现有的土地制度、户籍制度、行政管理体制、社会保障及就业制度仍然带有城乡二元结构的痕迹,农村人口城镇化的现实障碍还没有得到彻底解决。进城农民工的就业问题、子女教育问题、社保问题等使农民对进城仍心存顾虑,影响了农民向市民的转化。

二 吉林特色的城镇化发展道路

深入贯彻落实科学发展观,统筹工业化、城镇化和农业现代化发展,以规划为引领、以产业为支撑、以创新为动力、以民生为根本,促进大中小城市和小城镇协调推动,长吉一体化率先带动,东中西部区域联动,城镇乡村共进互动,有步骤、分层次、有重点、高质量地推进全省城镇化,走出一条科学发展、统筹城乡、惠及百姓,符合吉林实际、具有吉林特色的城镇化道路。到2015年,吉林省形成长吉两核带动发展、地级城市快速跨越、县城持续提升、中心镇各具特色的城乡一体化快速发展新格局。

(1)城镇化水平。到2015年,全省城镇化率达到60%,年均增长1.2个百分点,城镇人口达到1680万人。其中长吉一体化区域城镇化率达到70%,GDP占全省比重达到50%,区域城镇人口达到650万人。

(2)城乡基础设施进一步完善,城乡人居环境进一步改善。到2015年,供水普及率达到95%,集中供热率达到80%,燃气普及率达到90%,人均居住面积达30米^2,建成区绿化覆盖率达40%,人均公共绿地面积超过11米^2。

(3)生态环境建设。到2015年,市(州)政府所在地城市空气质量好于二级标准的天数达到292天,全省城市生活垃圾无害化处理率达到80%以上,县城以上城市污水集中处理率达到85%,集中式饮用水水源地水质达标率达到100%,危险废物处置率和城镇医疗废物处置率达到100%。

加快新区、新城建设,提高产业和人口承载能力。加快各级各类开发区、特色产业园区建设,加快城市棚户区、煤矿棚户区等"八路安居"工程建设,提高城市居民居住质量。加强城市管理，提高城市品质。加快教育、卫生、文化等公共服务设施建设，提升公共服务水平。深化城镇化配套改革。

建立健全城镇化政策体系，重点进行农民工身份切换的政策框架设计，以户籍管理制度、土地管理制度创新为主线，形成具有系统性、可操作性的、符合全省实际的政策体系。

三　吉林省城市体系的发展与完善

吉林省城镇体系结构初步形成，城镇职能分布较为合理。从城镇规模等级来看，目前全省100万人以上的特大城市有2个、50万～100万人的大城市有3个、20万～50万人的中等城市有4个、20万人以下的小城市有14个（表5-1），初步形成了以长春市和吉林市为核心，区域中心城市、县城和小城镇各具特色的城镇体系框架。①

表 5-1　吉林省城镇体系构成

四个等级	规模等级／万人	城　镇	数量／个
特大城市	100 以上	长春、吉林	2
市（州）	50～100	四平、松原（含前郭）、白山（含江源）	7
	20～50	延吉、通化、辽源、白城	
县城	10～20	蛟河、榆树、公主岭、东丰、梅河口、桦甸、舒兰、洮南、敦化、珲春、德惠、农安、九台、梨树（14个）	38
	10 以下	辉南、汪清、双辽、扶余、长岭、柳河、通榆、伊通、镇赉、和龙、乾安、龙井、大安、永吉、图们、临江、安图、靖宇、磐石、抚松、通化县、集安、长白、东辽（24个）	
小城镇		英俊镇、奢岭镇、卡伦镇等（不含20个县城镇）	

国家主体功能区规划提出，把哈尔滨-长春经济区建设成为国家级的大经济区。其中，长吉图经济区包括吉林省长春市、吉林市、延边朝鲜族自治州、松原市的部分地区。该区域的功能定位是：全国重要的交通运输设备制造、石化、生物、光电子和农产品加工基地，区域性高新技术产业基地，我国参与图们江区域国际合作开发的先导区，我国面向东北亚开放的重要门户，东北地区新的重要增长极。规划进一步要求，强化长春市科技创新和综合服务功能，推

① 全省包括2个特大城市、7个大中城市、38个县城和406个小城镇。

进长吉经济一体化，建设吉林市石化产业基地和宜居城市，推进延龙图一体化，加强特色农产品产业带建设，增强长白山生态屏障功能。因此，需要构建以长春市为中心，以长春市、吉林市为主体，以延龙图（延吉、龙井、图们）为对外开放前沿，以珲春为对外开放窗口，以交通走廊为轴线的空间开发格局。

从城镇职能上看，分工较为明确。以长春市和吉林市为中心，由四平市、辽源市、松原市、梅河口市等组成的中部城市群是全省经济社会发展的核心区域，域内的小城镇多为农业服务型和农副产品集散地，区位优势明显。东部包括通化市、白山市和延边朝鲜族自治州，城镇密度较大，城镇人口比重较多，城镇以资源开发型为主；西部包括白城市，城镇密度较小，城镇人口较少。

关于吉林省城市体系的发展，长期存在着"大城市过大，中等城市太少，小城市多却弱"这样的表述。我们认为，新的表述应该是："大城市规模更大，中等城市数量增多，小城市加强特色。"吉林省大部分城市尚未达到最佳规模。规模发展、加速城市化进程，首先应该通过长春市、吉林市等现有大中城市的低成本扩张，实现人口和各项资源要素的集聚。大城市要坚持开发区、城区和县域"三大板块"协调发展，根据自身特点和功能定位，努力实现经济转型、特色发展、错位竞争，构建"三大板块"协调发展的体制机制。

在发展大中城市的同时，根据需要和可能适当发展有特色的小城市和城镇。因此，应该加强市（州）政府所在地区域中心和重要节点城市建设，提高区域辐射带动能力；促进一批基础条件好、发展潜力大的县城加快发展，尽快打造一批有一定规模效应和集聚效应的大中城市；培育一批区位较好、特色鲜明、有一定产业基础和辐射带动功能的中心镇。①

四 吉林省城镇体系的空间布局

进一步优化城镇空间布局。按照"强化中部、构筑支点、区域联动"的发展思路，依托"两区四轴两带"的省域城镇体系框架②，加快形成以长吉为核心、

---

① 根据规划，2015年，长吉两个特大城市人口分别达到350万人和200万人，两个区域中心城市规模达到50万～80万人，5个达到30万～50万人；20万～30万人的重要节点城市达到9个，10万～20万人以上县城达到20个，5万人以上小城镇达到18个以上。
② 两区：长吉都市整合区、延龙图及珲春城市组合区；四轴：哈大、舒梅两条纵向发展轴，南部门户、珲乌两条横向发展轴；两带：东部生态保护带、西部草原湿地恢复带。

中部城市群为依托、哈大和珲乌大十字交通主轴为支撑的全省城镇化发展新格局。突出大城市、市（州）政府所在地区域中心城市和重要节点城市、县城、小城镇四个层面，促进大中小城市和小城镇协调发展（图5-1）。

图5-1　吉林省20万人口规模以上城市分布示意图

加快长吉一体化进程，推动中部城市群发展，切实提升对全省经济社会发展的带动力。[①] 依托中部地区产业基础、科教人才等优势，加速产业、要素和人口集聚，做大做强中部地区产业基地，打造以长吉为核心，四平、辽源、松原、梅河口为支点的中部城市群，形成"2+4"的城市发展格局。重点加强哈大、珲乌、舒梅、双梅四大轴带建设，构筑"一心、三环、四轴"的空间格局。把哈尔滨-长春经济区建设成为国家级的大经济区，成为东北地区新的增长极。同时，四平和辽源要努力强化与沈阳经济区和辽宁沿海经济带的经济联系。吉林市、延边市要加强与黑龙江东部地区的联系。

长春将增强辐射带动中部城市群发展功能。强化与周边的农安、德惠、九台、双阳，以及伊通、公主岭等县（市、区）连接，打造半小时经济圈；加强与周边的吉林、辽源、四平、松原和榆树、扶余等中心城市和县城联通，形成1小时经济圈。以长春为核心，向东经吉林市辐射带动延龙图和珲春的开发开放，

[①] 吉林省提出了到2015、2020年，分别实现延龙图一体化、长吉一体化的目标。

对延边开发开放形成有效支撑；向北经德惠辐射带动扶余、榆树加快发展，与哈大齐城市带互动发展；向南经公主岭辐射带动四平和辽源，与沈阳经济区协作发展；向东南经双阳、梅河口辐射带动通化、白山，形成与丹东等辽宁沿海城市带的联动、合作发展；向西北经农安辐射带动松原、白城加快发展。优化提升长春核心城市的功能，充分发挥其经济、金融、交通和科教文化中心的作用。逐步确立区域领袖城市的地位，建成国际知名的绿色宜居大都市。大力发展现代服务业和先进制造业，争取进入国家创新型城市行列。

进一步发挥吉林市东北第五大城市的作用。吉林市人口、产业、交通、水利、能源、生态等各项资源配置较好，应该通过"提质扩容"增强吉林市核心城市功能。充分发挥制造业、旅游业中心的作用，确立综合性200万人口的特大型城市的发展定位和发展框架。发挥吉林市在东北、南北沟通中的重要作用。着力打造石油化工、碳纤维国家级产业基地，加快发展旅游、物流等现代服务业。打造山水园林宜居城市。

依托东部地区生态环境、资源和区位优势，合理开发东部生态经济区。深入实施"强基富民固边"工程。促进边境地区、少数民族地区加快发展。积极推进延龙图中心城市和通化（白山）—丹东经济带建设。[①] 通化和白山区域面向东南扩大开放，打通吉林省东南部从丹东出海通道，把通化建成重要的近海交通枢纽城市。

依托西部地区能源产业和特色资源优势，加快发展西部特色经济区。白城区域面向西北，进一步加强与蒙东地区的跨省通道建设和能源合作，将白城建成蒙东北、吉西北和黑西北结合部区域性跨省物流中心和吉林省重要的能源基地。

第二节　推动长吉一体化，实行中间突破战略

城市一体化是城市体系发展、区域经济一体化的重要方面：①推进相邻城市之间的一体化和同城化进程[②]；②建立和完善跨区域合作机制，发展城市联盟；

---

① 通白丹经济带要打造成东北东部新的经济隆起带和重要的增长极，建设成为国家边境合作开发与开放的示范区，使之成为东北东部最具发展活力的地区。延龙图中心城市立足图们江，通丹经济带立足鸭绿江，面向东北亚，服务大东北，全面推进东北东部区域经济一体化。

② 同城化是更高级的城市一体化，要努力推进在土地流转、户籍管理、社保制度、融资平台、交通和通信设施等一体化管理体制方面的试点。户籍制度本身只是人口登记制度，却因为附着在其上的许多社保、就业、教育、医疗等福利而成为一个"含金量"极高的城乡壁垒。我们也可以借鉴率先突破户籍制度的重庆、郑州等地的经验。

③消除市场壁垒，促进要素流通；④积极发挥各方优势，提升互动层次，着力推进规划同筹、交通同网、信息同享、市场同体、产业同布、科技同兴、旅游同线、环境同治。

一 长吉一体化的整体构想

长吉一体化是长吉图开发开放的腹地支撑和核心部位[①]。区域内人口约 663 万人，其中非农业人口约 416 万人，城镇化率为 63%。2015 年，长吉地区城镇化率将提高到 63% 左右，长吉两个特大城市人口分别达到 350 万人和 200 万人。到 2020 年，长吉一体化区域城镇人口将达到 700 万人以上，城镇化率将达到 80% 以上。

长吉两市经济总量占全省三分之二强。但是，从近年的发展轨迹来看，长吉两市的城市规模和发展水平出现明显差异，两市的差距进一步扩大。因此，吉林市有融入长春都市圈的要求。2009 年，长吉两市签署了旅游一体化合作协议。2010 年 7 月，两市签署了推进一体化发展合作框架协议，在工业、农业、商贸物流、金融、交通、能源、生态、旅游、社会事业、信息等十个方面展开全面合作。

长吉一体化确立了构筑"两核、三带、四节点、八大功能区"的空间发展框架。①"两核"，即长春市发展核心和吉林市发展核心。要充分发挥长吉两市的辐射带动作用，整合发展空间，拓展城市功能，提升城市建设和管理水平，增强城市综合承载能力。②"三带"建设，在长吉北线打造新型城市经济带，在长吉中线打造绿色休闲和现代农业带，在长吉南线打造生态旅游带，进一步加大长东北开放开发先导区、莲花山旅游开发区和兴隆新城的开发建设力度。③四个"重要节点"包括九台市、双阳区、永吉县和岔路河镇。④"八大功能区"就是重点建设长东北开发开放先导区、莲花山生态旅游度假区、净月高端服务业集聚区、长春西新经济技术开发区、长春轨道交通装备制造产业园区、吉林北部工业新区、北大湖冰雪旅游区、松花湖风景旅游区等功能区。

在城市规模发展方面，要通过政策的努力，支持把长春建设成为 500 万人口的特大城市，把吉林市建设成为 200 万人口的特大城市，把九台、双阳建设成为 50 万人口的大城市，支持把岔路河镇、口前镇建设成为 20 万人口的中等

---

① 长吉一体化区域范围大致包括长春市、吉林市规划区和九台市、永吉县全境，以及公主岭市范家屯镇。区域面积约 14 000 千米²，占全省总面积的 7.5%。

城市。

　　加快推进重大基础设施建设，提高综合承载能力。加快推进重大产业项目建设，提升产业、人口集聚功能。加快大通道建设，推进吉图珲客专、四平至松江河快速铁路、长春至白城快速铁路等三条铁路建设和前期工作。推进长吉优势主导产业向周边城市辐射和延伸。开工建设吉林省大岭汽车物流园区、辽源高精铝加工基地、松原汽车零部件配套等一批重点项目。

　　两市将充分发挥先行先试的原则，进一步探索完善长吉两市协调互动工作机制，推动区域内行政管理体制改革，促进政府职能转变，建设服务型政府。推动两市在城乡规划、基础设施、产业发展、市场体系、公共服务、社会管理等六个方面开展对接，实现"六位一体"；在土地流转、户籍管理、社保制度、融资平台、交通和通信设施等一体化管理体制方面进行试点。长吉一体化取得积极进展，目前已经出台了八个方面配套改革政策。

　　统筹推进长吉两市公共服务和社会事业发展，统一相关政策标准，重点在人口管理、社会保障、住房保障、就业、电子商务、通信、金融、公交等八个方面逐步实现公共服务和社会福利均等化（表5-2）。同时，以改革试点的形式，在统筹城乡发展、金融和科技体制创新、新城建设模式、土地管理、园区合作模式和社会管理创新等六方面先试先行。

表5-2　公共服务和社会福利均等化任务一览表

项目	主持单位	具体内容
人口	省公安厅	人口互认互通管理体系，共享流动人口信息资源
社保	省人社厅	实现养老保险关系、失业保险关系无障碍转移
就业	省人社厅、长吉两市政府	建立就业信息平台，实现业务信息化、信息实时共享
住房保障	省住房和城乡建设厅、长吉两市政府	住房保障待遇互认，建立住房保障信息系统平台
电子商务	省发改委	创建长吉电子商务示范城
通信	省通信管理局	电话区号统一
金融	省金融办	同行异地手续费
公交	省发改委	新能源城际公交专线

⬣ 长春发挥长吉一体化的主导作用

　　长春通过加快经济发展方式转变、加快推进产业结构优化升级、推进城镇化战略、大力发展战略性新兴产业、推进自主创新，推动全市更好更快发展。

2010 年 7 月，长春党政经贸代表团专门赶赴吉林市，共同签署了一体化发展合作框架协议，使两市向着一体化发展迈进了一大步。目前，长春正进一步加大长东北开放开发先导区、莲花山旅游开发区和兴隆新城的开发建设力度，率先在推进长吉一体化发展上发力。

截至 2010 年上半年，长东北科技创新平台项目，已经列入长春申报国家创新型城市试点方案，四大功能分区和专业平台建设顺利启动。吉林省光电子公共技术服务平台、奥普公司、新产业公司、希达公司等 10 余个项目，已经进驻光电子产业孵化基地；在科研教育区，长东北与长春"一院四所四校"结成了创新战略联盟，共同推进公共服务平台建设；涵盖 7 个公共服务平台的长东北高科技广场已完成主体封闭。长东北重点打造的兴隆新城，正以建设中部兴隆山老镇区为重点，将西部土地培育成为优良资产，并依托卡伦湖谋划东部区域发展亮点。长春市双阳区正在探索推进城乡之间互为资源、互为市场、互为服务的双向一体化战略，通过做好城镇化与工业化统筹，做到促进农村劳动力转移。

长东北先导区争取用 5 ～ 10 年时间，再造一个以产业发展为龙头，工业总产值达万亿元，人口超 100 万人的新城区。九台完成主城扩容和卡伦湖新城基础设施建设，年内建成新城框架。双阳重点建设投资 120 亿元的奥特莱斯旗舰产业园区。莲花山休闲度假区启动基础设施建设。2012 年年内完成吉林大路和东南湖大路改造建设任务。另外，还要加快长春空港经济区建设和兴隆综合保税区报批。下一步，长春将全力加快建设长东北低碳经济产业园和长东北科技创新中心。

目前，从做大中心城市、做强城市经济、推进产业升级的角度，长春正集中精力做大做强支柱优势产业，做强自身推动全省发展。围绕实施 300 万辆整车扩能工程，大成百万吨化工醇、轨道交通装备制造产业园二期等一批重大项目建设，加快打造汽车、农产品加工、轨道客车三大世界级产业基地。

大力发展先进装备制造、新能源、新材料、光电信息、生物医药等战略性新兴产业，加快建设兵装新能源产业园、中航科技产业园、现代金融科技与低碳经济试验区等一批能够抢占高端、培育未来发展新优势的重大项目。尤其是总投资 68 亿元的一汽技术中心乘用车所、长客技术研发中心和大成研发机构的建设，为推进自主创新奠定了坚实基础。

三 吉林市加快城市建设推进长吉发展

2010年2月,吉林市通过了"长吉一体化发展框架下的吉林市发展规划"。该规划突出了做大中心城市、增强辐射功能的重点,围绕产业结构升级和城市功能提升两大主线,实行长吉一体化双核心、对进式的都市群发展模式。新客运站、火车站的建设缩短了长吉两市的距离。长春至吉林城际铁路已经于2011年年初通车,直接拉近两市的距离。在"北拓、南优、西调、东控"的空间发展策略指导下,城市功能区将向北、西、南三面拓展,通过开辟北部工业新区、完善南部组团(丰满区)功能等措施,从产业、交通、文化、人居、旅游等方面全面增强城市功能,壮大吉林市的城市规模,提高对周围城镇的辐射带动作用。加快交通基础设施建设,切实提高交通畅通能力。加快推进"三网融合"步伐,力争实现金融、通信同城化。

吉林市作为推进长吉一体化的双核之一,对推进一体化的进程起到至关重要的作用,特别是在完善城市功能、支持促进产业发展、推进城镇化、加速两市融合互补等方面发挥着基础性、先导性作用。推进长吉一体化,对于城市建设工作来说,就是要紧紧围绕工业化、城镇化、农业现代化,以对进式的发展模式,做大吉林市这个中心城市,加快城镇体系建设,统筹基础设施建设,全面提升城市功能。

1. 加快基础设施建设,完善城市功能

加快构建与长吉一体化相适应的现代化基础设施体系,逐步实现吉林、长春两市供气、供水、供电、电信、废物处理、防灾等基础设施和社会公共服务设施的共建共享。2011年,吉林市围绕增强城市承载能力,以交通体系、要素保障、改善民生为重点,全力推进建设一批先导性、功能性、支撑性基础设施项目,计划实施投资500万元以上的城市基础设施项目110项,总投资337亿元,年度计划投资112亿元,规划实施389个城市基础设施项目,计划完成投资172亿元。

2. 优化空间布局,做好功能区配套

按照"北拓、南优、东控、西调"的方针,引导城市重心主要向北、西、南三面拓展,与长春对接,加快构筑吸引产业、物流、人流的硬环境。

(1)推进实施北部工业新区。北部工业新区是吉林市未来产业发展的主要承载区域,是长吉两市产业配套、错位发展的新区。结合哈达湾老工业区整体搬迁改造，加快北部工业新区基础设施建设步伐。2011 年计划实施金珠大桥、吉钢大路、富尔哈路、榆树街、南兰街、凯赛街等 6 项道桥工程，配套建设给水、燃气、供热、电力、信息管线 22.87 千米；新建 220 千伏一次变电站一座；开工建设金珠净水厂，一期日处理能力 5 万吨；建设金珠污水处理厂，一期日处理能力 2.5 万吨，二期达到日处理能力 5 万吨，远期规划日处理能力 20 万吨。

（2）实施哈达湾老工业区整体搬迁改造。晨鸣纸业、中钢吉林炭素、中钢吉林铁合金、吉林昊宇石化等 4 户哈达湾区域工业项目将逐步搬迁至北部工业新区。企业搬迁腾出的近 7 千米^{2}区域重点建设以商贸、物流、居住、休闲为主的现代服务业集中区，为北部工业新区提供配套生活服务。

（3）规划实施南部新城。充分发挥南部空间的生态优势，以北大湖、松花湖为依托，推进口前镇与市区融合发展，重点发展居住、办公、商贸、旅游等产业，实现区域服务中心、文化产业基地、山水宜居新城三大核心功能。其中，松江南路、白山路、苏合街为所在区域主要交通干道，应优先建设。其他 13 条支路可依据周边项目落地及建设进度适时启动。

（4）其他产业功能区。一是依托长春一汽，在高新区创建汽车工业园区，延长扩大产业链。二是南线在永吉县与长春连接地带建设新型食品区，重点发展生态农业和旅游业。三是发展北大湖体育开发区。目前这些区域的配套建设相继规划实施，为这些重点区域发展提供基础设施支撑。

3.提高住宅建设规模和质量，建设生态宜居城市

今后的开发建设重点是沿南北两条公路向长春方向延伸、衔接、靠拢，与长春东北部、东南部开发建设相呼应。围绕实施"安居工程""暖房子工程"，2011 年，全市计划开工 800 万米^2，同比增长 31.1%，竣工 600 万米^2，同比增长 33.3%；销（预）售 600 万米^2，同比增长 23.7%。其中，市本级计划开工 650 万米^2［房地产开发 370 万米^2，棚户区（危旧房）改造 280 万米^2］，竣工 480 万米^2，销（预）售 480 万米^2，计划完成投资 110 亿元。未来五年，规划实施小白山、吉丰东西线、北山、东山、西山等区域综合开发项目，项目开发建筑面积 2700 万米^2，项目占地面积 1308 公顷，概算总投资 660 亿元，到 2020 年，累计开发面积达到 5700 万米^2。

在扩大开发规模、提高开发品质的同时，充分利用吉林市山水资源的居住环境优势及长吉一体化的区域优势，积极吸引长春等城市人口来居住、旅游，提高吉林市的辐射力。

4. 统筹推进城镇化，提高村镇规划编制水平

预计到 2012 年，城建十大工程、灾后恢复重建工程及一些重点项目完工，北部工业新区、汽车园区、中新食品园区等功能区、示范区初步建成，林区矿区城镇化水平明显提升，全市城镇人口达到 270 万人，城镇化率达到 59%；到 2015 年，基本形成统筹城乡的公共服务体制框架，城乡基础设施进一步完备，人居环境进一步改善，桦甸市、磐石市、蛟河市、舒兰市等区域中心城市发展加快，县城人口集聚能力明显增强，全市城镇人口达到 300 万人，城镇化率达到 63%。

按照长吉一体化战略，要加快沿线村镇规划编制工作。对吉林市村镇进行空间、区位优化组合，实现组团发展。目标是到 2012 年，完成沿线相关村镇的规划编制工作，同时结合新农村建设，完成吉林市 10 个样板村和 155 个示范村的村庄建设规划编制；到 2015 年，完成所有中心城镇的规划编制及调整修编工作。

第三节　老工业集中区调整改造

2006 年，长春市为改变铁北地区的落后面貌，紧紧抓住国家振兴东北战略、吉林省构建长吉图开放带动合作区、长春市打造长东北开放开发先导区的重大历史机遇，做出了"改造大铁北，建设北部新城"的战略部署。这既是完善整体城市功能布局，促进经济社会全面发展的需要，也是解决南强北弱问题的现实之举。

一 长春宽城区铁北地区的调整改造

2006 年，为彻底改变铁北区域城市功能缺失、环境污染严重、基础设施落后、经济发展迟缓等问题，全面实施了"改造大铁北，建设新宽城，打造长春北部现代中心区"的发展战略，这既是完善整体城市功能布局，又是解决南强北弱问题的现实之举，并取得了显著成效。

（一）铁北地区发展现状

宽城区从基础设施建设、城市功能调整、产业布局完善、生态环境打造、民生改善等多个角度出发，高起点规划、高标准定位，绘就了铁北改造的宏伟

蓝图。铁北区改造规划的改造范围为 35 千米^2，区域内约有 18 万人，平均 2 万人／千米^2，人口密度较低。规划区内的已建设用地多为居住和工业用地。区内有大片质量较差的低矮住宅及部分待开发用地。铁北区目前以传统工业、城市物流产业为主，商务商贸功能较弱。铁北区域内通外联的路网框架基本形成，主要道路有北人民大街、青年路、凯旋路、北亚泰大街、三环路、四环路、台北大街、长新街、九台路等。中心区、团山、柳影三个片区，初步形成了"一心两翼"的城市组团布局。宽城区行政办公楼已投入使用，北部新城中心公园已全面开放。

（二）铁北地区改造存在的主要问题

（1）城市功能缺失。由于铁路阻隔等诸多因素，宽城区的铁南区域逐步发展成为城市中心，但铁北区域逐渐边缘化，缺少基础配套、公共服务等基本城市功能。这些落后的功能越来越限制铁北的区域发展。

（2）产业基础薄弱。以老旧工业为主，缺乏支柱产业。停产半停产企业多，工业增加值占全区生产总值的比重低，并呈逐年下降趋势。商贸物流业的传统优势明显弱化，存在定位杂乱、规模较小、能力较弱等问题。商务与商服功能薄弱，缺乏产业吸引力。

（3）城市形象不佳。城市建设整体面貌落后，缺少公共绿地等生态要素；城市建设相对滞后，建筑品质不高，缺少标志性的区域和建筑；污染严重，人居条件差，缺乏对居民的吸引力。

（4）交通制约发展。跨越铁路的交通压力较大，火车站广场交通组织复杂；公路环线尚未形成，与其他城区的联系较弱；支线铁路、编组站等割裂了城市发展。

（三）铁北改造以来的主要成就

一是以路网建设为重点的城市基础设施明显改善。三环路以里 25 千米^2 基本完成配套，三四环之间 8.5 千米^2 完成配套任务的 70%。长江路开发区实现 80 千米^2 规划扩容，完成 6 千米^2 内网配套，全区基础设施建设投资近 40 亿元，新建道路面积是"十五"期间的 12 倍。

二是以开发区为龙头的产业发展活力日益增强。围绕打造生活日用品加工集散中心，加大项目引进力度，新上新光复路市场、森工地板、万惠食品、华凯低速车等一些大项目，积累了持续发展后劲。保留并扩容长江路开发区，争取铁北改造政策。调整土地利用规划，建设用地量达到 16.5 千米^2，同时基本农田调出 47 千米^2，还有 27 千米^2 建设用地指标，持续发展空间充足。

三是以完善功能为核心的城市发展环境不断优化。在旧城改造上，铁南历史文化街区已完成调查摸底，并启动了人民大街和南广场周边历史街区保护工程。迁出一大批老工业企业，启动监狱搬迁、电厂迁建和石油库北移。开发区"四路三桥"及铁路专用线也在加快推进。新建养正高中、群众文化馆、图书馆等一批教育、文化设施，完成 500 万米^2 棚户区拆迁，房地产开发 500 万米^2，新增绿化面积 100 万米^2，铁北城市功能聚集了新优势。

四是以行政中心为标志的发展重心顺利实现北移。完成五二三台迁建，政府办公楼、政务大厅、规划展馆和总部基地交付使用，市民中心公园对外开放。交通换乘中心、小南立交桥等市政重点工程进展顺利，这必将盘活整个北部新城的发展格局。

（四）铁北地区未来发展构想

（1）构建"一轴两翼"的发展构架。以北人民大街城市功能与景观综合发展为主轴，以北人民大街两侧的雁鸣湖湖滨城市综合体和伊通河滨河高尚生活社区为两翼。打造五大城市功能区。在火车站北广场、台北大街片区，重点发展城市商贸与公共商务区。以北人民大街为轴，两侧发展大型卖场、金融保险、文化创意、休闲娱乐等高端服务业，重点建设长春站站北精品商贸城，打造现代化城市商务商贸功能轴心。

（2）以北部新城中心公园为核心，形成中心生活片区。着重发展办公、商务和教育、卫生、文体等社会公益事业，建设区域性政务、商务中心。在三四环路之间，以科技与服务为发展方向，建设科技公园。以雁鸣湖为核心，依托宋家明沟水系和雁鸣湖景观资源，建设雁鸣湖生活区。突出商贸商住一体化功能，建设湖滨城市综合体。在长白铁路东侧与伊通河之间，依托伊通河风光带，突出体育健身、休闲娱乐功能，建设伊通新城。力争将铁北地区打造全省最大、影响东三省、辐射东北亚的现代物流园区。[①]

---

① 南起四环路，北至农安交界处，东起伊通河畔，西至长农公路 1500 米处，以北凯旋路为轴，在其东西两侧，依托交通资源和区位优势，引进商品批发、连锁经营、仓储配送、商务办公、金融服务等新型物流业态，以及第三方物流企业，连接区域内加工制造和终端销售，重点发展生产资料物流、生活日用品物流、医药食品物流、汽车物流和石油电力能源物流，形成完整的产业链条及物流通道。

➁ 吉林市哈达湾老工业区的调整改造

吉林市哈达湾工业开发区地处吉林市西北部长吉高速路出口，南起炮台山，北至昌邑区政府农场，东至哈龙桥，西至原和平路收费站，总占地面积为 8.82 千米^2。区域内现有四家主要工业企业——中钢集团吉林铁合金股份有限公司、中钢集团吉林炭素股份有限公司、吉林晨鸣纸业有限责任公司和冀东水泥吉林有限责任公司，其中三家属于国家"一五"时期的建设项目。区域内落后的陈旧设备和工业基础设施已经阻碍了企业的升级改造，现存的占地约 5 千米^2 的棚户区也亟待改造。

哈达湾是吉林市的老工业区，随着城市规模的不断加大，该地区已成为城市核心区。吉林市拟用 10 年左右时间，有序进行哈达湾老工业区整体搬迁改造，将现有大型工业企业主要迁往北部新区。吉林市将结合土地资本运作，积极支持吉林哈达湾工业区整体搬迁。《吉林市哈达湾老工业区异地搬迁改造项目合作协议》的签订标志着从 2011 年开始，除水泥厂等少数企业结合原料基地迁往永吉县外，晨鸣纸业、中钢吉林炭素、中钢吉林铁合金、吉林昊宇石化等 4 户哈达湾区域工业项目将逐步搬迁至北部工业新区，并通过异地搬迁实现改制升级。

哈达湾老工业区异地搬迁改造项目预计总投资额达 104 亿元。该项目以改造哈达湾区域整体面貌为出发点，一方面通过将工业区内主要的四家工业企业异地搬迁，在全面消除哈达湾区域乃至吉林市西北城区的噪声、气味等污染源的同时，淘汰落后设备，完成产能扩大和技术升级，推动老工业基地城市的再次振兴；另一方面，将通过大力实施"棚户区整体改造"工程，对该区域重新进行整体规划设计，打造高品质回迁区，彻底改善区域内居民的居住现状，将民生政策落到实处。因此，具有"棚户区改造""环境保护""产业升级"等多重重要意义的哈达湾老工业区异地搬迁改造项目被列为吉林省"十二五"时期重大项目之一。

该项目计划用 8～10 年的时间，将哈达湾区域建设成为集物流、商贸、休闲、居住为一体的现代服务业集中区，承担起吉林市北部工业新区和西北部的配套服务功能，在松花江畔"再造一座新城"。

➂ 通化二道江区的调整改造

通化二道江区面积为 378 千米^2，位于浑江中游，辖区内铁、煤炭、石灰石、石膏、硅石等多种矿产资源丰富。通化二道江旧区是指主城区内尚未改造的工业用地和规划建设用地范围内的棚户区和城中村用地，以及鸭园—铁厂—五道江组团的大部分建设用地，面积共约 10 千米²。

（1）重视招商引资，发展"围钢经济"。围绕通钢需求，着力发展能源产业、新型耐火材料产业、高等级制氧业和精细废钢加工产业。目前，总投资6000万元的耐博耐火高炉催化剂项目、投资3亿元的百万吨废钢加工等项目不仅满足了通钢建设精品钢基地的需要，还提高了初级矿产品的附加值。

随着通钢热轧、冷轧项目的相继投产，面对薄板产品品种日益丰富、产量增加的实际，通化二道江区加大了对通钢下游产品项目的支持力度，投资2.6亿元的铭邦彩涂板项目，一期工程于2010年1月正式投产，产品远销俄罗斯、朝鲜等地，二期工程竣工投产后将形成年产20万吨彩涂板的能力，可实现产值12亿元。为充分利用通钢生产后产生的剩余钢渣和水渣等废弃资源，着力发展钢渣水泥、水渣砖、超细粉等循环经济项目，变废为宝，不断壮大新型建材产业规模，总投资3.6亿元的巨源钢渣提取加工项目现已成为全区的龙头企业。

总投资1.6亿元，年产活性石灰50万吨的宏源冶金炉料二期工程项目；总投资1.3亿元，年产6吨LED荧光粉的锟鹏LED荧光粉项目；总投资1.2亿元的九如物流项目；总投资1.2亿元的双龙硅化工扩能项目等五个亿元项目都已竣工。还成功引进河南濮耐股份和北京宝宜公司，投资2亿元与中远公司共同建设的通化濮耐炼钢耐材项目；成功引进福建长风集团，投资1亿元重组振霖药业等项目。

（2）扩大"围城农业"优势，推进新农村建设步伐。二道江区以现代农业产业发展为支撑，通过培育壮大药材、食用菌、特种养殖等主导产业，扩大农业"围城"优势。新增药材种植面积2800亩，完成年计划的101.8%；食用菌210万袋，完成年计划的70%；改建、扩建、新建日光温室100余亩；引进了蔬菜新品种6个；养殖貂、貉和獭兔等珍稀毛皮动物55 000只，完成年计划的78%；50万株以上花卉基地已发展到3个；特色辣椒种植基地已发展到300亩，辣根种植、山野菜移植达到500多亩。以环境综合整治为切入点，共清理垃圾2500余吨，清理边沟40 500延长米；栽植各种绿化树5.24万棵，绿化美化长度42 800延长米；改造围墙4000余延长米。镇村环境明显改善。

（3）全力保障改善民生，积极推进"富民工程"。2010年，二道江区将继续加大"工矿棚户区"改造力度，完成51万米²工矿棚户区改造和廉租房建设，改善10 968户居民的住房条件。目前工矿棚户区改造已完成拆迁8713户，

25.52 万米²，已开工建设 41.34 万米²。一期工程 25 万米² 将于年底前交付使用，可安置居民 5000 户。加快暖房子建设步伐，逐步实施对 126 万米²，283 栋住宅楼的既有建筑节能保温改造，改造陈旧供热管网，调整城市供暖结构，让百姓共享发展成果。

第四节 开发区和工业新区的发展

继续突出开发区在经济发展中的主力军作用，推动开发区转型升级。[①]

（1）提升开发区载体功能。科学规划各类开发区的功能定位，推进开发区、工业集中区结构调整和产业升级，进一步加快特色产业园区建设，积极鼓励生态环保、循环经济、特色产业、国际（省际）合作等产业园区的发展。加快中俄、中韩、中日、新加坡、中国香港等国际园区的建设，推进广东、上海、浙江、福建等省际园区进一步发展。

（2）各类开发区的发展。目前，吉林省已建有各类开发区 103 个，有 40 个开发区通过了国家审核，其中国家级开发区 8 个：长春高新技术产业开发区、珲春边境经济合作区（吉林珲春出口加工区）、吉林高新技术产业开发区、长春经济技术开发区、吉林经济技术开发区、四平红嘴工业园区、长春西新经济技术开发区、延边新兴工业区。省级开发区 44 个，工业集中区 52 个，特色工业园区 81 个，按照产业可分为高新技术类（2 个）、经济技术类（90 个）、旅游经济类（5 个）、农业经济类（3 个）、贸易经济类（2 个）、出口加工类（1 个）等六种类型。工业项目向园区集中的趋势明显，工业园区的带动作用不断增强。现在吉林省各类开发区创造的 GDP 已经超过全省经济总量的三分之一，入区企业 24 700 多户，从业人员 100 多万人，成为吉林经济发展的重要增长点。将来要重点培育 3 个工业总产值超千亿元、10 个超百亿元、100 个超十亿元的特色工业园区。

一 长春长东北开放开发先导区的建设

长春长东北开放开发先导区（简称长东北新区）位于长春市的东北部，北到

[①] 长春开发区经济总量占到全市的 64% 以上，其中，市直四大开发区 GDP、固定资产投资、财政收入分别占全市的 47%、51% 和 64.7%。到 2015 年，开发区对全市经济发展贡献率超过 70%，财政收入占全市比重超过 70%。

德惠米沙子镇，南接长吉南线，西起长农公路，东至雾开河，规划区面积 1232 千米²，其中建设面积 448 千米²，规划期新增建设面积 147 千米²。规划区包括宽城区大部、高新北区、经开北区、九台开发区、二道开发区、米沙子工业集中区及农安县合隆镇区等区域，共涉及"四区、两市、一县"七个建设主体。

长东北新区将这些主体区的区域空间及产业资源进行系统整合，在长春东北方向形成一个完全开放的开发带。长东北新区将在长春市的东北部再造一个以产业发展为龙头，产值超万亿元、人口超百万人的外向型、多功能、现代化新城区①。

国务院批准的"长吉图规划"明确提出，"发挥科技、人才、产业优势，打造长东北新区，加快建设长吉国家重点开发区域，成为图们江区域的资源要素集聚高地、产业和科技创新高地、国际物流枢纽中心和东北亚国际商务服务基地"。吉林省长吉一体化方案提出，"加快推进长东北重点功能区建设，成为长吉一体化的先行先试区、三化统筹的示范区和战略性新兴产业的集聚区"。在吉林省人大通过的长吉图规划实施方案所确定的 107 个重点工程和项目中，长春兴隆综合保税区、长东北城市生态湿地公园、长东北科技创新中心等 46 个规划项目列入其中。

长东北新区呈现出"三心、四翼、三楔、多园"的空间布局。"三心"指以北湖商务区为主中心，以北部新城和卡伦生态新城为副中心。"四翼"指沿 302 国道形成的北部轻工产业发展翼，沿 102 国道形成的中部高新技术产业发展翼，沿长吉北线形成的东部新兴产业发展翼，沿长吉南线形成的南部现代物流和生态休闲产业发展翼。"三楔"指从东向西沿长吉高速、雾开河、伊通河构建三条大型楔形绿地，以此形成长东北区域的生态格局。"多园"指在"四翼"发展方向上规划建设的现代制造业集聚区、现代商务区、综合保税区、科技创新区、国际国内产业合作区、生态功能区、现代物流区等七大功能区和 20 个特色产业园区，9 个生活区。长东北新区空间规划中的多组团包括长春经开区玉米工业园区、长春高新区超达北区、长江路经济开发区、二道经济开发区、九台经济开发区、米沙子工业集中区、宽城区北部新城、空港服务区、宽城区北湖生态区、长春陆路干港等 10 个组团。

长东北新区设立以来，相继启动了北部新城、科技新城、兴隆新城、卡伦新城等"四大新城"，城市生态湿地公园、城市森林公园、奥林匹克公园、文化

① 将来将组建高位统筹的长东北先导区管理委员会，统筹长东北土地储备与管理、重大基础设施和布局、区域规划和新区建设。

旅游产业园、中山公园等"五大生态园区"建设①。2011年，长东北新区计划投资136.43亿元，新增和完善基础设施配套面积50千米²以上。相继新建惠工路跨东环城路机场大道建设工程，东吉林大路、东南湖大路、凯旋路延长线建设工程、长吉南线拓宽工程；续建远达大街北延长线建设工程、北四环路贯通工程、安龙泉立交桥、远达大街互通立交桥、北湖大桥、米沙子高速公路出口等重要城市交通节点建设。远达大街、北四环路等重要城市道路年内全线通车。届时，将实现区域路网全覆盖。随着这些项目的建成，长东北新区的城市化水平将得到明显提升，区域发展环境明显改善。

长东北新区共启动了新能源新材料产业园、生物产业园、专用车产业园、装备制造产业园、新兴产业园、农机装备制造产业园等10大特色产业园区建设。长春兴隆综合保税区、央企战略性新兴产业合作区、国际合作科技园区和广东工业园区等四大开放载体建设不断拓展。长春兴隆综合保税区按照攻关、建设、招商三条线全面推进。

长东北科技创新平台项目，已经列入长春市申报国家创新型城市试点方案。四大功能分区和专业平台建设顺利启动。在科研教育区，长东北新区与长春"一院四所四校"结成了创新战略联盟，共同推进公共服务平台建设，涵盖7个公共服务平台的长东北高科技广场已完成主体封闭。长东北新区重点打造的兴隆新城，正以建设中部兴隆山老镇区为重点，将西部土地培育成为优良资产，并依托卡伦湖谋划东部区域发展亮点。

长东北新区启动了吉林省综合配套改革试验区的申报程序，在打造对外开放平台、发展战略性新兴产业、统筹城乡发展、创新投融资体制、管理体制创新和建立政策支撑体系等六个方面先行先试，并取得了明显成效。如在推进统筹城乡发展方面的先行先试，包括启动了英俊镇、兴隆山镇、兰家镇城镇建设用地增减挂钩试点，试点项目区总面积1231.152公顷，计划总投资40.98亿元，新增耕地面积223.8公顷，新建农民回迁楼面积41.64万米²，回迁总户数5640户。英俊镇被省政府确定为全省农村土地整治示范建设区，土地综合整治一期工程已经全面展开。在管理体制创新方面，高新区与德惠市、经开区与九台市、二道区与莲花山旅游度假区合作发展飞地经济新模式上进行了有益尝试。

---

① 北部新城，引进了大连万达、鑫生丽水、北京昌盛等5个商业综合体，隆源生产资料、省农资物流、中石油储备库、益和医药、新光复路市场等物流项目先后落户长江路开发区。科技新城，启动了长东北商务中心和长东北科技创新中心建设。年底前京哈铁路以东56千米²范围内达到"七通一平"。兴隆新城，启动了骨干路网建设工程、城市公用配套设施源头工程等四大工程。卡伦新城，启动了雾开河综合防洪工程、卡伦新农村回迁楼工程、吉林工商学院的新校区建设工程等8项重点工程。

长东北新区加强与吉林市发改委、延边朝鲜族自治州开发办的联系和沟通，形成了二道区开发区与珲春边境合作区、长东北新区与吉林市北部工业新区的合作框架协议，并就合作的有关事项和推进措施进行了对接，力争在产业发展、招商引资、物流通道建设等方面取得实质性进展。

⬤ 吉林北部工业新区的建设

吉林市北部工业新区位于城区北部和西北部，松花江下游两岸、城市主风向下方，规划面积90.7千米^2，区内现有吉林经济开发区、吉林化学工业循环经济示范园区、龙潭开发区等。吉林市按照"沿江发展，重心北移"的总体发展战略要求，优化城市空间布局，有效缓解城区工业用地不足的矛盾，加速北部工业新区产业聚集。北部工业新区的建设，有助于调整整个市区工业布局，改善人居环境。消除工业企业、商业区、居民区混杂对人居环境所造成的影响。

北部工业新区的总体定位，是吉林市未来项目布局和工业经济发展的主战场。基础设施建设是工业新区建设的先导性和保障性工程。工业新区产业布局"既着眼于当前，又适度超前"，将突出化学工业循环经济示范园区、吉林 - 深圳产业合作示范区和碳纤维等特色产业基地，侧重发展吉林市化工及新材料、汽车、冶金、碳纤维、仪器装备制造、精品钢、现代航空服务等优势产业，并适时择机发展物流、建材、电子信息、生物医药等产业，成为长吉两市产业配套、错位发展的新区。到2015年，北部新区工业产值将达到2500亿元，占市区的70%左右，实现再造一个"吉林工业"的目标，到2020年基本完成北部新区整体开发建设，规模工业产值力争再翻一番。

北部工业新区的功能分区主要如下：经开东区重点发展精细化工、生物化工、碳纤维等产业；经开西区规划发展生物制药、食品饮料、仪器仪表、汽车零部件、装备制造等产业；金珠新建区东部规划建设冶金产业园，中部重点发展新型建材、装备制造及物流业，西部沿江区域重点发展精细化工、造纸业；棋盘片区重点发展化工及建材产业。

第五节　城乡统筹与县域经济的发展

推动县域经济发展，必须全力做好"三化"统筹这篇大文章，稳步推进户籍人口、社会保障、土地流转、财税金融、行政管理等重点领域改革，通过体制机制创新促进"三化"协同推进。全省县域经济综合发展情况见表 5-3 和表 5-4。

表 5-3　吉林省县域经济综合发展考评优胜单位

	2008 年度	2009 年度
争创强县奖	延吉市、前郭县、磐石市、九台市、公主岭市	延吉市、磐石市、九台市、梅河口市、前郭县
升级晋位奖	梅河口市、桦甸市、集安市	公主岭市、桦甸市、抚松县
薄弱县（市）争先跨越奖	永吉县、长岭县、柳河县	汪清县、龙井市、靖宇县

表 5-4　2010 年吉林省县域经济社会主要发展情况 [①]

指标	舒兰	磐石	梨树县	公主岭	辉南	梅河口	抚松	前郭尔罗斯	扶余	延吉	敦化
财政总收入/万元	217 898	181 442	197 309	240 184	121 922	214 270	163 883	230 094	170 579	230 000	225 103
建筑业总产值/万元	23 518	25 553	6 730	280 470	253 676	365 741	34 281	178 774	21 108	218 823	71 284
民用汽车拥有量/辆	4 637	18 324	4 377	8 084	9 323	25 387	13 701	19 314	25 130	52 203	14 568
电信业务总量/万元	5 629	22 400	6 200	35 763	14 138	22 941	11 436	10 626	14 562	91 019	7 536
商品销售总额/万元	96 190	51 746	69 771	445 251	84 969	117 529	17 997	24 610	432 345	690 753	82 095
出口总额/万美元	1 680	4 078	46	262	1 000	7 314	6 274	2 531	576	10 236	9 810
实际使用外资/万美元	2 200	2 519		21 010	1 300	3 254	1 500	2 750	120	2 393	11
城镇新增固定资产/万元	967 715	986 872	201 895	930 020	764 089	1 170 112	351 972	786 955	324 071	1 319 830	592 300
住宅投资完成额/万元	45 570	57 100	18 287	27 370	108 064	220 164	24 079	86 200	31 632	78 893	25 229
专业技术人员数/人	12 000	21 242	12 331	14 597	12 618	30 615	3 889	17 482	9 653	25 194	13 423
医院、卫生院床位数/床	2 120	1 884	1 880	2 554	1 257	2 060	1 250	2 800	966	3 570	1 846
基本养老保险职工数/人	43 140	35 630	57 006	59 856	32 239	49 887	54 056	33 069	15 627	127 037	105 023
医疗保险的职工数/人	64 546	57 109	30 535	67 000	54 800	100 423	74 800	125 000	29 000	115 327	109 125
城镇低保人数/人	37 301	8 779	20 318	35 138	13 973	30 526	31 316	9 056	10 891	15 419	24 594
农村低保人数/人	24 785	13 036	22 346	26 501	11 183	19 694	8 848	21 780	29 431	5 819	13 970
自然保护区/个		2 630			15 061		111 296	50 684		2 167	77 716

---

① 本表不包括长春所属的九台、农安、德惠、榆树等县（市）。

（1）吉林省政府实行了一系列的扶持县域经济发展的政策。继续实行县（市）上划省共享收入下放政策，将县（市）应上划省的共享收入，以"十一五"期间应上划省共享收入平均数为基数，超基数部分全部留给县（市）。省工业集中区年度奖补资金以 2 亿元为基数，按上年县市地方税收增长幅度递增。对基础设施投入贷款优先给予贴息支持。省新增固定资产投资奖励资金主要用于县市。下放企业所得税减免审批权限。组织实施千项科技型中小企业创新基金计划。降低高新技术企业所得税。扩大省服务业引导资金规模，用好现行税收优惠政策。实行服务业水、电、气、热、土地等与工业同价政策。加大对微小初创企业的扶持力度，在创业补助、贷款担保、人员培训等方面给予优先扶持，加快创业孵化基地建设。

（2）城市维护建设税、城市基础设施建设配套费等相关税费，更多地用于县市城镇建设项目。支持县市积极归集城建资源。对县市城镇化综合配套改革试点和基础设施建设，省统筹推进城镇化专项资金给予贷款贴息支持。加强县域现代金融体系建设。进一步推进林权、住房及宅基地、土地承包权、草原使用权、农业机械、粮食直补（质）押贷款试点工作。

（3）加快推进城镇化综合配套改革。做大做强县城和重点镇，按照减少管理层次，提高行政效率，发挥示范和引导作用的要求，选择 2～3 个县市进行"三化"统筹试点。加快推进服务性政府建设，深化行政审批权相对集中改革，进一步优化发展环境。建立全省统一的户口登记管理制度。逐步实行居住证制度。深入实施"千村示范，万村提升"工程，"十二五"期间，全省示范村建设总量达到 2000 个。

（4）推进统筹城乡发展方面的先行先试。高效利用和保护好土地资源，下放用地审批权限。积极稳妥推进城乡建设用地增减挂钩试点。长春市启动了英俊镇、兴隆山镇、兰家镇城镇建设用地增减挂钩试点[①]。英俊镇被省政府确定为全省农村土地整治示范建设区。莲花山开发区"城乡双向一体化"试点，重点完成土地挂钩的复垦整理工程和农民新居建设，推进农村"五权"产权确权登记颁证工作。在长春宽城区、双阳区奢岭镇、吉林市金珠新区进行"三置换三集中"的土地管理创新试点[②]。

---

① 试点项目区总面积 1231.152 公顷，计划总投资 40.98 亿元，新增耕地面积 223.8 公顷，新建农民回迁楼面积 41.64 万米^2，回迁总户数 5640 户。

② 农民用农村住宅置换小城镇的楼房（规划房基地），用宅基地置换社会保障，用土地承包权置换土地收益。

（5）强化重点民生工作。县市新增财力用于改善民生的比例不低于70%。推进城镇公共服务设施向农村伸延。进一步加大职业教育投入力度。落实农民工子女入学各项政策。加快八路安居工程，"暖房子"工程伸延到县市，继续实施农村危房改造工程。

第六节　推动资源型老工业基地城市转型发展

吉林省的资源型城市包括辽源市、通化市、白山市等5个地级资源型城市和23个县级资源型城市。县级资源型城市包括长春市下辖的九台市，吉林市下辖的舒兰市、蛟河市、桦甸市、磐石市，辽源市下辖的东辽县、东丰县，通化市下辖的梅河口市、集安市、辉南县，白山市下辖的临江市、抚松县、靖宇县、长白朝鲜族自治县[①]。

通化市（含梅河口市、辉南县）、九台市、舒兰市、磐石市是以煤矿等矿产资源为主的资源型城市，蛟河市、桦甸市是以矿产和森林为主的综合型资源城市。从资源开采及储量情况判断，属于资源枯竭或濒临枯竭的城市有九台市、舒兰市、蛟河市、桦甸市、通化市（含集安市和辉南县），属于资源开发中后期的城市有磐石市、梅河口市。

在传统经济发展模式影响下，吉林省资源型城市的资源过度开采现象突出，资源利用效率低，生态环境损害严重。这种以资源损耗和环境破坏为代价的经济发展，大大降低了资源型城市的可持续发展能力。资源型城市经济发展依赖于资源开采和初级加工，资源产业一支独大、接续替代产业发展乏力、产业结构失衡现象突出，由此引发的一系列经济、社会问题，使资源型城市维持经济发展和社会稳定的压力较大。

资源型城市在全省经济发展中占有十分重要的地位，同时也是历史遗留问题较多、经济发展动力不足、社会民生问题突出、生态环境压力巨大的地区。必须通过走新型工业化道路，培育发展接续替代产业，促进由资源依赖型向自主创新型转变，推进产业结构升级和经济发展方式转变，促进资源型城市可持续发展。

---

① 辽源市和白山市分别于2005年和2006年先后被列为国家资源型城市经济转型的试点城市，并于2008年同时被国务院列为国家首批资源枯竭城市；舒兰市、九台市和敦化市于2009年被国务院列为国家第二批资源枯竭城市。

一　资源型城市发展的现状和问题

资源型城市的人口密度低于全省的平均水平。除松原市（含前郭县）和磐石市以外，其他资源型城市的人均国民生产总值均低于全省平均水平。资源枯竭或濒于枯竭的资源型城市的工业产值占 GDP 的比重都相对较低。资源型城市的固定资产投资占 GDP 比重相对较高，对城市经济发展的作用明显。大部分资源型城市的财政收入水平普遍较低，在岗职工平均工资也低于全省平均水平[①]。主要存在以下问题。

1. 主导产业衰退，经济发展滞缓

资源型城市衰退的根本原因在于对资源产业的依赖性强和接续替代产业的缺失。随着资源长期开发和经济环境变化，资源型城市的主导资源日趋枯竭，资源产业开始出现衰退。例如，辽源、通化的大部分煤矿已经或正在关闭破产，许多尚在开发的矿山富矿少、贫矿多，矿质差。由于长期过度消耗森林资源，吉林省东部长白山林区可供开发利用的森林资源砍伐殆尽，采运业及林业经济严重衰退。吉林省多数资源型城市产业结构比较单一，接续替代产业还未形成，经济发展速度放缓。由于面临巨大的财政压力，经济发展难以维系。

2. 资源损耗严重、生态环境恶化

资源的长期过度开发和低效率利用，造成自然资源损耗较大，对当地生态环境破坏严重。大量固体废弃物得不到处理，部分森林植被承接和蕴含雨量能力下降，水土流失面积扩大，环境保护和生态修复压力较大。同时，由于资源开采时间长，矿区（主要指煤矿）出现了城市塌陷问题，给人民的生命财产安全带来了极大的隐患，成为现实的和潜在的不稳定因素。

3. 社会矛盾突出，影响社会稳定

资源产业衰退导致大量职工下岗失业。这些下岗失业人员技能普遍单一，加之地方吸纳就业能力弱，资源型城市面临的就业和再就业形势严峻[②]。贫困人口较多，并出现贫困集聚现象，导致一些地方群体性上访事件增加，犯罪发案率高，由此带来的一系列社会矛盾对社会稳定构成较大威胁，使地方政府面临着很大压力。

---

① 据统计，长白山林区林业职工年平均收入仅为全省城镇职工平均收入的 52%。
② 以通化市为例，目前全市 11 万下岗失业人员中，资源型行业的下岗职工就有近 4.6 万人，占市下岗失业人员的 54%。

　　资源型城市的经济发展要在资源合理利用、环境有效保护之间寻求平衡，积极转变经济增长方式，以产业转型为核心，以资源替代、扩大就业、改善民生、生态环保与城市功能提升为重点，用开放的思维和改革创新的办法，集中力量推进全省资源型城市转型攻坚，用高新技术、生态技术和循环经济理念改造提升传统产业、培育壮大接续替代产业，由单纯依靠自身力量向立足区域一体化方向转变，走出一条具有吉林省特色的资源型城市可持续发展的新路。

　　要综合分析资源型城市的资源、产业、区位、政策、环境等因素，充分发挥比较优势，实现资源型城市从依赖资源优势向依靠经济优势转变。善于创造和发挥比较优势，从区域经济发展和地区资源整合的角度考虑各个资源型城市的经济发展方向。打破行政区划的局限、撇弃各自为政的做法，通过区域内的基础设施和交通、信息、资源的协同整合，深化社会分工体系，培育和发展优势产业集群，实现区域经济一体化，推动产业结构调整和经济转型。

● 资源型城市发展的主要目标和思路

　　紧紧围绕东北老工业基地全面振兴，坚持转型发展与主体功能区划相衔接、与长吉图开发开放先导区和东北东部生态经济带建设相结合，建设成为国家重点生态功能区和接续替代产业集聚区，生态主导型经济体系基本建立，生态资源成为重要的资本力量，区域生态功能和生态效益显著提高，一批特色鲜明的接续替代产业成为新的战略主导产业。全面贯彻落实转变经济增长方式、统筹推进城镇化和"富民工程"的战略部署，统筹推进生态保护、经济转型、资源替代、改革开放、公共服务与民生改善。城镇空间布局进一步优化，居民收入和公共服务水平不断提高，全面完成经济转型和实现可持续发展。

　　初步形成具有吉林特色的接续替代产业体系。建立起以资源开发补偿、衰退产业援助和资源价格形成为核心的可持续发展长效机制，接续替代产业成为新的支柱产业，资源型城市经济发展的可持续性、协调性和环境友好性明显增强。土壤、森林、水等可再生资源的利用率不大于再生率；煤、油气、有色金属等不可再生资源的利用率不大于替代它们的可再生资源的利用率；生态环境得到恢复和改善。积极推动农业与工业一体化、工业与服务业一体化，打造3～5个接续替代战略主导产业；林、矿、油气等资源采掘初加工业增加值所占比重明显下降，新兴产业和服务业比重显著提升，产业结构优化升级取得实质性进展。要着力加快产业转型，培育壮大特色产业，形成新的经济增长点；

要提高资源综合利用水平，延长产业链条，积极培育新的支柱产业。推动建设"三大工程"、"五大板块"、"十大基地"和"二十大园区"，全面实现跨越式发展。

项目建设是培育发展接续替代产业的载体，是推进资源型城市经济转型、实现可持续发展的关键所在。把项目建设作为资源型城市经济转型的着力点，加快改造提升传统产业，加快培育扶持新兴产业，以项目建设推动产业结构的调整和经济结构的优化。

分类推进、抓好试点。根据不同类型资源型城市的发展现状，因地制宜、分类推进资源型城市经济转型。对于以矿产资源为主的资源型城市，要积极推进原有生产系统整合与优化，引导矿产企业扩大勘探开发范围，增强资源保障能力；对于以森林资源为主的资源型城市，要充分利用林木、林中、林下的生态动植物资源，以生物技术提升产业技术能级，提高产品附加值；对于以生态环境为特色资源的资源型城市，要优化升级产业结构，将生态效益与经济效益、社会效益相结合，逐步形成旅游、养生为特色的服务业发展新格局。

资源型城市发展的空间布局。根据吉林省振兴整体战略，借助长吉图开发开放先导区规划，结合吉林省资源型城市的区位分布和产业特点，打破资源型城市的行政区划限制，以长吉图开发开放先导区为轴线，以东南部山区和西北部平原为两翼，将关联度较高的资源型城市聚合成为转型发展的整体区域，形成区域内外协调发展的新格局。在各个区域内部，加强资源整合，加强产业集聚，化内部竞争为内部互补、促进分工协作。将村镇布局调整、小城镇建设、产业发展、基础设施改善、棚户区改造有机结合，逐步形成点状开发，集聚发展的空间开发新格局。在各个区域之间，突出区域经济发展特色，避免接续替代产业趋同，统筹兼顾全省产业发展趋势，促进本省产业结构调整。同时，要推动各区域向长吉图经济带靠拢，中心城市靠拢，发挥其集聚功能和辐射作用，促进各个区域与其他区域经济发展的联动效应①。

提高资源型城市的综合竞争实力。加大对外开放力度，完善开发区功能。一是扩大进出口贸易。优化进出口商品结构，扶持汽车、石化等支柱产业产品

---

① 一是长吉承接服务区。以九台市为代表，包含九台市、舒兰市和蛟河市。围绕省会城市和中心城市，积极承接产业转移，提高配套和服务能力，建成长吉经济一体化的机械配套、生产服务、国内物流相结合的卫星经济区。二是白山通化一体区。以白山市和通化市城区为中心，还包括集安市和通化县。整合资源、促进产业集聚和协同发展，积极推进白山、通化两市城区的经济一体化，共同建设长白山中药材基地和特色食品基地。三是辽源试点先行区。以辽源市（及其下辖的东辽县、东丰县）为中心，包括桦甸市、磐石市、梅河口市、辉南县。借鉴辽源市转型试点经验，坚定以科技创新带动接续替代产业发展方向，以辽源为中心带动周边城市转型，并承接长春、沈阳的经济拉动和辐射，建设集新材料、新技术、新工艺、新产品为一体的创新发展示范区。

出口，建设人参、医药、绿色食品等特色产品加工出口基地。二是提高招商引资水平。依托资源优势和产业基础，搞好重大项目的包装设计，筹备功能齐全的经济技术开发区，积极承接国内外产业和资本转移。通过资源吸附、政策吸引、项目承载等方法，吸引国内外知名企业、财团到吉林省投资兴业，引进关键设备和先进技术，提升产业竞争力。

加强生态环境保护。加强资源保护与综合利用。按照国家确定的空间开发原则，搞好主体功能区划分和定位，对禁止开发区和限制开发区内的森林和矿产资源，加大保护力度。同时，大力发展循环经济。坚持"减量化、再利用、资源化"的原则，加快建立节能节水、资源综合利用的长效机制，推行清洁生产，重点抓好循环经济示范园区和重点企业循环经济试点建设。围绕煤矸石、粉煤灰，铁矿石尾矿、硅藻土二、三级土，木材"三剩物"的综合开发利用，建立资源—产品—废弃物—再生资源的循环经济链条，推进经济发展方式转变。

加大环境污染治理力度。强化从源头防治污染，坚决改变先污染后治理、边污染边治理的状况。实施森林资源保护制度，杜绝乱砍、滥伐。加强水源地保护区环境监管，建立饮用水安全预警制度。加快城市污水收集、输送、处理系统建设，提高城市污水集中处理能力。加强大气污染防治，推进电力、钢铁、建材、冶金、化工等行业二氧化硫综合治理，关停高耗能、高污染企业，淘汰落后工艺、设备和产能。加大城市烟尘、粉尘、细颗粒物和汽车尾气治理力度。

狠抓节能减排工作。坚持开发与节约并重，节约优先，按照减量化、再利用、资源化的原则，大力推进节能、节水、节地、节材。组织推进国家提出的低效燃煤工业锅炉（窑炉）改造、区域热电联产、余热余压利用、节约和替代石油、电机系统节能、能量系统优化、建筑节能、绿色照明、政府机构节能、节能监测体系建设等"十大"节能工程建设。

加快建立限制开发区生态补偿机制。按照主体功能区划要求，结合林区特点，积极探索和推进有利于生态保护的财税、金融、土地、产业等补偿政策；对生态环境脆弱且人口布局分散地区，结合统筹城镇化和产业经济战略发展布局，加快实施生态移民；探索推进"碳核算"工作，建立停伐抚育的固碳增量机制，试点"碳核算"，适时推行区域之间"碳交易"。

三 资源型城市接续替代产业的发展

加快调整产业结构。发展接续替代产业，改变倚重传统资源产业的产业结构，形成资源型城市多元发展的新格局，积极发展现代农业。大力发展新型工业。快速发展现代服务业，促进资源型城市三次产业的协调发展。不断提高技术创新能力，用高新技术和生态技术改造传统产业，加快工业装备的改造与更新，改变传统技术路径依赖，不断提高产品质量和生产效益。利用吉林省和周边省份的产业优势，以及资源型城市的区位优势，围绕支柱产业发展相关产业，依托中心城市做好配套服务。充分发挥资源型城市的比较优势，培育成长性好、竞争力强的新兴产业。

发展接续替代产业。巩固发展油气开采和化工业。率先把化工业发展成为当地经济的支柱产业。巩固发展以钢铁铸造为主的冶金业。积极发展新材料产业、新能源产业、农产品深加工产业。充分利用农产品和长白山资源优势，增加农产品附加值，扩大规模，打造地域品牌，形成农产品加工体系。积极发展食品工业，建设长白山绿色食品生产基地。积极发展以医药、保健食品、绿色农产品加工为主的医药健康产业。积极发展现代旅游产业，深入挖掘森林、湖泊、湿地等旅游资源潜力，以保持自然、生态和文化原生性为前提，积极开发长白山风光游、界江边境游、地热温泉游等旅游产品和精品线路。

四 资源型城市转型发展案例

2010 年，辽源市（地级市）地区生产总值达 410 亿元，固定资产投资累计完成 1588 亿元，消费品零售总额实现 107.5 亿元，全口径财政收入实现 28.1 亿元，分别是十五末期的 2.99 倍、8.76 倍、2.44 倍和 3.75 倍。工业化进程加快明显，新材料、新能源、医药健康、装备制造、冶金建材、纺织袜业等六大接续替代产业占工业总产值的 75%。高新技术工业增加值占工业增加值的比重达到 16.7%。

"十一五"期间，辽源围绕辽长 1 小时经济生活圈，加速推进建设长春卫星城，对道路、水、热、电、气等城市基础设施实施全面改造，集中力量建设了辽长、营梅、吉草高速公路、2200 千米农村公路、辽西铁路、辽源高速公路客运站等一批交通、场站项目。"四纵、五横、二环公路主骨架"基本形成。城市用水普及率达 75%，燃气普及率达 70%，建成区绿化覆盖率达 35%，城市污水处理率达 80%。城市承载功能和品位明显提升，2009 年，被全国城市品牌大会评为"最具发展潜力城市"。"十二五"期间，将实施"全域城镇化"战略，努力把辽源建设成为吉林省中南部的区域中心城市。

　　资源型城市蛟河（县级市）总人口约 47 万人，其中农业人口 29.9 万人。过去工业基础差、底子薄，8 家军工企业全部外迁，煤炭资源枯竭，森林资源限采限伐，经济一度跌入低谷。近年来，经济社会得到大发展。2010 年，蛟河市地区生产总值达到 134.5 亿元，是 2005 年的 3.4 倍；全口径财政收入和地方级财政收入分别达到 6.1 亿元和 4.1 亿元，是 2005 年的 3.7 倍和 3.6 倍。五年累计完成全社会固定资产投资 549 亿元，是"十五"时期投资的 5.7 倍。

　　近年来，重点建设了蛟河新区。由此，城市发展规模由原来的 7.2 千米^2 增加到 17 千米^2，城市人口由原来的 11 万人增加到 18 万人。大力实施住房保障工程，安置群众 8 万余人，主城区基本消灭了棚户区。城市基础设施建设已具备承载 20 万人的能力。蛟河将努力建设成为"长吉图区域内重要节点城市、新型工业化城市、生态旅游宜居城市"。到 2015 年，城区面积将扩展到 30 千米^2，市区人口达到 30 万，全口径财政收入达到 30 亿元，城镇化率将达到 65% 以上。

第六章 吉林省老工业基地城市的
城市化发展及存在问题①

吉林省主要老工业基地城市发展功能定位、发展园林及空间格局，以及吉林省及东北部分城市综合竞争力历年回顾如表 6-1~表 6-3 所示。

表 6-1　吉林省主要老工业基地城市发展功能定位

城市	城市功能定位
长春	吉林省省会，全国重要的汽车工业、食品工业基地和科教文贸城市
吉林	吉林省重要的中心城市，东北地区以化工为主的工业基地，具有我国北方特色的旅游城市
通化	吉林省东南部中心城市，吉林省重要的钢铁工业基地，以医药、食品、矿产建材为主的综合性工业城市
四平	吉林省南部交通枢纽，物流中心，冶金化学工业、农产品加工业和机械制造业城市

表 6-2　长春、吉林、通化、四平城市发展目标及空间布局

城市	城市目标	空间布局及发展方向
长春	到 2015 年，长春中心城区内城市建设用地 390 千米²，市域总人口达到 880 万人左右，城镇实际居住人口 540 万人左右，城镇化率约为 61%；2020 年，长春中心城区内城市建设用地 445 千米²，市域总人口达到 950 万人左右，城镇实际居住人口 650 万人左右，城镇化率约为 68%	推进长吉一体化南北线建设，完善长春市"西南—东北"和"东南—西北"X 轴总体布局，城市中心区优化升级，加快三城两区建设。逐步形成西南—东北工业带，东南—西北生态带。在市区西南部建设汽车产业基地，东北部结合铁北老工业区改造，建设新型工业区。东南部形成以净月、新立城为主的生态旅游发展区。西部通过大规模造林，恢复波罗湖湿地，形成新的生态屏障
吉林	到 2015 年，城市建成区面积扩大到 200 千米² 以上，基本具备承载 250 万人口的综合功能。市域总人口控制在 442 万人，市域城镇化率达到 63%；域内高速公路通车里程达到 577 千米；中心城市建成区面积达到 200 千米²	坚持"北拓、南优、东控、西调"的方针，大力调整优化功能分区，加快形成"北工、中商、南居"的城市空间形态。实施产业重心北移战略，全力打造北部工业新区；整体改造哈达湾老工业区，到 2015 年，初步建成哈达湾商贸新区；推进南部新城基础设施建设，规划打造以居住、休闲、教育、文化为主的城市副中心；结合城市空间布局调整，优化发展外围组团，明晰开发区的发展定位，逐步实现与重点开发区整合发展

续表

城市	城市目标	空间布局及发展方向
通化	到2015年，通化都市区人口发展到70万人，中心城区发展到55万人，市辖区总人口233万人，全市城镇化率达到60%（缺少城市面积）	优化区域空间布局，构建"两轴、两区、一带"的空间结构，以通化市为主中心，以梅河口市为副中心；实施都市区率先突破，在都市区形成"一主二辅四组团"的规划布局；推进通化市、县一体化，完善规划区域内部路网结构，强化中心城区与快大城市之间的交通联系；建设重要节点城市和县城关镇，到2015年，30万人以上的县城关镇（节点城市）达到1个，15万人以上的县城关镇达到2个，10万人以上的县城关镇达到2个
四平	到2015年，四平市辖区面积达到1400千米²以上，规划建成区面积120千米²以上，市辖人口达到347万人左右，城镇化率达到43%	全面实施"一核三带"富民优先战略，重点优化区域发展、城镇基础设施、城镇体系及人口布局，加强城镇分工协作和优势互补，加快发展和培育区域城市和重要节点镇，推进长平经济带、四郑经济带、环长经济带的"三带"建设；突出"南接北融"，以"一核三带"为先导区，统筹推进具有四平特色的城镇化，提高核心城市的凝聚力、竞争力、带动力；拓展城市空间，开发东南、拓展西北，加快宜居城市开发建设步伐

表6-3　吉林省及东北部分城市综合竞争力历年回顾 [①]

城市	2010年	2009年	2008年	2007年	2006年	2005年
大　连	8	10	12	12	18	18
沈　阳	16	15	17	21	28	28
长　春	39	32	39	41	33	24
哈尔滨	41	45	50	46	38	30
大　庆	42	51	55	49	52	55
吉　林	98	94	112	136	138	104
营　口	97	89	114	147	125	132
松　原	88	104	120	138	202	187
丹　东	149	142	129	144	160	186
通　化	143	130	158	160	180	192
辽　源	170	185	189	201	236	256
四　平	190	195	180	196	257	225
白　城	227	226	248	255	245	216
白　山	238	253	241	249	256	268

---

① 根据倪鹏飞主编的2010年、2011年《中国城市竞争力报告》相关资料整理。

第一节 长春市的城市化发展与问题

1995～2003 年，长春市城市人口由 270 万人增加到 330 万人，长春市建成区的规模由原来的 143 千米² 扩展到了现在的 260 千米²。2010 年，长春市城市建成区面积达 350 千米²，市区人口控制在 360 万人。

长春市通过加快经济发展方式转变、加快推进产业结构优化升级、推进城镇化战略、大力发展战略性新兴产业、推进自主创新，落实省委九届十次全会精神，按照"提升两区、建设三带、打造若干重要节点和功能区"的战略布局，全力推进城镇化战略，重点推进长吉一体化。

三城两区建设拉开城市发展框架，建成区面积增加到 350 千米²，年均增加近 12 千米²。成功组建汽车产业开发区，使之成为全国专业化服务汽车产业的首创区；建立长东北开放开发先导区，成为落实"长吉图"战略和推进长吉一体化的重要引擎。

从总体上看，目前形成的长春市城市商圈格局主要呈现为"三圈一线"的结构。"三圈"是按环城公路分为三个圈层，内环路以内的区域为"内圈层"，内环路与二环路之间的区域为"中圈层"，二环路与三环路之间的区域为"外圈层"，"一线"是轻轨沿线。

由大马路、重庆路、站前、红旗街和桂林路组成的 5 个都市级商圈，主要分布在内圈层，前三个高度集中于火车站与重庆路之间狭小地域范围内，呈三角形分布，主要辐射城市中北部居民，后两者分布于城中，是中南部城区的主要商业区域；区域级商圈主要有东盛商圈、全安商圈、中东商圈，此三个商圈分布在都市级商圈外围，填补都市级商圈辐射空隙，但也较集中在城市中东部地带。社区级商圈大多在外围地域，呈现典型的向心状网络分布格局。

长春市城市商圈空间结构上主要存在以下问题：①商圈布局呈现重南轻北、重东轻西；②空间结构不合理，制约城市地域结构协调发展；③各级商圈的功能均未得到充分的发挥；④商圈沿交通线分布形式弊大利少；⑤商圈功能业态雷同，缺少经营特色，组织化程度低；⑥商业网点总体布局不尽合理。

1. 中心城区用地高度紧张

目前，长春市中心城区经济发展、投资项目布局的用地需求受到严格限制，虽然新上工业项目基本上布局在城市边缘区，但许多聚集性较强的服务业项目

---

① 本节主要由孙博、王劲松完成。

则要求布局在城市中心区。而人口及建筑密度过高的城市中心区用地紧张状况，极大地限制了长春新兴产业的发展，制约着中心城区现有产业结构的调整和产业的升级。

2. 单核中心市区空间格局尚未改变

当前，长春市城市分区发展的空间格局已经出现，但各城市分区的核心并没有真正形成，城市各分区的聚集功能低下，其主要原因是城市分区的商贸服务企业规模小，教育、托幼、医疗卫生、休闲娱乐等公共服务设施不配套，结构不完善，供给水平低，城市分区核心缺乏聚合力。

近域扩展是市城市空间成长的基本方式。目前，长春市建成区 213 千米² 面积中 193 千米² 的建成区面积来自于城市近域扩展。经济技术开发区、高新技术开发区都是沿老城区逐步向外开发。长春市的近域扩展虽然目前没有导致像北京市那样严重的"摊大饼子"问题，但城市近域扩展规模已经接近极限，必须将城市扩展方式由单核模式转向多核的组合模式。

3. 城市建设缺乏地域特色

长春市城市建设形态与结构具有自己的地域特色，即放射与棋盘形态相结合的城市道路格局，形态突出的城市中轴线，广场绿地、公园绿地、道路绿地结合的绿地空间结构等。近年来，由于城市建设规模的大幅度增长，原有的形态格局限制了城市的发展，调整城市形态格局是必然趋势。但新时期的城市形态与空间结构的调整并没有充分继承城市建设的历史文化的合理成分，同时也没有创造出反映现代长春市经济、人文、地域环境的城市建设风格。城市建设形象与特色的定位成为困扰长春市发展的一个大难题。

4. 城市生态系统仍然脆弱

长春市城市生态系统的自然结构不够完整，长春市属于发育在波状平原的城市，地貌类型仅有平原、岗地和少量丘陵，河流水系不够发达，虽然绿地空间数量较多，但生态地域结构单一，缺乏多样性及稳定性的生态基底。这就要求长春市的城市建设及城市空间布局应高度重视城市生态环境问题。

5. 交通拥挤

城区停车难导致车辆占道停放，由此带来道路拥堵；公共交通速度过慢，更多人选择购车自驾，导致车辆激增，现有道路无法满足巨大的车流通过，形成车队"长龙"。长春市城区机动车保有量逐年增加，2010 年年底城区机动车保有量已经达到 54 万辆，交通压力越来越大，未来趋势更不容乐观。

第二节　吉林市的城市化发展与问题

"十一五"期间，吉林市城镇化率由55%提高到59%。建成了长吉城际铁路、吉林至珲春高速公路、吉林换乘中心、雾凇客运站，新建改造公路7200千米，中心城市建成区面积扩大到155千米²。全市人口432.4万人，市区人口200万人。积极完善城市功能，充分发挥基础设施建设对保增长、促发展的推动作用。启动城市建设项目204项，竣工181项，完成总投资135亿元。

在做大中心城市、增强辐射功能、组团式城镇布局、加快城镇体系建设、统筹基础设施建设、全面提升城市功能等方面快速推进。"十二五"期间，桦甸市、磐石市争取进入中等城市行列，蛟河市、舒兰市加快向中等城市迈进。吉林市采取组团式城镇布局加快城镇体系建设，依托长吉之间的交通走廊，大力加强沿线城镇建设，充分发挥重点城镇的经济节点和产业传导功能，集中建设口前组团、岔路河组团、北大湖组团、搜登站组团、桦皮厂组团等五大城镇组团，辐射带动周边乡镇的发展。

按照建设综合性特大城市定位，坚持"北拓、南优、东控、西调"的方针，大力引导城市空间向北部、西部、西南部拓展，调整优化功能分区，加快形成"北工、中商、南居"的结构形态。重点引导"一江两岸"开发，着力建设北部工业新区、南部新城、哈达湾服务业集中区和汽车产业园。

到2012年，城建十大工程、灾后恢复重建工程及一些重点项目完工，北部工业新区、汽车园区、中新食品园区等功能区、示范区初步建成，林区矿区城镇化水平明显提升，全市城镇人口达到270万人，城镇化率达到59%；到2015年，基本形成统筹城乡的公共服务体制框架，城乡基础设施进一步完善，人居环境进一步改善，桦甸市、磐石市、蛟河市、舒兰市等区域中心城市发展加快，县城人口集聚能力明显增强，全市城镇人口达到300万人，城镇化率达到63%。

规划建设南部新城。充分发挥南部空间的生态优势，以北大湖、松花湖为依托，推进口前镇与市区融合发展，以温德河—小白山—蓝旗区域为核心，统筹规划建设南部新城，配套完善基础设施，打造以居住、休闲、办公、教育为主的城市副中心，实现区域服务中心、文化产业基地、山水宜居新城三大核心功能。2011～2015年计划建设主次干路24条，总长度42.5千米，计划总投资约13.6亿元。到2015年，新城开发建设4千米²，承载人口达到30万人以上。

全面提升城市基础设施功能。实施城市主干路网畅通工程，建设金珠大桥、秀水大桥、江城大桥、红旗大桥、丰满大桥，改造吉林大桥。加强电网、供水、排污、供热、燃气等公共工程建设，加快实施棚户区、老旧商住区改造，统筹推进建设一批功能性、公益性社会事业项目。

吉林市有代表性的五大商圈。①河南街商圈：以大型百货、电器商城和大型超市为主体，包括吉林市百货大楼、国美电器、国贸中心、乐购、大福源等。②解放北路商圈：以商业步行街、连锁超市为主体而且区域辐射半径大、人口密度高，包括台湾大福源连锁超市企业。③临江门商圈：属于发展性商圈，以超市、电器销售、步行街为主体，包括家世界超市、苏宁电器、台湾步行街。④江南龙潭遵义路商圈：介于一级、二级商圈之间，有部分专卖店及少部分餐饮店，苏州路商场、家世界。

吉林市发展存在的问题如下。

1. 开发区布局比较分散，整合发展的要求越来越迫切

吉林市中心城区现有省级以上开发区9家，2个国家级开发区（高新区、经开区）虽然粗具规模，但还没有进入成熟发展期，特别是高新区原有规划用地已经饱和，其他开发区多隶属于各城区，开发规模普遍较小，产业趋同和同城竞争现象比较明显。

2. 城市功能分区不明晰，城市空间布局矛盾凸显

吉林市工业区、商业区和居住区混杂的现象比较突出，特别是哈达湾等成片老工业区亟待整体改造升级。哈达湾老工业区位于城市核心区，面积8.66千米^2，目前仍分布着铁合金、碳素、造纸、水泥等高污染企业，是城市最主要的污染源。由于缺乏系统性、整体性，治污效果并不理想。为此，只有实施企业整体搬迁改造，才能达到根治的目的，但短期内难以做到。

3. 城市基础设施不尽完善

主要是城市快速路网尚未形成，物流基础设施不尽完善，部分区域水、电、热、气等管网设施老化，旧城改造任务十分繁重。同时，随着工厂的增多，环境压力日渐加大，目前尚未投产的市污水处理厂尚需加快建设进度。

第三节　通化市的城市化发展与问题

通化全市总人口226.8万人，其中市区人口44.9万人。全市面积为15 608

千米², 其中市区面积为 761 千米², 中心城区建成区面积为 47.3 千米²。全市城镇化率为 46%。

通化市是区域中心城市和重要节点城市。近年来通化市注重强化中心、构筑支点、区域联动、城乡互动，重点发展中心城市、节点市、城关镇、特色镇，坚持走市和小城镇协调发展的集约式城镇化道路，统筹推进具有通化特色的城镇化建设，不断提高城镇化水平。通化市根据自身交通条件和产业特征，在区域城镇化发展中构建"两轴、两区、一带"的空间结构，科学构建城镇体系；按照科学规划、合理布局的原则，在都市区形成"一主二辅四组团"的规划布局；按照交通系统、产业经济、城乡功能、生态环境一体化的发展构想，全力推进通化市、县一体化；完善规划区域内部路网结构，强化中心城区与快大城区之间的交通联系；提升路网整体服务水平，不断强化中心城区与其他乡镇之间的交通联系。新的城市总体规划提出建设梅柳辉协作区。梅河口将成为重要的城市副中心。

通化市存在整体城镇化水平低、增速慢，中心城市规模小，建设用地不足，产业布局分散，县域产业发展无序竞争，小城镇发展滞后等问题。

1. 粗放式经济增长方式没有根本改变，结构调整任务还很艰巨

对支柱产业的依赖性较大，通钢公司"一柱擎天"的局面，降低了全市工业经济抗风险能力。产业链短，产业链条缺乏纵向延伸，产品档次偏低，产品本身科技含量低，附加值低。

2. 中心城市发展空间不足，产业布局分散

通化市地处长白山腹地，具有明显的山区特点，有"八分山水一分田，不足一分建家园"的地理特征，城市被山峦围合、江河分割，城市布局呈枝状沿沟谷发展，并且担负长白山区生态环境保护的重任。受地形地貌的限制，城市发展空间尤为狭窄，城区基本占满了城市发展空间，建设用地严重不足，现有的发展空间十分有限。

20 世纪 80 年代，通化市城市发展曾遵循综合组团的战略。后来中心城区的工厂开始外迁。由于缺少统一的规划与部署，外迁表现为无序特征，沿交通轴线与河谷蔓延，造成资源的浪费。通化市的工业园区较多，但普遍规模较小，空间布局分散，还存在产业雷同、同质竞争的问题，集聚创新效应明显不足。因此，通化市要认真考虑土地集约利用，将各园区整合起来，建立统一的管理机构，合理分配土地、资金与项目资源。

3. 市县分割导致资源浪费，对通化市城镇化与社会经济的发展造成了较大的制约

通化市县地理上紧密相连，民间交流也十分频繁，但市县的行政分割使得二者各自为政，不可避免地造成了重复建设与恶性竞争。通化市的行政资源、人力资源与通化县的土地资源都不能得到有效的利用，造成浪费。① 有关部门曾提出过市县合并方案，但行政区域变更问题复杂，实现难度较大。其他一些方案考虑的利益主体往往是中心城市，对县域发展与区域问题思考不深入，不能有效解决区域协调发展的问题。

4. 城镇化发展缺乏区域利益的协调机制

新版总体规划根据通化市的实际情况，主张促进通化的市县一体化发展，但只停留在概念层面，并没有实质性的操作方法，缺乏区域经济发展的共同规划，缺少基础设施建设的统筹协调。

5. 节能减排和环境保护任务艰巨

由于通化市经济增长方式较为粗放，但能源消耗增长的代价仍然较大。全市工业比重、工业内部高耗能行业比重均偏高，产业结构属于资源密集型，面临较大的资源约束和环境压力。

第四节　四平市的城市化发展与问题

四平市地处东北亚区域的中心地带，松辽平原腹地。全市面积为 14 080 千米^2，总人口 340 万人，市区规划面积从 51.6 千米^2 扩容到 121 千米^2，市区人口 60 万人。现辖公主岭市、双辽市、梨树县、伊通满族自治县、铁东区、铁西区、辽河农垦管理区和公主岭国家农业科技园区、四平经济开发区、四平红嘴高新技术开发区、公主岭经济开发区。

近年来，四平市城镇化水平明显提高，市区规模不断扩大。规划建成区面积达到 80 千米^2，市区人口由原来的 55 万人增加到 65 万人；小城镇已发展到 56 个，人口占全市总人口的 62%，城镇化率提高到 49%。城镇基础设施建设不断加强，人居环境有所改善；经济社会发展的带动作用增强，消费需求扩大，

① 例如，在招商引资方面，通化市由于发展空间受限，引进的大项目往往很难落地，而通化县的某些开发区发展空间较大，却只有规模较小的企业入驻。另外，通化市经济开发区、二道江区工业集中区、东昌区工业集中区、通化县聚鑫开发区及较独立的工业小区（二密的东宝园区、江南金厂医药片区），这些园区之间缺乏协调，彼此之间争夺项目，导致项目布局无序，产业空间亟待整合。这些问题都客观要求通化市必须对整个市域的资源进行整合，走出一条区域一体化发展之路。

促进了社会进步；与城镇化发展相关的土地管理、户籍、劳动就业、社会保障等制度的改革步伐加快。

四平市建立了包括行走机械、换热器、汽车零部件、农产品及食品加工、玻璃、畜产品加工、光伏、化工、医药、现代服务业在内的10大特色产业园区，打造4大基地，包括新能源、装备制造业、医药化工、农业科技示范基地，4个千亿级产业异军突起。

四平市适时提出"加快转变、加快赶超、加快崛起"的目标，实施"南接北融"、做强"一核三带"、注重"富民优先"，通过做大做强中心城市、扩大城市规模、完善城市服务功能、提高城市品位、集聚城市吸引力等方式，助推了四平市的城镇化进程。以市县联动，建设四平东部生态新城、北部科技新城，公主岭西部新城、东部新区，双辽辽东新区，伊通南部新城。

依托纵贯东北南北的哈大高铁客运专线及铁路四平东站的建设，东南生态新城的建设日益加快。东南新城位于四平市东部，西起南九经街，东至哈大高速客运铁路，北起南四纬路，南至植物园南路和四梅铁路，占地面积4.65千米^2。新城基于"全面、协调、可持续发展"的理念，用3～5年时间逐渐建成，将成为四平发展的强力引擎。

生态新城以东盛大街及旭日立交桥为界，分为东西两个区，东区为高铁发展新区，西区主要为新加坡生态花园城。同时，新城以紫气大路为轴自东向西的功能分区，依次为站前交通枢纽区、商务金融区、文化会展区、中心景观区、行政办公区、城市高端生活区。全长4000多米的紫气大路是城市新的发展轴，是联系旧城新城的演化带。

四平市存在的问题如下。

1. 投资成本高

市区上项目所需投资明显高于外县（市）。一是市区上项目与外县（市）上项目相比，就土地征用而言，土地价格远高于外县；二是在城市内上项目，涉及的动迁等费用高；三是所需劳动力成本也将高于外县（市）。

2. 扩容难度大

只是按常规进行了城市扩容。就市区结构看，辽河划在市区内也不是很科学，需进一步规划和调整。

3. 地域有缺陷

四平市区界于长春与沈阳之间，存在许多有利因素，但也有许多不利条件，四平市区接受长春辐射不如临近的公主岭，接受沈阳的辐射受到省际封锁，接受的辐射很有限。辽宁在省际交界处已建开发区，试图用优惠政策吸引四平市区相关企业。

4. 享受政策少

四平市的铁东、铁西和辽河农垦管理区，在经济发展中所享受的优惠政策明显低于外县（市）。例如，吉林省为了支持工业集中区建设，给每个县（市）软贷款 2000 万元，铁东、铁西和辽河农垦管理区都没有享受到此政策。

5. 优势发挥差

四平市具有城市基础设施、人文历史、科技文化、区位交通、资源环境、产业基础等优势，但这些优势没有得到充分发挥，特别是旅游、商贸、物流等服务业方面都有巨大的发展空间。

6. 主观意识弱

大多数人对加快市区发展、优先发展市区的重要性和必要性缺乏足够的认识。对发展城市区域经济的辐射带动作用认识也不够，普遍存在顺其发展、任其发展的心理。在发展意识上缺少加快市区发展的紧迫感、使命感。

第七章 强化基础设施建设，提升支撑保障功能[①]

近年来，吉林省城市基础设施建设不断完善，人居环境质量不断提高。全省道路、给排水、供气、供电、通信、污水及垃圾处理等基础设施建设水平大幅度提高。但吉林省城市基础设施综合承载能力仍然偏低，建设水平和指标总体偏低，人均居住面积、供水普及率、燃气普及率、人均拥有铺装道路面积等指标均未达到全国平均水平，与发达省份相比还有差距。不少中小城市基础设施普遍缺乏，还处于城市化的起步阶段。未来几年，通过加大投资和建设力度，大力发展城市基础设施建设，实现立体交通网络和市政基础设施的升级和改造，不断加强能源和信息化基础设施建设，将是吉林省城市基础设施建设发展的主要方向。

第一节　完善综合交通网络

老工业基地振兴以来，吉林为改善投资环境，始终将发展交通运输业作为基础设施投资的重中之重，特别是国际金融危机以来，结合国家扩大内需战略，吉林省更是加大了连接省内外铁路、公路、港口等交通基础设施的投资力度，一批重大交通基础设施项目陆续启动。

今后将进一步完善市域综合交通体系，加快城市道路建设。完善城市内部交通道路系统和配套设施，优化城市路网结构，提高道路交通管理水平，加快构建结构合理、快速高效的城市综合交通体系（表7-1），着力缓解大中城市交通拥堵问题。

表 7-1　吉林省主要城市交通运输体系规划与建设情况

城市	建设情况
长春	逐步构建了"四环、五纵、六横、八放射"的交通主干路和城市快速路网，增加次干路和支路密度，加快公共交通和轨道交通建设。重点建设公交专用车道和公交智能优先通行系统，实现公共交通快速化、标准化、智能化。轨道交通从单线运营进入网络化运营阶段，未来将重点建设轻轨三期、地铁1、2号线，以及轻轨双阳线等工程，构建快速便捷的轨道交通网络

[①] 本章主要由赫曦滢、王劲松完成。

续表

城市	建设情况
吉林	已经建成长吉城际铁路、吉林至珲春高速公路、吉林换乘中心、雾凇客运站，新建改造公路7200千米
通化	加快建设公路、铁路、机场立体交通网络，形成"1小时域内"（通达县、市）、"2小时周边"（通达沈阳、长春）、"3小时出海"（通达丹东港）的交通运输格局，东北东部铁路通化至灌水段、通沈、通丹高速公路、污水处理工程正在建设中，民航机场项目即将开工
白城	重点实施珲乌线高速公路大安至石头井子段等重点基础设施工程。长白快速铁路、白阿铁路复线、白城站扩能改造、市区金辉公铁立交桥、白城长安机场和白城现代物流中心等项目前期工作进展顺利

● 一　交通运输体系建设的成就

"十一五"期间，吉林省内高速公路建设投入531亿元，是前五年的11.6倍，全省新增通车里程1308千米。省会长春至其余市（州）政府所在地全部实现高速公路连接，高速公路骨架网初步形成。至此，全省公路总里程达到近9万千米。仅2010年，全省就投资240亿元，新增高速公路通车里程400千米，使全省高速公路的通车总里程达到2250千米；投资18.5亿元，新改建一、二级公路500千米；投资18亿元，实施养护工程1700千米，高速公路技术状况指数达到92.5，干线公路优良率达到88.4%。

2011年，吉林省各城市继续加快高速公路的建设。通化至新开岭、抚民至靖宇、吉林至草市、汪清至延吉等路线都已经顺利通车，实现了省政府确定的2011年新增高速公路通车里程400千米的目标。吉林市至草市高速公路全长258.6千米①，通化至新开岭高速公路全长52.4千米，这两条高速公路是国家高速公路网规划的重要组成部分，是吉林省中东部地区重要的两条出海入关通道。抚民至靖宇高速公路全长62千米，是长春至松江河旅游快速通道的重要路段。汪清至延吉高速公路全长50.9千米，是连接少数民族地区的快速通道。这些项目的建成通车，对优化区域交通环境，带动区域经济社会发展，促进长吉图开发开放和巩固国防，实现吉林省经济振兴具有重大战略意义。另外，大广高速、松原绕越线、嫩丹高速坦途至洮南段工程建设正在加紧进行，通化至梅河口、辉南至白山、

---

① 这是吉林省第一个由企业作为法人，负责筹资、建设和运营管理的高速公路项目。

小沟岭至抚松、靖宇至通化、长春至四平、长春至吉林扩容改造等项目也提上了议事日程。

在铁路建设方面，吉林省一直将铁路建设作为城市基础设施建设的重点，努力加大铁路的运载能力，加快建设城市铁路枢纽。在过去的几年中，吉林铁路建设实现了四个跨步。

一是路网和投资规模再迈新台阶，从执行 2005 年第一次协议的 18 个项目、总投资 530 亿元、建设铁路 2230 千米开始，经过五年发展，吉林省再签订三次协议，增加到 19 个项目、总投资 2115 亿元、建成铁路 2916 千米。

二是跨入高铁建设时代，建成吉林省有史以来第一条时速达到 250 千米的长吉城际铁路，实现了铁路与民航的无缝衔接；开工建设东北地区第一条时速 350 千米的哈大客运专线；开工建设通往延边朝鲜族自治州及边贸城市的时速 250 千米的吉珲客运专线。

三是投资增速明显，五年铁路累计完成投资约 429 亿元，是"八五"、"九五"、"十五"三个五年计划累计投资 73.5 亿元的 5.8 倍，创历史新高。

"十一五"期间，吉林省铁路网规模大幅增加，路网技术水平不断提高，基本形成"四纵三横"的铁路网格局，主要城市的铁路运载能力大幅度提高。2010 年年末，铁路营业里程突破 4000 千米，较"十五"末期增加 462 千米。其中高速铁路里程 111 千米，比重占 3%；复线率为 22%，电气化率为 10%，分别较"十五"末期提高 6 个和 2 个百分点；铁路网密度达到 215 千米 / 万千米^2，达到国家铁路网密度的 2.3 倍。

在城市道路建设方面，吉林省城市道路交通条件近几年显著提升。截至 2010 年年初，全省城市铺装道路长度达 6939 千米，每万人拥有 6.94 千米，铺装道路面积达 11 090 万米^2，每万人拥有 11.09 万米^2。全省城市共建桥梁 590 座，其中立交桥 116 座，在一定程度上缓解了吉林省城市交通的压力①。

优化民航机场布局方面，吉林省加快了长春龙嘉国际机场配套建设，改造扩建延吉机场，建设投运长白山旅游机场，推进通化机场、西部机场规划建设，

---

① 长春市"十一五"期间，城市交通设施建设步伐明显加快。先后建设改造了四环路、幸福街、卫星路、台北大街等市区道路 500 条，规划建设了 102 国道跨人民大街立交桥、102 国道跨伊通河大桥、前进大街下穿南三环框构桥等大小桥梁 91 座，改造了长农、长白、长郑、长吉高速、长吉北线、亚泰大街北出口等城市出入口。三环路内巷道全部彻底改造，四环路、机场大道、南湖中街南延长段、南部新城乙三路等工程相继开工建设。城市道路长度 2350 千米，铺装道路面积 4900 万米^2，建成区人均铺装道路面积 17.8 米^2，位居东北 4 个副省级城市之首。

构建"一主四辅"机场格局。以长春龙嘉国际机场为核心，形成了辐射周边国家和地区的航空网络。长春龙嘉国际机场和延吉机场可以起降波音 757 等大型飞机，为国际航空港。开通国内、国际航线近 80 条，通达国内外城市近 50 个。加强了国内国际航线开发，增加了主要城市的航班密度，2010 年机场客运量突破 200 万人次，货运量突破 2 万吨。

在河运方面，吉林省处于非水网地区，是水运欠发达省份。主要通航河流有中朝国界河流鸭绿江（306.61 千米）和图们江（170.20 千米）、吉黑省界河流松花江（128.5 千米）和嫩江（201 千米），省内河流第二松花江（814.75 千米），全省内河航道里程达 1621.06 千米。全省有 12 个港口，主要货运港口有大安、吉林、松原、五棵树等。大安港是国家一类内河口岸，年设计吞吐能力为 100 万吨，经水路可直达俄罗斯远东一些港口，并可进入日本海。

在物流枢纽和物流园区建设方面，"十一五"期间，全省物流业固定资产投资 867.7 亿元，同比增长 47.6%。随着物流业固定资产投资的快速增长，物流业基础设施条件明显改善，仓储、配送设施现代化水平不断提高。

（1）运输仓储业。全省各传统行业的老式仓储面积高达约 4000 万米^2，在建和建成的仓储面积约 1500 万米^2。货物运输主要由铁路及公路承担，分担率分别为 14% 和 76%。2010 年全省货物周转量累计完成 975 亿吨。全省邮政物流较为发达，主要是开展第三方物流服务及针对服务"三农"农资分销配送业务，目前已建成覆盖 50% 村（屯）的农资连锁配送网络。

（2）商贸流通业。"十一五"期间，全省累计实现社会消费品零售额 12 176.2 亿元，是"十五"时期的 2.17 倍，居民消费品物流需求旺盛。现代流通方式得到较快发展，超市、仓储式商场、专卖店等新型流通业态发展步伐加快，占流通业比重逐年增加。

（3）产业物流。汽车产业是吉林省第一大支柱产业，长春市汽车企业数量自城市中心向外递增，三环与绕城高速之间最多。汽车物流主要以公路运输为主，成品车由公路运输占运出车辆的 90% 以上，整车及零部件运输中铁路所占份额不足 15%，运输方式单一。近年来，一些大型汽车制造企业逐步实现了零库存管理，大的汽车制造企业均设有物流管理机构，实现了 50 千米配套半径内的准时化供货，部分零部件组装业务交给第三方物流公司，有效地降低了成本。

二 交通运输体系建设中存在的问题

交通基础设施的缺乏，特别是主要运输通道上公路、铁路客货运输能力不足，将对吉林省国民经济的健康发展产生不利影响。"十一五"期间，吉林省交通基础设施建设虽加大投资建设力度，但由于多年积累的问题，加上许多项目处于建设期，问题依然存在。

1. 运网规模不足

吉林省老工业城市现有的交通基础设施总体规模仍较小，不能满足经济社会发展对交通运输不断增长的需求。按土地面积和人口数量计算的运输网络密度，落后于经济发达省份，与东北地区其他省份比较也有差距。另外，吉林省综合运输体系以公路和铁路为主，交通干线密集分布在沈阳—长春—哈尔滨沿线经济区为中心的区域内，呈现明显的"点—轴"辐射发展模式，大体呈中东部强，西和东南部逐渐递减的特征。这种格局非常不利于省内经济均衡发展。

2. 整体技术水平低

从总体上讲，与经济发展水平相比，吉林省老工业城市交通运输的技术装备水平仍较滞后，运输通道的通达性和能力均十分不足，国际、省际，联系主要城市、产业基地和旅游区的综合运输通道能力亟待加强和提高，东部沿边境地区的铁路没有贯通，公路等级较低，东部纵向综合运输通道没有形成。铁路在货运重载、客运高速、自动化管理等方面仍处于起步阶段，公路的许多主要路段混合交通仍较严重，汽车专用公路占公路总里程的比例仍较低，等外公路比例仍较高，内河航道基本处于自然状态，靠天吃饭。高等级深水航道比重小，港口装卸设备及工艺落后，效率低。民航航空管制、通信导航技术及装备落后，不适应民航发展现状。交通运输工具则是先进与落后并存，技术落后、技术状况差的车辆、船舶和运力结构不合理，既严重影响了运输效率的提高，又浪费了大量能源，还造成了严重的环境污染。同时，吉林省老工业城市综合运输网络整体水平不高，始终表现出被动适应性，与国民经济尚未形成开放式有机互动的协调关系，运能较为紧张。

现代化交通运输通道尚未完全形成。吉林省虽已形成横纵结合的交通道路运输通道，但通道的通达性和通道能力接近饱和，对外中俄珲卡铁路尚未恢复联运，对内快速客运网及大容量能源运输通道还未形成，国际、省际，连接主要城市、产业基地和旅游区的交通运输通道能力亟待加强。

⊜ 交通运输体系建设布局的发展目标

（一）公路建设

1. 全面加快路网建设

完善"五纵五横三环四联络"主骨架公路网，逐步实现省会长春与各市州、重要产业基地、出海入关通道及通往长白山旅游区高速公路连接，力争使现有国省干线、口岸公路和通往国家商品粮基地的公路全部达到二级以上公路标准。

在区域干线公路建设方面，吉林省城市有必要推进干线公路、运输场站和内河航道建设。国省干线公路力争完成省道朝长公路东岗至长白等项目，建设开山屯至园池、三道沟至下套边防公路；适时启动长吉北线九台至吉林一级公路改造；新改建九台至双阳、拐脖店至长岭等公路；加快安图至东清、红石至夹皮沟等水毁公路灾后重建。坚持运输场站以国家公路运输枢纽为重点，兼顾老旧站舍改造。

2. 综合客运枢纽和货运网络建设迈上新台阶

根据未来经济发展趋势、产业结构、客货流分布特点，吉林省应当建立长春市域主枢纽客运及货运系统。长春市客运枢纽系统应该逐步完善为由 12 个客运站组成，货运枢纽系统完善为由 16 个货运站组成[①]。当前，长春市已经投资 20.2 亿元建设西客站综合交通换乘中心，同时总投资 18.78 亿元的长春站综合交通换乘中心正在加紧建设，预计在 2011 年这些项目可以完工。因此，长春市下一步的目标应该是加快老旧客运站的功能性改造，加快新客运站的建设速度，争取早日实现客运枢纽系统的全面完工。吉林市作为吉林省第二大城市，也应该积极发展客运枢纽建设，在完成吉林换乘中心、雾凇客运站建设的基础上，加大财政对客运枢纽建设的投资力度，增强吉林市交通运载能力，加强交通网络化建设。

3. 建设城市公交一体化网络

为缓解吉林省主要城市面对的交通拥堵问题，应该落实公交优先发展战略，推动城市公交快速发展，实现主要城市铁路、地铁、轻轨、公路、公交、出租车、社会车辆、自行车、人行九种交通方式的无缝连接。首先，要完善道路运

---

① 包括黄河路客运中心站、凯旋路客运站、西部客运站、东部客运站、南部客运站、双阳客运站、榆树客运站、农安客运站、德惠客运站、九台南站为一级站；农安客运中心站、九台客运站，为二级站。货运枢纽系统由 16 个货运站组成，包括杨家店、长江、四季青、绿新、高新、汽车产业开发区、金达洲、龙家堡、蔡家、兴隆山、合心、双阳、榆树、农安、德惠、九台等货运站。

输服务体系,强化服务质量和职业道德;其次,推进城市公交和出租汽车服务监控系统建设,对违规现象进行严肃处理;再次,加强城市主要公交换乘地点的秩序管理,避免人为原因造成交通拥堵现象;最后,加快三级以上客运站联网售票和小件快运联网工作,将吉林省城市公共交通负担率提高至30%以上。长春市在未来几年,有必要将汽车公共交通的发展重点调整为建设公交专用车道和公交智能优先通行系统上,实现公共交通快速化、标准化、智能化,努力将公共交通分担率提高到35%以上。同时,在有条件的情况下,鼓励公共交通清洁能源使用,打造绿色的公共交通体系。

（二）铁路建设

"十二五"期间,吉林省铁路建设的总体目标是实现"市市通高铁,县县通铁路"。建设铁路项目25个,新建、改扩建里程约4180千米,总投资约1900亿元。到"十二五"末,力争全省铁路营业里程达到6330千米,其中高速铁路达到1850千米,占29%,复线率达到51%,电气化率达到48%,铁路网密度达到338千米/万千米^2。初步形成以长春为中心、以高速铁路为骨干、通达省内各市(州)的2小时经济圈。

1. 快速铁路网建设

未来几年,吉林省应逐步形成以哈大、珲乌"大十字"轴为支撑的快速铁路网。因此,要加快建设哈大铁路吉林省内段、吉林至珲春铁路客运专线,长春至白城、白城至乌兰浩特快速铁路。加快推进以长吉为核心、中部城市群为依托、哈大和珲乌"大十字"交通主轴为支撑的全省城市化发展新格局。建成中东部城市群环形快速铁路网。建设四平至辽源、通化至白山、松江河至延吉、白河至敦化客货共线快速铁路。与"大十字"轴快速铁路网共同形成中东部城市群环形快速铁路网,贯通全省九个市州。同时,要做大做强旅游通道。规划研究长春至松江河、通化至集安扩能改造项目建设方案,打造长春至长白山、通化至集安精品旅游线路;与"大十字"轴、中东部城市群快速铁路网共同构建省内、省际、国际大旅游通道,为旅游资源优势转化为经济发展优势提供交通支持。

2. 能源运输通道建设

"十二五"期间,吉林省要强化大能力煤炭运输通道建设的思想,为经济发展和能源供应提供可靠运输保障是吉林省城市能源基础设施建设的重点。吉林省应该规划建设长春至太平川至乌斯台能源运输通道,缩短蒙东地区至吉林省中西部地区城市的煤炭运输距离，与长春至白城、白城至乌兰浩特快速铁路共同形成运力强大的能源运输通道，缓解吉林省主要城市煤炭需求紧张矛盾。

3. 出省通道建设

吉林省还应加快建设通化至灌水、珲春至东宁铁路，实现东北东部铁路通道省境内段全线通车；建设敦化至东京城铁路；实施沈吉线、龙舒线、拉滨线扩能改造项目；电气化改造平齐线、通让线。与"大十字"轴快速铁路网共同构建四通八达的出省通道。

4. 国际通道建设

积极恢复中俄珲卡铁路国际联运，推进中蒙国际铁路大通道建设，力争打通与俄罗斯、蒙古国等国家联系的国际运输通道和通往日本海的出海通道。进一步发展对朝贸易，充分利用境外资源优势，根据国际形势，适时启动实施南坪至茂山（朝）铁路、开山屯至三峰（朝）铁路、长白县至惠山（朝）铁路项目。

5. 县县通铁路建设

覆盖省内所有县（市），促进县域经济协调发展。建设靖宇至松江河、松江河至长白、辽源至长春（双阳）、松原至乾安等铁路项目，彻底解决抚松、长白、伊通、乾安、长岭等县城内不通铁路的历史。

（三）城市轨道交通

加快推进长春市城市轨道交通建设是未来一段时间城市轨道交通的重点，长春市应该抓住机遇，加快建成轻轨三期工程（4号线南三环至长春站北广场段）、地铁1号线工程（北环城路站至南绕城高速站），提早开工建设地铁2号线工程（西湖站至东方广场站）。同时，应该规划吉林市城市轻轨项目，力争完成前期论证及报批工作，争取"十二五"中后期开工建设。

（四）物流枢纽建设

在"十二五"期间，吉林省力争打造"一圈二区"的物流产业发展区域布局。

1. 一个物流经济圈

吉林中部城市群物流经济圈。重点建设以长春为中心的一小时经济圈中部城市群支柱优势产业物流发展区，包括长春、吉林、四平、辽源及松原南部，大力发展汽车及零部件、石油化工、农产品及加工、生物制药及高新技术产业物流。

2. 两大物流发展区

一是积极拓展东部物流发展区，在延边、白山、通化等地，依托矿产、森林资源、特色农产品和边贸区位优势，发展钢铁、有色金属、特色农业及林产品、医药及边境口岸物流，借助珲春（中国）—扎鲁比诺（俄罗斯）—新潟（日本）—束草（韩国）四国陆海联运航线出海大通道，向北辐射黑龙江省，向南辐射辽宁省丹东港等地，发展对俄、对朝、对日、对韩跨境物流。二是大力培育西部发展区，在白城及松原西部，依托风能、石油资源及增产百亿斤粮食，发展石油化工、风电设备制造、轻纺、畜牧业及粮食物流，向西辐射内蒙古自治区，向北辐射黑龙江省，发展对蒙古国、对俄罗斯跨境物流。

第二节　增强能源保障能力

一 吉林省老工业城市能源建设的成就

随着吉林省逐步进入工业化中后期阶段，对能源消耗的依赖性进一步增强，能源供给和需求增长的矛盾将长期凸显，环境压力不断增大。吉林省确定了以经济结构调整为契机，优先发展新能源，促进能源生产和消费结构转型，以加快转变发展方式，增强可持续发展能力的发展战略。

吉林省扩大外埠能源供应渠道，建立长期稳定的能源供应基地；鼓励以电力、天然气等优质能源替代煤炭，适度发展小型"冷、热、电"联产的分布式能源；因地制宜地发展新能源和可再生能源，推广生物质能，风能、太阳能等能源新技术产业化进程，鼓励利用垃圾、污泥进行发电和制气。积极发展低碳经济、绿色经济，推进环境友好型产业发展，构建清洁、安全、高效的能源供给体系，努力将新能源产业打造成新一轮经济发展的动力源。

1. 城市能源生产供应能力明显增强

2010 年，全省一次能源生产总量为 4347 万吨标煤（表 7-2），比 2005 年增长 67.4%，年均增长 10.85%。其中：原煤产量 3042 万吨，比 2005 年增长 85.4%，年均增长 17%；原油产量 934.6 万吨，比 2005 年增长 18.7%，年均增长 3.74%；天然气产量 217.35 亿米^3，比 2005 年增长 199.4%，年均增长 39.87%。各城市的能源生产供应能力明显增强。其中，一条全长 70.5 千米的"八屋—长春"输气管道工程，被称为长春的"能源生命线"。2010 年建成投产后，打破了吉林省天然气运输瓶颈。松南气田生产的天然气，将由此通道源源不断地直达长春、吉林等重点城市，饱受困扰的吉林中部地区彻底告别了冬季"气短"之疾。

2. 城市能源结构不断优化

全省加快风能、水能和生物质能的开发利用，城市清洁能源所占比重不断增加。到2010年年底，吉林省新能源发电装机（不含水电）所占比重由2005年的0.84%提高到11.41%；天然气利用由2005年5.4亿米^{3}上升到17.45亿米^3，提高2.23倍；风电装机容量达到220.88万千瓦，比2005年增长26.96倍；水电装机容量达到427.15万千瓦，比2005年增长14.79%；生物质发电装机容量达到11.2万千瓦，比2005年增长17.67倍。

3. 重点项目建设力度加大

"十一五"期间吉林省能源固定资产投资累计完成2600亿元，比"十五"期间增长了5倍。电力装机容量新增1018.17万千瓦，白城发电厂、九台发电厂、长春三热和四热等一批电源项目建成投产，风力发电和生物质发电项目加快推进，千万千瓦级风电基地项目正式列入国家风电基地规划，通榆、洮南、双辽等风电场建设已具有一定规模；靖宇赤松核电已列入国家核电发展规划，吉林丰满水电站改扩建、敦化抽水蓄能电站已经列入国家能源发展"十二五"规划。

4. 能源科技装备水平得到提高

2010年年末，全省煤矿采煤机械化程度达到72.97%；掘进机械化程度达到27%。电力30万千瓦、60万千瓦超临界发电机组和500千伏变电站相继投入运行。天然气脱碳、二氧化碳驱油等一批重大科技成果推广应用到石油天然气行业，成效显著。

表7-2 吉林省"十一五"能源发展成就

指标	单位	2005年	2010年	"十一五"增长率/%	年均增长/%
一次能源生产总量	万吨标煤	2596.6	4347	67.41	10.85
其中：煤炭	万吨	1641.4	3042	58.4	17
石油	万吨	787.2	934.6	18.7	3.74
天然气	亿米^3	95.4	217.35	199.4	39.87
非化石能源	万吨标煤	97	153.05	57.78	11.56
全口径发电量	亿千瓦时	433.43	658	51.81	8.71
电力装机规模	万千瓦	1016.5	2034.67	100.16	14.88

资料来源：《吉林省能源发展"十二五"规划》

二 吉林省老工业城市能源建设中存在的问题

（一）能源供给严重不足

从吉林省的能源资源禀赋看，全省常规能源资源总量占全国总量的比重不足0.3%。从现有能源生产和供给情况看，吉林省一次能源自给率只有50%左右，难以满足当前及今后经济发展的需要，煤炭供需矛盾尤为突出，自给率50%左右，煤炭紧缺局面在未来一段时期不会有根本改变。石油和天然气储量有限，油气再增产的空间不大，水电装机容量已占可开发容量的80%，再建5万千瓦级以上的水电站已无可能。随着经济的发展，吉林省老工业城市的能源缺口将日益扩大，这就决定了吉林省必须实施多元化的能源发展战略，千方百计地满足经济社会发展对能源的需求。

（二）老工业城市能耗过高

从"十五"期间吉林省老工业城市的能耗状况看，2005年全省能源消费总量为5957万吨标准煤，比2000年3655万吨标准煤增加2302万吨，增幅为63%，年均增长10.3%，比同期全国能源消费量的年均增幅高0.2个百分点。"十五"后期，吉林省万元GDP能耗水平有所下降，但2005年吉林省万元GDP能耗为1.65吨标准煤，比全国平均水平1.22吨高出35%，在全国各省（自治区、直辖市）排名在中下游水平，与能耗水平较低的广东（0.79吨）、北京（0.80吨）、上海（0.88吨）和浙江（0.90吨）等省市相比差距仍较大。

（三）化石能源资源不足

当前，吉林省已探明煤炭地质储量仅有26.95亿吨，其中生产矿井可采储量8.71亿吨，2010年煤炭自给率仅为45%；已累计探明石油地质储量14.5亿吨，控制石油地质储量3.02亿吨，原油自给率为65.08%，天然气时段性紧缺问题依然存在，化石能源缺口较大，地质勘探相对滞后。

（四）能源结构性矛盾突出

煤炭在一次能源消费中所占比重始终在70%以上，石油、天然气所占比重低于全国平均水平，新能源和可再生能源所占比重较小。电源结构不尽合理，火电装机容量所占比重较大，且火电机组大部分为供热机组，在冬季小负荷方式下系统调峰存在一定问题。省内水电装机可自用于调峰的容量有限。

三 吉林省老工业城市能源建设的发展目标

第一，按照"保障供给、节能优先、调整结构、多元发展"的思路，构建"安全、稳定、经济、清洁"的现代能源保障体系。依据全省能源资源禀赋分布状态和生产力布局，对全省能源开发空间和时序进行分析研究并做出相应安排，力求统筹兼顾，科学布局，有序发展。"十二五"期间，大力推进吉林省能源"一带、二网、十二大工程"建设（即"1212"布局），优化全省区域能源布局，增强能源保障能力和可持续发展能力。①一带，即"长吉图"低碳能源示范带。以长春市、吉林市、延吉市为依托，大力促进煤炭、火电、炼油等传统能源企业改造升级，加快推进丰满大坝重建和敦化抽水蓄能电站建设，推进农安等国家级绿色能源示范县建设。鼓励支持能源企事业单位构建低碳技术研究开发中心，重点推进长春市风机制造、太阳能电池组件、输变电设备能源装备产业园建设和农作物秸秆能源化利用，吉林市蛟河凯迪生物质能综合利用产业园建设和吉林市、延边朝鲜族自治州开发利用小水电。②二网。一是加强现代吉林省电网体系建设。着力发展 500 千伏输变电工程，建成"两横两纵"500 千伏主干网架，满足负荷发展、新能源发电并网及电力跨区域输送需要。推进智能电网技术研究，为提高电力系统调节能力、调峰调频和电源接入能力创造条件。二是推进油气输送管网建设。积极实施"气化吉林"惠民工程，支持和推进中石油、中石化等企业在吉林省建设石油和天然气管道，地级市城际管道联网并与中石油东北主干网联通。③十二大工程。"十二五"期间，吉林省将重点建设千万千瓦级风电工程，靖宇赤松核电工程，百万千瓦级水电工程，以建设背压机组为主的热电联产工程，千万吨油气田工程，千万吨炼油结构调整工程，"气化吉林"惠民工程，百万吨页岩油工程，生物质能利用工程，风机研发制造工程，千万吨煤炭基地建设工程和百万辆新能源汽车基础设施工程等能源"十二大"重点工程。

第二，调整能源结构。到 2015 年年底，煤炭占一次能源消费比重下降到 63.94%，天然气占比提高到 9.18%，非化石能源（含水电）占比提高到 9.8%。风电装机占总装机比重提高到 37.96%，单机 30 万千瓦级及以上火电机组所占火电装机比重达到 70.2%。

第三，积极推进节能减排。2015 年，全社会单位 GDP 能耗比 2010 年下降

16%；单位 GDP 二氧化碳排放量下降 17%；燃煤火电平均供电煤耗降到 310 克/千瓦时，综合线路损耗率降到 6%；原煤入洗率达到 64%，煤矸石综合利用率达到 80%，煤层气抽采利用率达到 30%；炼油能耗达到 65 千克标油/吨。

第四，以改善民生为重点。建设国家级、省级绿色能源示范县 10 个，绿色能源示范镇 50 个；逐步消除薪柴的直接燃用；安装太阳能热水器集热面积 400 万米²，其中城镇 300 万米²，农村 100 万米²。2015 年全省县及县级以上城市输气管道覆盖率为 100%，天然气气化率为 60%。秸秆能源化利用率为 20.4%。煤矿百万吨死亡率争取降到 1.0% 以下。

第三节　加快市政公用基础设施建设

一　市政公用基础设施建设的成就

近几年，吉林省城市综合功能（表 7-3）更加完善，加强了供电、供水、供气、供热、道路、公共信息等基础设施建设。截至 2010 年年末，全省共梳理上报和已经实施的重点城市市政基础设施建设项目达到 146 个，2011 年全省城市公共基础工程投资将达到创纪录的 150 亿元以上，一大批城市供水、排水、集中供热、燃气、污水和垃圾处理等城市公共基础工程建设快马加鞭，城市功能不断完善，城市承载能力显著提升。

表 7-3　吉林省主要城市市政设施建设情况（2009 年）

城市	自来水生产/（万米³/日）	供水管道长度/千米	供水总量/万米³	道路长度/千米	桥梁数/座	排水管道长度/千米	污水处理量/万米³	防洪堤长度/千米
长春	110	1814	30287	2249	178	3258	18907	251
吉林	411	1162	24268	1043	84	816	14321	79
四平	20	431	2398	217	16	206	1850	—
通化	15	507	4672	214	41	121	—	104

资料来源：《吉林统计年鉴 2010》

至 2010 年，吉林省城市自来水普及率已达 90%，比"十五"期末增加 8 个百分点；城市燃气普及率达 86%，比"十五"期末增加 6 个百分点；城市污水集中处理率达到 60%，比"十五"期末增加近 33 个百分点，垃圾无害化处理率达到 90% 以上，比"十五"期末增加 6 个百分点；建成区绿地面积 38 800 公顷，是"十五"期末的1.4倍，人均公共绿地面积9.86米^2，比"十五"期末增加4米^2。全省"十一五"期间建设城市污水处理厂59座，总设计能力238.6万吨/日，配套建设排水管网近2500千米。2010年松花江流域90%的城市污水处理厂建设完成。

在供热方面，2010年，通过"暖房子"工程的建设，全省净增供热能力达到5580.48万米^2，其中长春市2567万米^2，吉林市1569万米^2；改造撤并小锅炉811座，改造陈旧管网818千米；实施既有居住建筑节能改造985.06万米^2，推行供热计量改造582.06万米^2，超额完成了年初计划。

通过2010年实施的"暖房子"工程，一个采暖期节约标煤24.29万吨，减排二氧化碳63.64万吨。全面完成"十二五""暖房子"工程后，一个采暖期可节约标煤139.79万吨，减排二氧化碳356.24万吨，减排二氧化硫11 557.45吨，减排烟10 333.72吨，大大改善了城市环境。

2010年，吉林省有15万户、49万居民从"暖房子"工程中受益。2011年，"暖房子"工程继续增量扩面，由地级城市向县城延伸，并在城镇和大型公建进行试点，全省将完成改造撤并小锅炉房1500座，改造陈旧管网1500千米，完成既有居住建筑供热计量及节能改造2000万米^2，同步完成老旧小区综合整治1000万米^2，新增集中供热能力5949万米^2，使全省46万户、138万城市居民受益。

在供电基础设施建设方面，近年来，随着电网建设投入的加大，吉林省电网输电能力和安全运行水平得到逐步提高，全省进一步加大了电网建设投资，新、扩建500千伏变电站10座，新增500千伏变电容量825万千伏安，投产500千伏线路1137千米；新、扩建220千伏变电站34座，新增220千伏变电容量558万千伏安，投产220千伏线路2032千米；新扩建66千伏变电站122座，新增66千伏变电容量454万千伏安，投产66千伏线路1670千米，总投资约201.3亿元。电网建设步伐的加快，满足了全省城市电力需求增长和电源送出需要。

在供水、排水设施方面，吉林省新建一批城市水厂，完善输配水管网配套建设。提高水质检测能力，对具备条件的城市区域实行双水源供水，提高供水的安全可靠性。长春市结合吉林省中部城市引水工程的实施，加快建设第五水厂，规划建设第六水厂，完善城市供水管网设施，形成多源联网、安全可靠的供水系统；加强排水设施的更新改造和配套工程建设，加快主城区雨水、污水收集管网建设和雨污分流管道改造，全面提高城区、开发区内各低洼地带雨水排放能力。

吉林省投资最多的水利工程哈达山水利枢纽是国家"十一五"期间重点水利枢纽工程。工程总投资 36.25 亿元,2008 年 6 月开工,2011 年年末竣工。哈达山水利枢纽工程建成,松原灌区每年可增产粮食 17.7 亿斤,项目区内农民年人均可增收 3000 元以上,将大大提高城市供水能力,保证工业用水需要,促进工业经济快速发展;农业和农村地表水的使用率将大大提高,可以用第二松花江水改换高氟区水源,使项目区内 49.8 万人免除氟病威胁,同时将增强对下游区域供水能力。

在污水和垃圾处理设施方面,吉林省建设了一批重大污染治理、综合利用和与城市居民生活相关的环保设施项目,加快排水管网、污水处理设施及垃圾处置场站建设,提高污水、垃圾收集和处理能力。按照减量化、无害化、资源化的原则对城市垃圾进行处理,从源头减少垃圾排放量,实行分类收集和再生循环利用。推进城市生活垃圾焚烧发电站、垃圾中转站、医疗废物处置中心、粪便处理场建设,加大垃圾清扫运输设备投入,大幅提升城市生活垃圾无害化处理率。当前,城市垃圾无害化处理已经起步,全省各城市垃圾处理厂已有 7 个建成、12 个在建,29 个计划在近期开工。地级城市医疗废弃物项目和全省危险废弃物项目已有 8 个项目开工建设。长春市政府斥资 5.4 亿元在二道区劝农山镇双山村蘑菇沟新建了城市生活垃圾处理中心。这座填埋场占地面积 30.2 公顷、日处理垃圾能力 2600 吨,可以使用 30 年,处理方式虽仍以卫生填埋为主,但日后还会建立日处理 1000 吨的垃圾焚烧发电项目,将垃圾场的使用年限延长至50 年。

在园林绿化市政基础设施建设方面,吉林省推进城市公园、滨河游园等重要公园绿地建设,配套建设城市附属绿地,完善城市防护绿地。全省各城市不断掀起整治江河湖渠、植树造林、绿化美化城市的热潮,新建、改造了一大批绿化设施和园林绿地,城市功能进一步提升,城市环境发生了巨大变化。

二 市政公用基础设施建设中存在的问题

(一)吉林省城市市政公用基础设施相当薄弱

吉林省城市基础设施建设比较滞后,市政公用设施老化,技术创新不足。吉林省的城市基础设施建设在全国各省份中还处于中下游位置。无论是交通状况、公共交通运载能力,还是市政公用设施的建设和使用,都还需要下大力气完善,以缩小和发达省份的差距。

（二）市政公用基础设施规划设计水平低，城市基础设施重复性建设问题严重，有些项目建设周期过长

吉林省的城市规划工作起步较晚，相当多的城市在 20 世纪 80 年代才组建规划管理部门，城市规划水平较低，规划管理体制尚不完善。由此导致了老工业城市的盲目建设和重复建设，造成了极大的浪费，制约了基础设施服务功能的发挥。另外，城市供水、排水和热力、燃气，以及电力、电信等基础设施专项发展规划参差不齐，缺乏统一规划和相互衔接。许多项目不能按照规划要求如期施工、建设和投入使用，一些项目未纳入规划和计划，建设带有盲目性。项目之间缺少协调和配套，特别是一些居民小区，配套的邮政网络、电信设施、区内道路、商业街区、环境绿化和垃圾处理等滞后于住宅建设，不仅给居民生活带来不便，而且也造成了一些不必要的浪费。

（三）市政公用基础设施建设资金总量不足，融资结构不合理

相对于城镇化快速发展的要求，城市市政公用设施的投资总量仍然不足，人均享有的设施水平仍然不高，特别是与生态环境相关的城市污水处理和垃圾处理设施不足，管网建设也不配套。虽然吉林省基础设施建设资金投入逐年加大，但是离世界银行推荐的发展中国家基础设施建设资金投入应占全社会固定资产投资的 9%～15%，占 GDP 的 3%～5% 的标准尚有差距。以 2010 年为例，吉林省基础设施建设资金占全社会固定资产投资的 4.7%，占 GDP 的 2.6%。因此，基础设施建设资金投入相对不足。目前，吉林省城市市政公用设施投资的资金来源中，主要以财政和国内银行贷款为主。而面对如此庞大的市场，单靠政府的财政力量显然是无法满足社会的需要。

从吉林省市政公用基础设施建设资金融资的结构来看，目前市场竞争仍不充分，利益激励机制不完善，准入门槛较高，不少地区的城市基础设施建设仍由国企垄断，社会资本进入仍存在着一定的困难。长期以来，财政资金和国内银行贷款占老工业城市基础设施资金来源的比重居高不下，这两部分的资金加上企业自筹资金成为城市基础设施建设最主要的资金来源，而通过利用外资、社会资金和其他资金的比例相对较低。

（四）市政公用设施老化，技术创新不足

历史上，吉林省老工业基地城市公用设施，主要是随着工业建设而配套。

但是随着时代的变迁，公用事业设施老化的问题日益突出，普遍存在着超期服役的现象，很难支持城市的高速发展。从建设部政策研究中心的相关材料看，吉林省大中型老工业城市在 2008 年需要改造的供水管道占管道总长度的近 20%，省内近 40% 的供暖设施需要更新改造。以长春市为例，将近 30% 的煤气管道存在安全隐患；污水排水网络尚不完善，各区建设不均衡，新区的排水网络建设较为合理，老区的排水能力较低。市政公用设施的技术仍然保持在原始阶段，新材料、新工艺、新型技术应用较少，导致了市政公用设施成本较高，使用寿命相对较短等问题。

三 市政公用基础设施建设的发展目标

针对吉林省主要城市公用设施建设中突出的问题，如冬季供热不好、市政管道老化损坏严重、市政规划不合理等问题，吉林省各城市要加快改造和新建重大市政公用基础工程项目建设，突出抓好关系民生的市政工程项目，着力提高市政综合防御处理能力、市政资源配置调控能力、市政安全保障能力、水土资源保护能力和社会管理能力。主要应抓好以下几个方面的工作。

第一，增强城市供水能力。要不断加大城市供水能力建设。启动中部城市引松供水工程和重要城市、重点地区应急备用水源工程建设，提高供水安全保障程度。力争到 2015 年，使全省总供水能力达到 150 亿米^3，基本满足全省主要城市的用水需求。

第二，提高城市供热保障能力。要大力发展集中供热，加快城市集中供热设施建设和供热管网改造，改造供热主干管网，各城市在五年时间内要全部完成"暖房子"工程，保证 2015 年城市集中供热率达到 85%。尤其是加大供热管网改造资金支持和既有建筑节能奖补力度，积极支持背压式热电联产机组和大型区域供热锅炉房建设[1]。

第三，吉林省城市要继续推进正在建设和拟开工的城市污水、垃圾处理项目。力争到"十二五"末期，实现长春市、吉林市生活污水集中处理率要达到 80%，中小城市达到 70%。城市居民垃圾无害化处理率达到 90% 以上。

---

[1] 背压机组热效率高（5 万千瓦/台背压机组供热面积，相当于 30 万千瓦/台抽凝机组）、热电比高（一般超过 100%，抽凝机组 30% 左右），对东北地区特别是中小城市比较实用。但其造价较高，单位造价 8000～10 000 元（抽凝机组 4000 元左右），且只能在采暖期运行，其他时间闲置。因此，需要国家提高背压机组上网电价（背压机组上网电价为 0.3735 元/千瓦时，实际运行成本在 0.47 元/千瓦时左右），提高部分由国家、地方共同消化。

第四，积极走长吉两市生态环保一体化道路。应该加强松花湖水源地保护和污染治理工作，加大沿湖沿江重点城市污水、垃圾集中治理力度，启动中部城市引松供水工程。加快建设长春市伊通河上游及新立城水库水环境治理工程、伊通河生态保护区综合治理工程及下游泄洪区防洪工程、新凯河流域治理工程和长春污水处理厂、汽车产业开发区污水处理厂。扎实推进吉林市百里"清水绿带"工程，全面完成沿江排污口截流改造，建成运行吉林经开区污水处理厂，加快建设金珠污水处理厂。同时，严格控制污染排放，加强饮马河流域综合治理，加快实施永吉星星哨灌区改造工程，实施石头口门水源地保护工程。

第四节　提高信息化基础设施水平

一　吉林省老工业城市信息化基础设施建设的成就

吉林省近几年加快了信息化基础设施建设的步伐，推进"数字吉林"工程，推进电信网、互联网和有线电视网三网融合，加强信息技术推广应用和信息资源开发管理，实施企业信息化改造和装备制造数字化工程，加快推进新农村农业信息服务工程，使得吉林省信息化水平有了质的飞跃，城市竞争力也得到全面提升。

（1）信息化基础设施建设得到加强。开展吉林省连续运行卫星定位参考站综合服务系统的建设。预计用两年时间，吉林省将建成覆盖全省的卫星定位移动参考站网，届时将为测绘、农业、交通、国土、水利、林业、公安等部门提供精准的地理信息服务。配合国家完成了全国陆态网延吉基准站建设，为全国陆态网建设做出贡献。信息规范标准体系不断完善。在实施数字城市地理空间框架和国家地理信息公共服务平台建设中，吉林省先后出台了地理实体数据、地名地址数据、电子地图数据等标准规范，与之前出台的数据采集标准规范，构成较为完整的地理空间信息基础设施标准体系，为吉林省地理空间信息基础设施建设提供了技术标准支撑。随着JLCORS系统的建成，全省的测绘技术水平必将迈入一个崭新的阶段。信息化基础设施开发应用能力增强全省地形图的全覆盖，也为地理信息公共产品的开发利用奠定了基础。基础数据库的建成，为"数字城市"建设奠定了基础，"数字通化""数字延吉""数字九台"建设取得初步成果。

（2）通信基础设施建设迈上新台阶，共建、共享成效显著，覆盖全省、技术先进的信息通信网络基本建成。截至 2010 年 9 月，全省通信光缆线路长度达18.2 万千米，移动交换机容量达 3258 万户，互联网宽带接入端口达到 344.1 万个，分别是"十五"末期的 2 倍、3.4 倍和 5 倍。3G 网络建设速度加快，目前已建成 3G 基站 6000 多个，覆盖了全省各县、市、区及 70% 的重点乡镇及重点交通干线。吉林省通信行业在全国率先实现通信基础设施建设规划纳入城乡总体规划，有效解决了长期困扰通信行业基础设施建设与城乡总体建设不同步的问题。积极推进通信基础设施共建共享工作，为通信企业减少重复投资超过 4 亿元。

（3）产业转型和网络优化升级初见成效，节能减排降耗成绩斐然。基础电信运营企业实现重组，产业由传统通信向多媒体化、融合化、集成化信息服务转型速度加快，增值业务、数据业务等融合性新业务占行业收入比重不断增加。通信网络优化升级，第三代移动通信（3G）大规模商用，IP 软交换网、骨干传输网、宽带接入网飞速发展，物联网、云计算等新技术新业务不断涌现。通过采用各种创新的软、硬件技术，通信网络效能获得显著提升，带动了低碳经济的发展。

● 吉林省老工业城市信息化基础设施建设中存在的问题

（1）信息化基础设施建设的标准化、规范化不足。吉林省老工业城市的信息化基础设施建设发展势头良好，但是也存在种种问题。在吉林省老工业城市的信息化基础设施建设中存在着为了赶时髦、出"政绩"不顾本地实际情况，没有经过详细论证，没有清晰的建设思想和目标，没有切实可行的建设方案，争先恐后地建设信息化基础设施。另外，很多老工业基地城市在信息基础设施建设和应用系统开发中，由于部门利益的驱使，各自为政，从而导致信息基础设施建设缺少整体规划，交叉重复建设，缺乏统一标准，数据格式各异。

（2）信息化意识淡薄，信息资源开发利用不充分，信息产品的商品化低，特别是信息化建设资金不足，仍在很大程度上制约着吉林省信息化的发展。

当前，吉林省信息基础设施建设与国民经济和社会发展不相适应；信息资源开发和利用不够，信息市场的发育不够健全；缺乏信息化建设必要的资金和人才的投入；全民信息化意识有待提高；信息化管理体制和调控手段有待完善，信息化的政策制定和法制建设亟待加强。

三 吉林省老工业城市信息化基础设施建设的发展目标

吉林省应坚持"资源共享、融合创新、深化普及、保障安全"的原则，加强信息基础设施建设，提高信息服务支撑能力。以"数字吉林"地理空间框架建设为核心，加强全省信息基础设施建设，提高信息获取与处理能力，丰富吉林省信息资源，提高信息的应急保障能力；整合全省信息资源，建立信息资源共建共享机制，构建吉林省信息公共服务平台，提高信息公共服务水平；加强数字城市建设，满足政府管理决策信息化、科学化、人民日益提高的文化生活需求，对多尺度、多类型、权威可靠的地理信息在线服务提出迫切的要求；加强信息应用科技创新和地理信息产品研发，促进信息化基础设施的社会化应用；建立吉林省地理信息科技产业园，抓住地理信息产业转移重要机遇期，吸引地理信息产业单位、部门到吉林省发展，壮大吉林省地理信息产业规模，推动地理信息的产业化发展。

长春市建立和完善了统一的城市管理信息系统，加快建设以地下管网数据库为重点的城市空间基础数据平台，推进城市管理数字化。大力实施"天网工程"，监控探头覆盖整个城市。提升政府办公自动化水平，不断完善电子政务建设，逐步实现网上办公、网上审批，构建面向决策、面向公众的公共信息平台。到2015年，全市将形成较为完善的信息化体系，满足企业和家庭用户各种个性化的宽带需求，建成数字档案馆，国民经济和社会信息化达到国内先进水平。

第八章 关注民生，建设公共服务体系①

推进基本公共服务均等化是保障和改善民生的重要内容。基本公共服务均等化是在社会发展、经济制度变革、城乡二元机制不断调整变迁的基础上提出的。其有利于加快政府职能转变，完善公共财政体制，建设以公共利益为目标、以公共需求为尺度、为全社会提供高质量基本公共服务的服务型现代政府。

基本公共服务，核心在保障供给，关键在形成机制。必须坚持"保基本、广覆盖、可持续"的基本原则，既尽力而为又量力而行，依循"保基本、强基层、建机制"的基本路径。吉林省推进基本公共服务均等化的实践，为后发省份在公共服务方面赶超发达省份提供了方向。

第一节 推进基本公共服务均等化的出发点

我国的城市公共服务均等化是在社会发展、经济制度变革、城乡二元机制不断调整变迁的基础上提出的。推进公共服务均等化是经济社会又好又快发展的必然要求，是加快城乡统筹步伐和缩小区域发展差距的直接动力，是实现人的全面发展和构建和谐社会的重要支撑，是加快经济社会发展转型和发展方式转变的必然要求，也是完善公共财政体制的重要目标之一。当前，我国经济社会实现了跨越式发展。推进基本公共服务均等化，有利于保障公民的基本权利，促进社会公平公正、维护社会和谐稳定；有利于缩小城乡、区域之间的差距，推动区域之间、城乡之间协调发展；有利于改善城乡居民对未来的预期，扩大内需，促进经济平稳较快发展；有利于弥补市场失灵，提高经济效益，促进统一市场，具有显著的经济意义。

我国的公共服务均等化的主要目标是促进城乡基本公共服务均等化。当前，城乡接轨和比较均衡的公共服务体制框架基本形成，基础教育、公共卫生、社

---

① 本章主要由王劲松、韩桂兰完成。

会保障、文化事业等领域取得重要进展[①]。未来一个时期，吉林省公共服务均等化的主要目标是：坚持民生优先，改善公共服务，完善社会管理，促进社会公平正义，提高政府提供基本公共服务能力，提高公民参与社会管理程度，促进社会和谐稳定。在此目标下，应逐步完善覆盖城乡的基本公共服务体系，推进城乡基本公共服务均等化。按照基本公共服务公益化、非基本公共服务市场化方向，加快面向民生领域的社会事业发展，采取政府采购、特殊经营、政策优惠等方式，鼓励、支持和引导社会力量参与公共服务，形成政府主导、市场引导和社会参与的公共服务供给机制，实现提供主体和提供方式多元化，满足群众多样化需求。

一 经济和财政的快速发展，奠定了坚实基础

各项财政工作取得了明显成效，为实现基本公共服务均等化创造了条件。2010年，吉林全省地方级财政收入完成602.4亿元，比2009年增加115.3亿元，增长23.7%，是2005年的2.9倍。全省一般预算全口径财政收入完成1206亿元，比2009年增加228.8亿元，增长23.4%。县级财政实力得到提升。全省县（市）地方级财政收入完成170.4亿元，比2009年增加33.5亿元，增长24.4%。地方级财政收入超过5亿元的县（市）达到13个，比2009年增加5个。一般预算全口径财政收入超过10亿元的县（市）达到9个，比2009年增加4个。

近年来，吉林省财政支出规模不断扩大，2010年已达到1787亿元，是2005年的2.8倍。全省财政对民生的投入大幅度增加，从2007年开始，已连续5年将新增财力的70%以上用于民生。教育、科技、"三农"、就业和社会保障、医疗卫生、抗洪救灾和灾后恢复重建等重点支出得到有力保障。

2010年，吉林省筹措拨付资金86.5亿元，用于粮食直补、农资综合直补、良种补贴、农机具购置补贴、增产技术补贴和农业保险保费补贴。筹措拨付资金8.7亿元，用于汽车摩托车和家电下乡产品补贴。筹措拨付资金20.8亿元，用于实施中小学校舍安全工程。2008～2010年，累计筹措拨付资金24.3亿元，全部解决了中小学教师工资历史拖欠问题。筹措拨付资金109.2亿元，用于促进

---

① 我国基本公共服务包括两类：基础服务类包括公共教育、公共卫生、公共文化体育、公共交通等四项；基本保障类包括生活保障（含养老保险、最低生活保障、五保）、住房保障、就业保障、医疗保障等四项。

就业和提高企业养老、城乡低保等社会保障水平。筹措拨付资金51.6亿元，用于提高城市居民医疗保险、新型农村合作医疗保险参保缴费补助标准，开展城乡医疗救助和推进医药卫生体制改革。筹措拨付资金72.6亿元，用于"六路安居"和"暖房子"工程。筹措拨付资金31.6亿元，用于抗洪救灾和灾后恢复重建。

◎ 基本公共服务均等化现状与问题

近几年，吉林省推进基本公共服务均等化取得了明显成效：城乡免费义务教育全面实施，国民教育体系比较完备；基本医疗保障实现了制度全覆盖，城乡基层医疗卫生服务体系基本建成，免费基本公共卫生服务项目不断增加，国家基本药物制度开始建立；县有文化馆、图书馆，乡有文化站，广播电视实现"村村通"；失业、医疗、养老等基本保险制度不断完善，城乡最低生活保障制度全面建立；公共就业服务和保障性住房供给能力不断增强。

但总体而言，基本公共服务供给不足、发展失衡的矛盾仍然十分突出。距离形成完整的公共服务均等化制度和达到均等化要求还有很大差距。从供给情况看，尚未明确提出基本公共服务的标准和范围，公益性服务领域投入长期不足，历史欠账巨大，不能满足社会需求。从城乡情况看，农村公共服务严重滞后，可及性差。从区域情况看，不同地区公共服务差距比经济差距还要大。从不同人群情况看，城乡低收入家庭和社会困难群体的基本公共服务权益还不能得到充分保障。造成这些问题的具体原因包括：公共财政保障机制不健全，供给制度城乡二元分割，基层公共服务资源条块分割且布局不合理，基层政府事权与财力不匹配，以及缺乏有效的评估监督机制等。

吉林省基本公共服务均等化在教育、医疗、社会保障、住房保障等重点领域的矛盾未能从根本上得到解决[1]，主要存在以下问题。

1. 社会保障体系需进一步完善

（1）养老金缺口严重。随着退休人员的逐年递增，待遇的逐年提高，以及一些历史遗留的问题和老龄社会的加快，养老保险基金面临着巨大支付压力。

（2）五险合一尚待加速。目前，城市的养老、医疗、失业、工伤和生育保

---

[1] 部分农村地区公共服务严重短缺，农民享有的公共服务水平大大低于城市居民的水平。主要表现在基础设施落后、文化教育供给不足，卫生资源配置失衡、农民看病难、看病贵，医疗保障程度低等方面，因教育返贫和因生病返贫的现象层出不穷。

险各险种尚未完全实现合一，不利于现有资源的最佳利用。

（3）广覆盖向全覆盖迈进还有一定差距。新农保正在试点过程中，事业单位养老保险制度亟待规范。职工医保、居民医保、新农合三个制度之间还未实现无缝衔接。

2. 就业公共服务还有待提高

艰巨的就业工作任务与相对薄弱的公共就业服务能力不对称。总量矛盾、结构性矛盾、特殊群体就业矛盾突出。就业数量高增长与就业质量低水平形成强烈反差。从结构性矛盾上看，市场上出现了"招工难"和"求职难"并存的两难现象。此外，残疾人、下岗"4050"人员、零就业家庭等困难群体仍然是就业中的弱势，还需要政府和社会的帮助。

3. 基础教育不均衡现象仍然存在

（1）农村义务教育投入不足。吉林省作为一个经济欠发达省份，农村义务教育办学还存在相当大的困难。

（2）在基础教育方面，各区域之间、重点校与一般校之间无论在基础设施还是在资源配置上仍有较大差异。

（3）经济发展不平衡，个别县（市）在教育领域"欠账"较多。需要给予财力困难县（市）以必要的扶持，以维持区域间教育发展水平的基本均衡。

4. 卫生事业发展方面存在问题

（1）财政投入不足。财政投入方向应兼顾供给方和需求方，目前对卫生事业投入渠道不多，数量不足。有的城市还将国家下发用于医疗卫生均等化的专项转移经费挪为他用。

（2）公共卫生体系需进一步完善。公共卫生体系还存在薄弱环节，重大传染病防治任务仍然很重。

（3）医疗资源配置不合理现象加重。人民群众到大医院"看病难、看病贵"问题还没有得到有效解决。各级医疗机构的各种人力资源严重短缺，医护人员数量与应服务人群的比例严重失衡。

（4）基础设施不完善。一些公立医疗机构没有得到改造建设，基础设施设备不完善，功能不健全，其建筑面积与国家行业标准不适应，服务流程与医疗服务质量要求不适应，存在严重的医疗安全隐患。

（5）农村卫生服务能力弱。农村卫生服务能力仍然较低，卫生技术人员素质不高，乡村卫生组织一体化综合配套改革尚未进行。

三 推进基本公共服务均等化的思路

基本公共服务,核心在保障供给,关键在形成机制。全面提升均等化水平必须坚持保基本、广覆盖、可持续的基本原则,既尽力而为又量力而行,依循"保基本、强基层、建机制"的基本路径。当前,推进基本公共服务均等化的需求支撑、财力支撑、体制支撑等远比以往坚实有力。根据这样的路径,切实加大财政投入和政策支持力度,优化资源配置,深化体制改革,经过努力,可以实现"初步建立起统筹城乡和区域、覆盖全民、方便可及、高效低廉的基本公共服务制度体系"的目标。

保基本,就是明确基本公共服务的标准和范围,做到覆盖全体居民。按照责任与能力对等、需求与可能结合的要求,满足人民群众最为关注的基本需求,再随经济社会发展逐步提高统筹层次和保障水平,提高均等化程度。

强基层,就是加强县、乡、村和社区基层公共服务机构的设施和能力建设,形成提供基本公共服务的平台和网络。要重心下移,把更多的财力、物力投向基层,把更多的人才、技术引向基层,切实增强基层的服务能力。

建机制,就是保障基本公共服务体系规范有效运转,实现可持续发展。必须处理好政府与市场、公平与效率、激励与约束等关系,建立有利于保障供给、改善服务、提高效率的长效机制。具体来讲,应形成以基本公共服务项目为基础、稳定增长的财政保障机制,激励与约束并行、动力与压力并举、效率与效益并重的管理运行机制,面向基层、服务基层的专业人才培养机制,范围广泛、上下联动的分工协作机制,主体多元、竞争有序的服务供给机制。

明确基本公共服务范围和标准,加快完善公共财政体制,保障基本公共服务支出,强化基本公共服务绩效考核和行政问责。合理划分中央与地方管理权限,健全地方政府为主、统一与分级相结合的公共服务管理体制。改革基本公共服务提供方式,扩大购买服务,引入竞争机制,实现提供主体和提供方式多元化。推进非基本公共服务市场化改革,放宽市场准入,增强多层次供给能力,满足群众多样化需求。

第二节　优先发展教育事业

吉林省优先保障教育投入，稳步推进义务教育均衡发展①。确保教育经费增长高于财力增长。2010 年，吉林省教育经费投入明显增长，全省预算教育经费支出 250.2 亿元，比 2009 年增长 15.3%。2010 年，吉林省开始实施农村初中校舍改造工程，第一期投资 1.429 亿元，对 67 所农村初中校舍进行彻底改造；同时，把开展"城乡学校同步教学备课系统"试点工作作为重点工作，探索逐步使全省农村中小学教师共享城市的优质教学资源。筹措安排资金 8.6 亿元，在全省全面实施农村义务教育经费保障机制改革，免除全省 232 万名农村学生学杂费。2010 年，长春市以优质学校为龙头，全市各城区共构建了 49 个"大学区"，实现区域教育资源共享。对于外来务工人员子女，长春市根据其暂住证地址，按就地就近、免试入学的原则，确保分配一个公办学位。2010 年，全市通过开设"绿色通道"等方式，共安排 10 470 名农民工子女入学。

吉林省在发展教育事业方面，应推进教育事业科学发展。坚持"优先发展、育人为本、改革创新、促进公平、提高质量"的方针，深入贯彻落实《吉林省中长期教育改革和发展规划纲要》，推动教育事业从新的历史起点全面发展。

第一，要不断优化教育资源配置，促进教育公平。实施"农村义务教育阶段学校教师特设岗位计划"，加快中小学校舍改造，健全义务教育经费保障机制，继续深化高等教育改革，加大对职业教育实训基地、基础能力建设的支持力度。

第二，建立城乡一体化的义务教育发展机制，促进义务教育城乡之间、区域之间均衡发展。建立健全义务教育均衡发展保障机制，均衡配置教师、设备、图书、校舍等各项资源。实施中小学校舍安全工程，建设农村乡（镇）初中理化实验室和微机教学室。加快薄弱学校改造，实施农村初中校舍改造、农村学校教师周转房、农村义务教育学校图书装备等项目；实行县（区）域内教师和校长交流制度；在财政转移支付、学校建设、教师配备等方面向农村、民族和贫困地区倾斜，切实缩小校际、城乡和区域差距；巩固义务教育质量，推广"控辍"经验。促进城乡教育资源均衡分布，实现中小学标准化，增加公立中学，提高教育质量，取消或减少择校费。

第三，全面实施素质教育，促进各级各类教育健康发展。加快普及城乡学

---

① 2010 年 12 月召开的全省教育工作会议，时任省长王儒林特别强调要大力促进教育公平。会议提出，在 2012 年初步实现县域内义务教育均衡发展。

前教育。切实解决"入园难"问题，积极发展农村学前教育，力争到2015年50%的乡镇中心幼儿园实现标准化。加快普及高中阶段教育，推动普通高中多样化发展。大力发展职业教育。培育大型职业教育集团和教育基地，支持长春汽车高等专科学校发展壮大，建成国内一流、国际知名的汽车工业职业人才教育培训基地。积极探索中等职业教育集团化、园区化办学模式。到2015年，力争建成30所优质特色示范学校，初步建立工学结合、校企合作、顶岗实习的技能型人才培养体系。保持合理职普比例，扎实推进县级职教中心建设。提高高等教育质量。

第四，积极发展继续教育。以加强人力资源建设为核心，大力发展非学历继续教育，稳步发展学历继续教育，广泛开展城乡社区教育，鼓励个人多种形式接受继续教育，努力建设学习型社会，提高全民素质。继续加大对民族教育发展的支持力度。进一步完善特殊教育体系，强化特殊教育保障机制，关心支持特殊教育发展。健全国家资助制度，切实解决困难家庭和农民工子女上学问题。以构建终身教育体系为目标，建立教育资源开放共享机制，鼓励和引导各级各类学校和办学机构，面向全社会开展多种形式的学习和培训活动。加强科普设施建设，发展科普事业。

第五，逐步深化教育体制改革。创新人才培养模式，改革教育质量和人才评价制度。不断推进考试招生制度改革。推进政校分开、管办分离，建立现代学校制度。坚持教育公益性原则，鼓励和引导社会力量兴办教育，提高公共教育管理服务水平。

第三节　推动医疗卫生事业健康发展

"让人人享有医疗保障"是医疗保险制度改革的最终目标。按照省政府"广覆盖、全纳入"的参保扩面指导思想，有关部门通过完善制度，强化措施，不断加快推进城镇职工基本医疗保险、工伤保险、生育保险扩面工作；同时，全面启动了城镇居民基本医疗保险，2008年，吉林省率先成为全国唯一以省为单位开展城镇居民医疗保险试点的省份。与此同时，妥善解决了历史遗留问题，国有企业退休人员医保难题得到逐步破解。2009年，大学生也纳入了医保范围。截至2010年末，全省医疗、工伤、生育三项保险累计参保人数达到1944万人，其中城镇基本医疗保险（含居民医保）参保人数1333万人，工伤保险参保人数

301万人，生育保险参保人数达到310万人，参保人数创下新高，覆盖率达到91%以上，在全国位居前列，紧随北京、上海之后，基本实现了全覆盖。

从2009年开始，吉林省启动促进基本公共卫生服务逐步均等化工作①。2011年，全面启动实施9大基本公共卫生服务项目，重点对城乡居民健康、农村地区妇女儿童及特殊人群实施干预，减少主要健康危险因素，有效预防和控制主要传染病及慢性病，应对突发公共卫生事件的发生。

按国家要求，吉林省2009～2010两年按行政区划内户籍人口人均每年15元标准安排专项补助经费。其中，中央财政人均补助9元，省级财政人均补助3元，市、县（区）财政人均补助3元。2011年要达到不低于20元标准。2009年中央和省级财政3.25亿元补助资金已下拨各地。各市（州）和县（市、区）还要配套8310万元。为进一步落实责任，完成项目目标，省卫生厅与各市（州）卫生局签订了目标责任书。

吉林省医疗卫生事业发展的总体原则是：坚持公共医疗卫生的公益性质，坚持预防为主，以农村为重点、中西医并重的方针，协调推进公立医院、保障制度、药品保障供应体系建设，进一步提高医疗卫生保障水平和服务能力，初步建立覆盖城乡居民的基本医疗卫生制度，满足群众基本医疗卫生需求。重点抓好医疗保障制度城乡全覆盖，完善药物供应保障体系，健全基层医疗卫生服务体系，基本公共卫生服务均等化和公立医院改革试点等五项工作。具体来说，重点做好以下几个方面的工作。

第一，提高基本医疗卫生服务能力。加快推进基本医疗保障制度建设，增加政府投入和财政补助，逐步扩大基本医疗保障覆盖面，到2015年，力争使基本医疗保障制度覆盖城乡居民，城镇职工医保、城镇居民医保和新农合参保率达到92%。提高基本医疗保障水平，研究制定医疗保险关系转移接续和异地就医结算办法。积极推进信息平台建设，争取医疗保险结算在吉长两市率先实现"一卡式"服务。加快县、乡、村农村三级医疗卫生服务网络和城市社区卫

---

① 按人群和疾病划分，基本公共卫生服务包括三类。一是针对全体人群的公共卫生服务。全面启动实施城镇居民基本医疗保险制度，全面推行新型农村合作医疗制度，为辖区常住人口建立统一、规范的居民健康档案，向城乡居民提供健康教育宣传信息和健康教育咨询。二是针对重点人群的公共卫生服务。为0～36个月婴幼儿建立儿童保健手册，开展新生儿访视及儿童保健系统管理；为孕产妇开展至少5次孕期保健服务和2次产后访视；对辖区60岁及以上老年人进行健康指导服务。三是针对疾病预防控制的公共卫生服务。为适龄儿童接种乙肝、卡介、脊灰等国家免疫规划疫苗；及时发现、登记并报告辖区内发现的传染病病例和疑似病例，参与现场疫点处理，开展传染病防治知识宣传和咨询服务；对高血压、糖尿病等慢性病高危人群进行指导；对重性精神疾病患者进行登记管理，进行治疗随访和康复指导。

生服务机构建设。改造县级医院、乡镇卫生院和新建城市社区卫生服务中心，"十二五"期间，每个县至少有 1 所达到标准化水平的县级医院，每个行政村都要有卫生室，城市辖区和县级市都要有标准化的社区卫生服务中心。

第二，积极稳妥推进医药卫生体制改革。继续完善新农合制度，到 2015 年，吉林省农民人均达到每人 300 元标准，逐步提高住院报销补偿比，基本实现门诊统筹全覆盖。实施重大公共卫生服务项目，加快促进公共卫生服务均等化。全面实施国家基本药物制度，基层医疗卫生机构全部实施基本药物零差率销售。初步建立起稳定长效的补偿机制和规范高效的基本药物采购机制，建设省级药品交易监管信息化平台和县级药品结算中心。深化公立医院改革，探索多种形式，积极稳妥推进公立医院改革试点并逐步扩大改革范围。鼓励和引导社会资本进入医疗市场。

第三，全面加强公共卫生服务体系建设。继续加强疾病预防控制体系、卫生监督体系、突发公共卫生应急体系、妇幼保健体系和健康教育体系建设。加强省、市、县重大疾病防控能力和基础设施建设，提高装备水平，重点提高各级疾控中心实验室设备配置水平。建设省公共卫生应急指挥中心、省传染病治疗中心、省结核病治疗中心、省康复医疗中心和省健康教育中心。加强全省精神卫生防治机构和县级卫生监督机构建设。加强采供血服务能力建设，支持血站核酸检测实验室建设和设备配备。做好重点传染病、地方病、职业病、慢性病防治和精神卫生、口腔卫生工作。持续开展健康城市和国家卫生城创建活动，大力加强农村无害化厕所建设项目和生活饮用水水质监测工作。提高农村孕产妇住院分娩率和系统管理率。

第四，进一步健全医疗服务体系。加强农村县、乡、村三级医疗卫生服务网络建设，重点强化村卫生室网底功能。完善以社区卫生服务为基础的新型城市社区卫生服务体系。加强区域医疗中心和临床重点专科建设。建设农村医疗急救体系，乡镇卫生院配备医疗救护车和急救设备。加强医疗服务监管，提高医疗质量，保障医疗安全。依托吉林省中医药资源优势，大力发展中医药事业，加强国家中医临床研究基地建设，推进县级重点中医院建设。

第五，推进卫生信息化建设和人才培训工作。构建省、市、县三级卫生信息平台，建设公共卫生、医疗服务、医疗保障药品供应、卫生综合管理等五大领域重点业务系统，以及电子病历和健康档案两大基础数据资源库与信息网络。加强卫生人才队伍建设，建立全科、专科医生培训基地，开展住院医师规范化培训工作。

第四节 实行积极就业政策，初步
建立公共就业服务体系

吉林省加大就业扶持力度。2010 年吉林省出台了一系列关于自谋职业、自主创业税收扶持政策和鼓励企业吸纳就业的税收扶持政策，促进了就业，保持了城镇就业形势的基本稳定。2010 年全省城镇新增就业 53.8 万人，登记失业率为 3.8%，"零就业"家庭保持动态为零。下岗失业人员再就业 37.8 万人，各项指标好于 2009 年。重点群体的就业压力减轻。全省共建省级大学生创业园区 21 个，吸纳 1600 名大学生创办企业 879 家，带动就业 17408 人。872 名大学生担任村官，近 5000 名大学生在社区通过公益性岗位就业，共有 1 万名大学生走上见习岗位。农村劳动力转移就业速度加快，2010 年，全省农村劳动力转移就业 365.7 万人，同比增长 4.8%。

积极开展创业培训工作，截至 2010 年 6 月末，全省 28 781 人接受了创业培训，培训后成功创业的有 13 803 人，带动就业 45 960 人；累计发放小额贷款 26.39 亿元，6411 名创业者接受扶持，带动就业 22 402 人。到 2011 年 6 月末，全省享受职业培训补贴的有 9.41 万人，同比增长 11.4%；享受职业介绍补贴的有 7.48 万人，同比增长 11.1%；享受社会保险补贴的有 27.22 万人，同比下降 30.5%；享受岗位补贴的有 11.3 万人，同比增长 3.1%；享受职业技能鉴定补贴的有 3.24 万人，同比增长 176.9%；享受小额担保贷款贴息的有 1.42 万人，同比增长 29.1%；享受特定政策补助的有 0.37 万人，同比增长 54.2%；享受见习补贴的有 1.37 万人，同比增长 132.2%。就业专项资金支出 97 465.6 万元，同比增长 19.7%。

2011 年，确定了 24 个省直部门牵头组织 43 项全民创业促就业系列活动。成功举办了全民创业带动就业活动月、宣传周、联动日和第二届中国长春创业就业博览会活动。通过开展系列活动，累计带动 11.8 万城乡劳动者就业。下半年，吉林省将按照就业导向由数量型向素质型转变、就业重点由扶持就业向鼓励创业转变的思路，鼓励和发展创业带动就业，弘扬创业文化，优化创业环境，突出抓好大学生市场就业、农民工转移就业、困难群体援助就业和退役人员创业就业。同时，针对全省职工工资收入水平较低的实际情况，适时组织全省企业工资集体协商业务培训和经验交流会，为推进工资集体协商立法奠定基础。抓好最低工资标准、工资指导线的贯彻落实，明年再次提高最低工资标准 20%

以上。

截至 2011 年 7 月末，全省城镇新增就业 41.9 万人，完成年计划的 83.8%；全省城镇登记失业率为 3.7%，低于年计划 0.9 个百分点；全省农村劳动力转移就业 352.8 万人，完成年计划的 98%；小额担保贷款新发放 4.79 亿元，完成年计划的 109%。到 2011 年末，全省城镇新增就业要达到 55 万人以上，农村劳动力转移就业 360 万人以上，新开发公益性岗位 1 万个、建立 30 个创业培训实训基地和 110 个农民工返乡创业基地。

"十二五"时期，全省就业工作设定了新的目标：实行积极就业政策，大力发展就业容量大的服务业和劳动密集型产业，培育就业增长点。加大政府组织和服务力度，增加就业岗位，改善就业结构，扩大就业规模，促进充分就业，每年新增就业 50 万人以上。落实支持和鼓励高校毕业生创业就业的各项政策，促进大中专毕业生就业。推动人力资源市场城乡一体化建设，积极发展多种灵活就业形式，促进城镇就业困难人员和农村转移劳动力就业，完善非正规就业管理。扩大公益岗位规模，到 2015 年公益岗位规模达到 15 万个。积极开展多层次、多形式的职业技能培训，从 2010 年起连续 3 年每年投入 5000 万元，用于创业就业实训基地建设，到 2015 年全省免费培训累计达到 400 万人。

第五节　完善社会保障体系，不断扩大覆盖范围

吉林省加快建立覆盖城乡居民的社会保障体系。截止 2010 年 12 月末，全省各项社会保险累计覆盖人数已达 2873.7 万人次，同比增长 1.1%。其中，养老保险 598.8 万人次、失业保险 245.3 万人次、城镇医疗保险 1333.6 万人次、工伤保险 300.5 万人次、生育保险 310.5 万人次、新农保 85 万人次。至 2011 年 7 月末，各项社会保险参保达 2988.2 万人次，完成年计划的 99.6%，其中新农保试点参保率达到 83.6%。新农保三批试点总规模和城镇居民社会养老保险试点规模分别占全省县（市、区）总数的 88.3% 和 85%，分别高于全国平均水平 28 个和 25 个百分点。到年底，各项保险参保总人次达到 3000 万以上，各项社会保险费征缴 293 亿元以上。

坚持"广覆盖、保基本、多层次、可持续"方针，进一步加大财政投入力度，深化社会保障制度改革，加快推进覆盖城乡居民的社会保障体系建设，逐步提高社会保险统筹层次，稳步提高社会保障水平。积极推行新型农村社会养老保险试点，2013 年全面推开，2015 年实现全覆盖。新型农村社会养老保险覆

盖率达到60%。完善被征地农民社会保障政策，将城市规划区被征地农民纳入城镇养老保险范围。健全和完善城镇基本养老、基本医疗、失业、工伤、生育保险等社会保障体系，三年内实现全覆盖。健全城乡居民最低生活保障制度，稳步提高保障标准和救助水平，逐步减轻人民群众在教育、医疗等方面的负担。

2009年起，建立了城乡居民最低生活保障标准自然增长机制。城市居民最低生活保障标准以当地城镇居民上年度月人均可支配收入的25%确定①。城乡补助水平的大幅提高，使207万城乡低保对象的基本生活更有保障。对有残疾、年老、重病等丧失劳动能力人员的低保家庭给予重点救助。加大扶贫救灾解困资金投入，妥善解决农村"五保"供养，在乡重点优抚对象和城市困难群体的基本生活。

建立城乡低保标准与经济发展同步增长机制，扩大新农保覆盖面，完善城乡低保边缘人群临时救助和医疗救助制度。加大对城乡孤儿、农村"五保户"、城镇"三无人员"的救助力度，救助率达到100%。加快发展社会福利和慈善事业，到2015年，实现全省县级社会福利服务中心和城市社区居家养老服务站全覆盖，全面开展市（州）级社会福利机构基础设施改造。

以体制机制创新为动力，建立以家庭为基础、社区为依托、机构为支撑的养老服务体系。积极推进吉林省老年服务示范中心等养老服务领域基础设施项目建设。鼓励支持社会力量参与养老服务业发展。加快拓展养老服务领域，不断发展和完善老龄服务事业。

在提高保障性收入方面，吉林省主要采取"三提高三纳入"措施。"三提高"是：①提高企业退休人员养老金标准，2011年，吉林省企业退休人员人均养老金从1126元提高到1278元，增幅达到13.5%，高于全国平均水平3.5个百分点，到"十二五"末期养老金标准要超过2000元以上；②提高失业金标准，2011年平均增长124元，平均增幅达到53%左右；③提高城镇居民医保人均补助标准，从人均120元提高到200元，报销比例从60%提高到65%，"十二五"期末报销比例要达到70%。"三纳入"主要是：①把33.4万名厂办大集体企业职工和16.5万名"五七家属工"纳入养老保险范围；②把"老工伤"人员纳入工伤保险统筹范围；③把"关破并改"等51万国企退休人员纳入职工医保范围。

深入推进开发式扶贫，加大对贫困落后地区的转移支付力度，全面实施专项扶贫、行业扶贫和社会扶贫，着力解决集中连片特殊困难地区的贫困问题，

---

① 2009年，吉林省城市低保对象人均补助水平由150元提高到170元，2010年进一步提高到180元。农村低保对象年人均补助水平由2009年的760元提高到880元。

实现农村最低生活保障制度和扶贫开发政策有效衔接。"十二五"期间，年均解决 20 万农村贫困人口脱贫。

第六节　推进住房保障体系建设

从 2006 年开始，吉林省先后实施了城市棚户区、煤矿棚户区、农村泥草房、林业棚户区、国有工矿棚户区改造和城市廉租住房建设等"六路安居"工程。截至 2010 年年底，全省建设改造总面积 1.17 亿米^2，总投资 1402 亿元，使城乡 211.5 万户、630 万人的住房条件得到了明显改善，初步建立起了多渠道、多层次、覆盖城乡的住房保障体系。其中，城市棚户区 71.2 万户、煤矿棚户区 16.9 万户、林业棚户区 8.4 万户、国有工矿区 1.22 万户、农村泥草房（危房）60.2 万户、廉租住房保障 53.5 万户（实物配租 18.5 万户，发放租赁补贴 35 万户）、公共租赁住房 0.06 万户。如果按城镇家庭收入计算，分别有 93.5 万户低收入和 29.3 万户中等偏下收入住房困难家庭的住房问题得到了解决。"十二五"期间全省累计新增城镇保障性住房将达到 63 万套。

2011 年吉林省保障房建设全面提速，在原有"六路安居"基础上，还将启动公共租赁住房建设和国有垦区危房改造，扩展到"八路安居"。到"十二五"末，全省"八路安居"还将解决和改善 106.8 万户城乡居民的住房条件，并确定了其中"六路安居"的路线图：农村泥草房一年基本完成，煤矿、林业、国有工矿棚户区、国有垦区危房改造两年基本完成，城市棚户区改造三年基本完成。

努力改善城乡居民居住条件。加大政策支持力度，继续实施保障性安居工程建设，加快推进城市棚户区、煤矿棚户区、工矿棚户区、林业棚户区的改造步伐，稳步推进城市廉租住房和公共租赁住房建设，实施农村危房改造试点工程，基本满足城乡低收入者和中等偏低收入者住房需求。"十二五"全省累计新增城镇保障性住房 63.27 万套。

第七节　文化体育人口民政等各项事业的发展

近几年来，吉林省构建起覆盖城乡的公共文化服务体系，为促进全省经济发展、构建和谐社会、实现城乡居民的基本文化权益，发挥了积极作用。"十一五"期间，吉林省省级财政对公共文化服务体系建设的投入逐年递增，一定程度上改变了吉林省文化基础设施的落后状况。博物馆建设步伐加快，全省共有博物馆82家，"十一五"期间新增了46家。博物馆免费开放工作顺利推进，全省已有45家博物馆实行免费开放，年接待观众433万人次。

目前，已投资10亿元建设10万米²的长春科技文化综合中心（含博物馆、美术馆、科技馆）；投入5亿多元建设省图书馆新馆；通过资源整合，解决了省群众艺术馆8000多米²的新馆舍，并投入500万元进行了内部装修。吉歌集团东方大剧院、省吉剧团关东剧院、省民乐团剧场、省京剧院大戏楼等，维修改造后面貌一新。各市（县）的文化基础设施，也得到明显改善。长春市投入1亿余元，新建了长春图书馆铁北分馆和宽城区文化馆；其他分别投入几千万元至上亿元的延边图书馆、松原市图书馆、长白山满族文化博物馆、四平战役纪念馆、榆树市文体活动中心等场馆落成，成为当地的标志性建筑。

不断加强重点文化惠民工程建设。文化信息资源共享工程，是文化部"十一五"期间的重点项目，几年来，国家累计在吉林省投入3432万元，省、县两财政分别配套投入1529万元和900万元。到2010年年底，全省已完成了60个县级支中心和8792个村级服务点建设任务。吉林省分中心自建吉林二人转、吉林非物质文化遗产、东北抗联和长白山动植物图片等特色数据库，在全国处于前列。

近3年来，全省文化（艺术）馆站培训了12 400多名业余文化骨干，充分发挥了文化（艺术）馆文化阵地的功能和作用。近年来，各地区每年举办各级各类文化活动万余场次，参与群众近千万人次。另外，还有常年坚持举办的艺术精品系列演出、城市热读讲座、广场电影晚会等大型活动，提升了城市文化品位和市民的生活质量。几年来，吉林省已建成农村文化大院4800余个，省财政共补助1250万元。农村文化大院打造了一支不走的文化队伍，受到欢迎。自2009年起，全省60余个文艺团体奔赴各乡镇、村屯，完成演出近万场。

吉林省在发展文化事业方面的总体方针是：坚持文化事业和文化产业两手抓，坚持政府扶持和体制改革两加强，促进公益性文化事业和经营性文化产业共同繁荣发展，加快构建覆盖全社会的公共文化服务体系，着力提升吉林文化"软实力"。具体来说，着力围绕以下方面展开。

第一，加快公共文化基础设施建设，夯实公益性文化基础。实施文化惠民工程，加快省图书馆新馆建设，积极推进省演艺中心、文学艺术中心、二人转博物馆等重大项目建设；力争到2015年完成地市级"三馆"（图书馆、文化馆、博物馆）建设任务；完善省、市、县（区）级三级图书馆网络，省、市、重点县三级博物馆网络，省、市、县（区）、乡（镇）、村五级文化活动设施网络，逐步建立起覆盖全社会的公共文化服务体系。完善乡镇综合文化站、农村文化大院、社区文化中心等服务功能；进一步抓好农村书屋、社区书屋、企业书屋和城乡公共阅报栏建设。继续实施送戏下乡、广播电视村村通、农村电影放映等文化惠民工程，推动博物馆、科技馆等公益性文化单位向社会免费开放。加强文化遗产保护，注重民族、地域特色文化资源保护和适度开发，推进少数民族地区文化基础设施建设。加强地方志编修和基础建设工作。

第二，提高文化生产和服务能力。适应群众文化需求新变化，创作生产更多文化精品，着力把"吉林歌舞"、"二人转"、吉林影视、吉林期刊、吉版图书、朝鲜族农乐舞等吉林文化现象和亮点打造成具有吉林特色、反映时代风貌、社会知名度高的文化品牌。

第三，提升城乡居民的文明素质。不断拓展群众性精神文明创建活动，弘扬科学精神，加强人文关怀，强化职业操守，净化社会文化环境，综合运用教育、法律、行政、舆论等手段，促进形成讲正气、知荣辱、扶正祛邪、惩恶扬善的社会风气。

第四，积极发展体育事业，深入开展全民健身运动，完善面向大众的多元化体育服务体系。以提高全民身体素质和生活质量为目标，加快完善公共体育设施特别是城乡基层体育设施，建成市（地）、区（县）、街道（乡镇）、社区（行政村）四级公共体育健身网络，继续实施"农民体育健身工程"和"社区体育健身工程"。广泛深入开展全民健身运动。努力构建比较健全的体育产业体系。积极引导体育健身娱乐业、体育培训业及滑冰、滑雪、足球、篮球等职业体育竞赛表演业健康发展。

第五，坚持计划生育基本国策，逐步完善生育政策，统筹解决人口数量、素质、结构和分布等问题，稳定适度低生育水平，促进人口长期均衡发展。强化人口信息资源开发利用。完善利益导向政策体系，推进人口计生工作转型。到 2015 年，人口总量控制在 2787 万人以内，出生人口性别比控制在 110 以内。

第六，发展妇女残疾人事业。促进妇女就业创业，提高妇女参与经济和社会发展的能力。支持残疾人事业发展。健全残疾人社会保障体系和服务体系，为残疾人生活和发展提供稳定的制度性保障，实施重点康复、托养工程和"阳光家园"计划，推进残疾人"人人享有康复服务"。大力开展残疾人就业服务和职业培训，推进无障碍建设。

在民政公共服务基础设施建设方面，自 2006 年实施"十一五"规划以来，吉林省民政事业实现跨越式发展。全省新建、改（扩）建农村福利服务中心668个、农村社区服务中心1018个、儿童福利院9个、救助管理站及流浪未成年人救助保护中心38个。全省涌现了一大批质量优异、功能完备、风格独特、造型美观的民政服务建筑，被评为全省民政"精品工程"的就达50项之多。农村福利服务中心、城市救助管理站和农村社区服务中心，成为全国公共服务的示范项目。省孤儿学校、太阳山部落、延边"民政一条街"、松原"民政福利园"、通化"民政创业谷"都已经成为标志性的民政建筑。"十一五"以来，全省民政收养性服务机构总床位达96 852张，是"十五"时期的2.2倍；收养服务对象59 217人，是"十五"时期的1.7倍。经过"十一五"五年的发展，吉林省初步形成了以社会福利、社会救助、救灾应急、社区服务、社会事务、服务部队为主体的六大民政服务体系。同时，全省坚持集中使用资金特别是福彩公益金，用两年时间筹集6亿元，完成668所农村福利服务中心建设；用两年时间筹集2.7亿元，建成国内设施最好的孤儿学校；用三年时间筹集7700万元，新建32所流浪未成年救助保护中心，实现了民政资金效能最大化和民政公共服务设施大发展的双赢。

第八节 基本公共服务均等化的发展方向

吉林省是经济欠发达、人均财力少的发展中省份，保运转、促改革、还欠账的任务很重，能够用于发展基本公共服务的财力毕竟有限，所以必须理性地看待基本公共服务的发展。考虑吉林省公共财政的可挖掘潜力与实际承受能力，要妥善处理好需要与可能的矛盾，分层次、有步骤地逐步推进基本公共服务均等化。

在推进基本服务均等化的策略上，现阶段必须以实现"学有所教、劳有所得、病有所医、老有所养、住有所居"为核心内容，把义务教育、公共卫生医疗、社会保障、住房保障、公共就业服务作为推进基本公共服务的近期目标，把启动农村城镇居民养老保险、改善生态环境质量和基础设施条件作为推进基本公共服务均等化的中长期目标。

从2008年起，吉林省新增财力的70%都用于民生事业上。新时期财政资金应当继续减少并逐步取消对竞争性领域的投资，逐步向基本公共服务领域倾斜。从实际出发，吉林省基本公共服务的基本模式应当是："效率与公平相结合，低水平广覆盖，多方参与，市场化运作。"推进吉林省基本公共服务均等化发展的最根本出路在于政府转型，在于政府理念、政府职责的调整。这就要求明确各级政府在基本公共服务均等化中的主体地位和主导作用，在此基础上，充分发挥社会组织和市场力量的作用。

一 明确政府主体地位，发挥政府主导作用，推进公益机构改革

积极转变政府职能，突出政府的组织和提供公共服务功能，应根据吉林省社会经济发展总体状况，制定均等化发展战略，给出均等化的基本取向，确定现阶段的均等化战略目标。

在责任主体上，要明确界定各级政府的职责分工。合理划分中央和地方政府职责，坚持中央政府承担更多资金投入责任、地方政府主要负责服务供给的原则。科学划分各级政府的财权和事权，建立中央与地方合理分工的服务体制。中央负责全国性公共产品的供给，协调地区间具有收益外溢性特点的公共服务供给等，强化其再分配职能。地方性公共产品的供给，由地方政府根据因地制宜的原则自主提供，强化其公共服务的供给效率。需要由中央和地方政府共同提供的公共服务，要根据支出的责任和受益的程度，明确各级政府应承担的比例。

遵循调动中央和地方两个积极性的原则，健全中央和地方财力与事权相匹配的财政体制。在现行划分中央、地方固定收入、分享收入的基础上，进一步明确中央专属税种、地方专属税种、共享税三级税种划分的框架。适当扩大地方的税权，改革调整资源税等对地方收入影响较大的税种，保证地方政府拥有稳定的收入来源。

财力保障上，要不断增加基本公共服务财政支出。应进一步调整和优化公共财政支出结构，逐步提高基本公共服务支出所占比重，保证基本公共服务预算支出增长幅度高于财政经常性支出增长幅度。目前，我国财政中具有均等化功能的一般性转移支付所占比例不足20%，均等化作用十分有限。为了增强基层政府基本公共服务保障能力，应在合理划分中央和地方财政支出事权的基础上，完善财政转移支付制度，明显增加中央对省的一般性转移支付规模和比例。在扩大一般性转移支付的同时，减少专项转移支付。上级财政对基层财政的转移支付可以采取直拨的方式，以提高效率。

要尽快把基本公共服务均等化纳入政府政绩考核体系。经验表明，有监管、有考核、有评估，各项制度和政策的落实，才能有保证。应研究制定科学的基

本公共服务综合评价指标体系，加强各级政府基本公共服务监测评价。有些发展中国家对公共服务使用者进行民意调查，成为防止公共部门低效和腐败的有力武器，值得我们借鉴。必要时，用制度监督与评价基本公共服务的实际供给状况，将政府官员提供基本公共服务的绩效与其评价和提拔任用相联系，可以形成基本公共服务均等化的有效激励机制。

推进公益机构改革。应按照政事分开、管办分开的要求，加快推进事业单位管理体制和运行机制改革，使事业单位成为公共服务供给的主体。改革重点有两个：一是改革以事业单位为主体的公益机构财政投入机制，全面构建"以钱养事"的事业单位运行新模式；改进事业单位经费供给方式，采取政府购买服务、合同委托、服务承包等多种方式支持事业单位发展。降低提供基本公共服务的成本。二是推进所有权与管理权分离，转变现有管理方式，建立独立事业法人财产制度，建立以理事会、管理层和职工大会为主要内容的治理机制，构建多元化的公益机构监督体系。

⚫ 二 充分发挥社会、社区作用，引入竞争机制，实现政府和市场的有机结合

基本公共服务由政府负责，不等于由政府包揽。应加强制度创新，扩大公众参与，最大限度地调动社会各方面的积极性，促进共建共享。通过实行政府购买、管理合同外包、特许经营、优惠政策等方式，逐步建立政府主导、市场引导、社会充分参与的基本公共服务供给机制。

国际经验表明，在政府承担最终责任的基础上，还要充分发挥社会力量的作用。有三个方面十分重要：一是要充分发挥基层社区的作用；二是要发挥社会组织的作用；三是要推进公益机构改革。

充分发挥社区作用。随着我国企业制度、住房制度、福利制度、医疗卫生制度等改革，涉及家庭和个人的许多利益已从原单位剥离出来，大量与人们日常生活直接相关的问题越来越多地需要在社区内解决。但目前我国的社区定位、组织架构、经费管理等，还不能适应社区在保障基本公共服务方面的定位需求。应进一步推进"行政型"社区向"自治型"、"服务型"社区转变，将社区打造成为城乡居民提供高质量基本公共服务的重要载体。

发挥社会组织的作用。新阶段推进社会组织发展的重点是，促进政府和社会组织在公共服务领域的合作关系，提高社会组织对基本公共服务的制度化参

与程度。放宽准入限制，鼓励和引导社会资本参与基本公共服务供给，大力发展慈善事业；逐步建立健全基本公共服务的政府行政承诺制度、听证制度、信息查询咨询制度，强化社会公众的知情权、参与权和监督权。充分发挥社会组织在提供基本公共服务方面的积极作用。

政府应当引入竞争机制，努力实现公共服务提供主体和提供方式多元化。在坚持政府主导的原则下，加强规划引导和行业监管，建立公共服务供给的市场机制，提高公共服务效率和质量。通过招标采购、合约出租、特许经营、政府参股、财政补贴、贷款贴息、政策扶持等形式，将原由政府承担的部分公共职能交由市场主体行使，引导社会主体参与公共服务设施的建设和运营。比如，在义务教育的基础上，发展职业教育和高等教育、终身教育。在医疗卫生方面，适度发展保健性医疗。在文化体育事业方面，有偿提供高端服务。

⊜ 打破城乡二元公共服务结构，建立城乡统一的公共服务体制

尽快实现城乡基本公共服务制度对接，形成城乡一体化的基本公共服务制度。通过合理配置城乡基本公共服务资源，均衡优质资源的布局，把城乡基本公共服务水平差距控制在允许的合理范围内，结合需求与财力可能，不断缩小城乡基本公共服务水平差距。需要关注以下几点。

建立城乡统一的基础教育制度，促进城乡基础教育均衡发展。提高公共财政对农村义务教育的保障水平，在城乡基础教育的一元化管理体制的基础上，创新城乡基础教育均衡发展的公共教育体系。

保障农民享有卫生保健和基本医疗服务，合理分配医疗卫生资源，协调城乡公共卫生事业的发展。合理确定农民筹资标准和财政补助规模，增强农民的选择性和自主性，多渠道筹集资金；加强对农民健康工程的宣传教育，进一步完善农民健康体检工作的运作机制。

完善农村社会保障体系，积极探索建立符合农村特点的养老保障制度。普及社区社会化养老服务工作，依托家政服务公司在社区建立社区居家养老服务站。

统筹城乡基础设施建设。在建立农村基础设施和公共服务投入保障机制时，并根据基础设施和公共服务的层次性和受益范围，明确各级政府的责任。应重点支持农田水利、农村饮水、农村公路、农村能源、农村环境治理等基础设施的建设。

㊃ 加快推进区域公共服务一体化进程，实现常住人口基本公共服务一体化

实现区域基本公共服务一体化，要求在区域内统一各项基本公共服务的最低标准，在确保最低标准达标率的基础上，全面实现区域基本公共服务一体化。要实现区域基本公共服务自由流转和基本公共服务资源的无障碍流转，充分发挥基本公共服务资源的效用。提高次发达地区基本公共服务水平。充分发挥次发达地区提高基本公共服务的积极性与主动性，形成次发达地区基本公共服务经费投入稳定增长的机制。珠江三角洲、广东等地的区域一体化经验值得我们借鉴。公共服务的一体化区域不应仅限于少数的几个区域，而应扩展到全省、全国，应尽可能地让事关民生的社保、医疗、教育等所有的公共服务达到全国一体化。

结合推进区域协调发展、实施主体功能区规划等一系列政策措施，进一步调整完善激励型财政机制，对生态优化区域引入生态保护激励型财政机制。保障基层政府实施公共管理、提供基本公共服务及落实各项民生政策的基本财力需要。增强欠发达地区、少数民族地区、边疆地区基层财政保障能力，促进各地区财政能力均衡。探索建立与现行政纵向转移支付保持衔接的区域间横向转移支付机制，实现区域间基本公共服务供给能力的适度均等。

在实现户籍常住人口基本公共服务一体化的基础上，逐步把非户籍常住人口纳入基本公共服务一体化覆盖范围。重点保障非户籍常住人口最迫切的基本公共服务。根据财力条件，按照需求紧迫程度有序安排，在义务教育、就业服务、最低生活保障、医疗保障、计划生育基本技术服务和住房保障等领域优先安排资金，确保非户籍常住人口基本生活需求得到基本满足。逐步提高非户籍常住人口基本公共服务享有水平，努力实现非户籍常住人口与当地城乡户籍人口享有同等待遇的基本公共服务。

加快产业结构调整，以合理的产业布局带动人口的合理布局。完善分配制度，推进职业技能培训，稳步提高流动人口收入水平。加强对流动人口基本公共服务的供给，建立流动人口子女义务教育制度，加大对流动人口公共卫生事业、文化事业等的投入，建立流动人口居住保障、社会保障等制度，逐步取消对流动人口在子女入学、户口和社会保障等方面的差别政策，实现城乡体制对接，最终实现流动人口与当地社会的融合。

第九章 　增强创新能力，实现可持续发展①

　　把增强自主创新能力作为调整经济结构和转变经济发展方式的中心环节，提高科技进步水平，推动发展要素向更加注重科技进步、人才支撑转变。推进创新型吉林建设，使吉林省成为东北重要的创新型区域、东北亚地区重要的创新中心和成果转化基地。

　　建设生态吉林，实现可持续发展。确立绿色、低碳发展理念，健全激励机制和约束机制，加大环境保护力度，强化节能减排，加快发展绿色经济和循环经济，推广低碳技术，积极推行资源节约、环境友好的生产方式和消费模式，保护以长白山为代表的吉林特色生态资源，打造国内一流的生态环境，构筑我国东北生态安全重要屏障。

第一节　加快科技创新能力建设，保护知识产权

　　有所为，有所不为，有重点有选择地突破科技创新体系建设，努力缩小与发达省份的差距。加速产业更新与升级，加强知识产权保护，全面提高企业创新能力，为吉林老工业基地振兴提供有力的科技支撑。

━ 科技创新能力建设的现状

　　着力提升产业技术研发和引进消化吸收能力，整合基础资源，推动科技成果转化和创新要素集聚，建设创新平台。建设一批基础研究平台，推动资源共享。建立和完善具有吉林特色的产业技术标准体系，全省产品标准覆盖率达到98%以上。构建和完善科技创新中心、工程（技术）研究中心、重点实验室、工程实验室和产业技术公共研发平台。强化政策引导和扶持，营造企业创新良好环境，深入开展创新型企业建设工作。依托大学科技园、孵化器、科技中介、金融、风险投资等机构，建设若干创新服务平台，推动创新资源集聚和对外辐

① 本章主要由赫曦滢、王劲松完成，赵光远亦有贡献。

射扩散，在长春、吉林建设集技术创新、技术服务、科技推广、企业孵化功能为一体的科技创新综合平台，完善区域创新体系。

科研创新基础进一步夯实。院校、科研机构众多，万人科学家和工程师拥有量居全国第六位，在光学、应用化学、电子信息技术、生物技术、现代农业、现代中药等研发领域处于前沿地位，科研创新能力明显增强。创新规划得到有效落实。"十一五"期间，吉林省先后实施了技术创新"双百工程"，开展了"五个一批"企业技术创新工程，特别是 2009 年以来重点实施了"1155 创新能力建设计划"，基础研发和技术开发能力得到了提升。

2006 ～ 2010 年，全省累计开发新产品 5506 种，完成新产品产值 10 789 亿元，年均增长 19%，新产品产值率一直保持在 24% 以上，高于全国平均水平。企业自主创新体系得到加强。截至 2010 年，吉林省拥有省级及省级以上企业技术中心 187 个，工程实验室 34 个，工程研究中心 34 个，建立了 14 个省产业公共技术研发中心，成功组建了汽车、轨道客车产业技术创新合作联盟。目前，全省初步形成了以市场为引导，以企业为主导，政府推动，大专院校、科研机构积极参与的产学研用相结合的创新体系。

《中国区域创新能力报告（2011）》显示，吉林省的科技创新能力有了大幅度的提高，科技创新带动经济发展作用逐步显现。

1. 促进产学研结合，努力提升汽车、轨道客车等优势传统产业的自主创新能力

汽车与高速轨道客车是吉林省具有科技竞争优势的研发领域，也是振兴吉林老工业基地、提升传统产业的重点所在。省科技厅多年来连续设立重大专项，支持汽车、轨道客车等传统产业的核心技术提升和高科技产品研发，取得一批重大自主创新成果。例如，北车集团长春轨道客车公司开发的"时速 74 千米新型地铁"成为国内目前 B 型车配置最先进的车辆，北京已采购 192 辆；一汽集团与吉林大学联合开发的解放牌混合动力客车，3 年下线，达到了节能 25%、降低排放 30% 的欧Ⅲ标准，部分产品已投入运行。

2006 年，一汽集团组织实施了"汽车自主创新体系建设联合行动"，主要任务有五项：一是支持参加联合行动的高校和科研院所充分利用自己的优势，围绕一汽集团的发展战略目标，启动实施一批兼顾近期与中长期目标的重点科技项目；二是支持高校和科研院所抓住一汽发展创新能力契机，抓紧建立研究开发实验室，或者与一汽所属单位建立联合实验室，联合承担国家与省级重点科技项目；三是充分发挥一汽集团的产业带动作用，加速吉林省汽车零部件与配

套件的研究与开发，以及机械制造、汽车电子、新型材料等相关产业的发展；四是通过组织实施联合行动，集聚国内外一批精英科技人才到一汽集团发展；五是通过组织实施企学研联合行动，实现在资源上的互通有无，取长补短。联合行动将启动实施 150 项科技攻关项目。

参照"汽车自主创新体系建设联合行动"的模式，吉林省在"十一五"期间，围绕高速轨道客车及城市交通关键技术、新材料技术、精细化工技术等，组织长春轨道客车、中石油吉化公司、吉林化纤、通化钢铁集团等省内大企业，协调大学、科研院所及相关企业，协商共建若干个国内一流的专项技术和产品创新研发平台和创新体系。

2. 积极推进现代农业科技创新体系

按照国家《农业科技发展纲要（2001—2010 年）》提出的建设国家农业科技创新体系的战略部署，吉林省初步建成了以现代农业科技攻关为龙头，星火科技专家大院为支撑的现代农业创新体系。2005 年，吉林省政府和中国农科院共同商定依托吉林省农科院在吉林省建设"中国农业科技东北创新中心"。该中心是全国第一个区域性农业科研中心，将成为吉林省乃至东北地区发展农业的科技"硅谷"①。

目前，该中心在科研领域已取得一批高质量科研成果。例如，北方超级粳稻"吉粳 88 号"，2006 年千亩连片测产，平均亩产达 752 公斤；与全省水稻平均亩产 500 公斤相比，按每亩最低增加 100 公斤计算，种植面积达 458 万亩，可增收稻谷 4.58 亿公斤，直接增加农民收入 9.16 亿元，创我国常规超级粳稻单一品种推广速度、年种植面积和社会经济效益新纪录。又如"吉林玉米丰产高效技术集成研究与示范"项目创东北地区玉米高产纪录、"大豆超高产栽培技术研究"项目创吉林省大豆高产新纪录。科技兴农工作取得实效，在全省农村建立了 60 多个科技示范推广基地，长期或短期驻点专家及科技人员近 300 人，在玉米、水稻、大豆、畜牧等领域共有 130 多项技术，并积极进行科技成果的示范、推广。

2004 年以来，全省已经建成 50 个科技专家大院，推广了一批好项目，比如"食用药用菌开发""长白山中药材 GAP 基地种植""无公害高附加值蔬菜种苗选育与栽培"等 76 项成果，新品种 95 个，示范面积 4114 公顷，推广 26.5 万公顷，带动农村养殖户 8532 户，发放技术资料 29 万份，培训农民 3.5 万人，新增效益 3.4 亿元。

---

① 参见 http://www.jaas.com.cn/lcqd/3nd_dcjj.html。

3.依托资源优势，发展现代中药科技产业

强化了国家中药现代化科技产业（吉林）基地建设，基地还被科技部认定为国家高技术研究发展计划成果产业化基地。重点支持了中药材育种、规范化栽培技术示范、中药标准化及对照品研究、标准提取物开发、保健食品等产品开发、人参关键技术研究、新药创新、中成药大品种二次开发等8个重大专项。仅为推进全省中药材规范化生产和国家GAP（良好农业规范）基地认证，省本级累计投入经费近500万元，建立了五味子等22个品种36个道地中药材GAP基地，已有人参等4个中药材品种的7个基地通过国家GAP认证，居全国前列。在所列项目中，由企业作为承担主体或主要协作单位的项目占总项目数的80%以上。5年来，省级立项110个，投入经费4138万元，拉动企业经费投入10亿元以上。

研究成果获省科技进步三等奖以上的有67项，其中，"吉林省人参等主要道地无公害中药材规范化生产技术研究与示范""中药材、饮片、成药规范化、标准化及对照品研究""吉林省道地中药材种质资源研究与开发利用"等3项成果获一等奖，创直接经济效益50亿元以上。通过中药现代化重大专项的实施，全省中药技术创新能力、成果转化率、规范化水平和核心竞争力全面提升，全省中药产业实现"五年增三倍"的跨越式发展目标，年均增速达44%。

4.高新技术产业、科研院所成为重要支撑点

吉林省的长春、吉林两个国家级高新技术产业开发区和延吉省级高新技术产业开发区，已开始拉动全省国民经济增长。高新区内生物医药、计算机软件、光电技术、新材料、汽车工程五大领域人才、资金的快速集聚，为全省发展高新技术产业提供了支撑。高新区内创办了生物制造园、软件产业园、大学科技园、海外学人创业园等功能园区。

吉林省拥有由中科院长春光机所与物理研究所、应化所、地理所，卫生部长春生物研究所等100多家市级以上科研单位；拥有吉林大学、东北师范大学、长春理工大学等高等院校40多所；拥有规模以上高新技术企业科技活动机构119个，企业科研机构66个；拥有各类专业技术人员29.8万人。每万人中科学家、工程师人数为473人，居全国第五位；每百万人口发表的科技论文比全国水平高31.1%，居全国第七位。全省共有中国工程院院士和中国科学院院士41人。全省已建成集成光电子、汽车动态模拟、应用光学、超硬材料等30多个国家、部委重点实验室和开放实验室，以及46个中试基地，组建了玉米深加工、汽车材料、应用化学、特种工程塑料等国家、省级工程研究中心和技术开发中

心，形成具有吉林省特色的高新技术科研基地。

到2010年，已经建成一批国家实验室、国家重点实验室、国家工程（技术）研究中心，以及20个省级重点实验室、20个省级重点行业工程技术研究中心、20个中试基地、50个科技企业孵化器、100家科技中介机构。高技术企业产值年均增长26%。

🔵 科技创新能力存在的问题

一是创新体系不够完善。2010年，全省省级以上企业技术中心仅占规模以上企业总数的3%，数量极为有限。二是研发经费投入不足。2010年，吉林省企业 R&D 经费支出占销售收入的比重不足 1%，其中拥有省级以上企业技术中心的企业 R&D 经费平均不到销售收入的 3%。三是科技成果转化率低。科研成果本地转化机制尚未形成，科技成果转化率不足 20%，远远低于全国平均水平。

高新技术企业的特点是企业注重产品的研究与开发。2010年年底，规模以上高新技术企业创新费用投入超过 4 亿元，占高新技术企业产品销售收入的 2.5%，同比高于全省规模以上工业企业创新费用比重 1.3 个百分点。其中，创新费用中用于 R&D 活动的达到 2.7 亿元，占创新费用总额的 66.3%，同比高于全部规模以上工业企业 24.6 个百分点。然而，全部高新技术企业创新费用中，有 89.2% 来源于企业资金，将近 10% 来源于政府资金和金融机构贷款，来源于减免税等政策的不到 1%；同时各种规模高新技术企业目前几乎没有吸收来源于风险投资、国外资金等其他渠道的投资。创新费用来源在全部规模以上企业中表现单一。另外，虽然高新技术企业已经在规模以上工业企业自主创新中领跑，但中小型高新技术企业的创新类型结构并不占明显优势，中型企业的消化吸收能力不强，小型企业的原始创新能力有待加强。

高新技术企业自主知识产权及保护意识较强，但创新产出成果的国际竞争力较弱。在全部规模以上高新技术企业中拥有自主知识品牌的企业有 90 户，占总数的 75.6%；申请专利和注册商标的企业分别有 50 家和 67 家，分别占总数的 42% 和 56.3%；开展内部 R&D 的企业有 74 家，占总数的 62.2%。2010 年规模以上高新技术企业的新产品销售收入为 32.2 亿元，占全部规模以上工业企业新产品销售收入总额的 3.7%。其中按创新产出的新颖性分，属于国内新型的新产品销售收入占到 66%，属于企业新型的占到 29.7%，而属于国际新型的仅占 4.3%。可见，吉林省大中型高新技术企业的创新活动的新颖性结构尚不合理。

三 科技创新能力发展目标

加强科技创新体系、自主创新体系建设。着力突破关键技术，推动科技成果转化，建设创新型省份。实施先进制造与信息化、新能源与节能技术、化工与新材料、农产品优质高产与精深加工、生物技术与医药、环境保护与公共安全技术等科技专项，着力打造以企业为主体、产学研相结合的技术创新体系，高等院校与科研机构相结合的知识创新体系，军民融合的科技创新体系，社会化、网络化的科技中介服务体系。

一是以具有较强研究开发和技术辐射能力的大型骨干企业为主体，集成高等院校、科研机构等创新力量，建设重型技术装备、电子信息和制造业信息化、现代农业和良种繁育、北药和新药、焊接、石化、电站设备、支线飞机等 8 个国家工程研究中心及一批国家工程技术研究中心和中试基地，以及省级实验室。引导和支持企业加大技术创新投入和加快建立研究开发机构，使企业真正成为研究开发投入的主体，技术创新活动的主体和创新成果应用的主体。

二是充分发挥高等院校、科研机构和中直院所在知识与技术的生产、转移和辐射中的核心作用，建设若干优势学科领域、研究基地和人才队伍，增强吉林省重大技术成果的有效供给能力。

三是加强军民科技资源的集成，建立军民两用重大科技项目联合攻关机制，实现军民高新技术共享和相互转移。

四是大力培育和发展各类科技中介机构，推进公共科技基础条件平台建设，为全社会科技创新活动提供有效的支持。

五是自主知识产权的数量和质量有较大增长和提高。加强专利技术推广转化，培育具有自主知识产权的知名品牌。

要努力创造有利于自主创新的体制和环境。一是深化科技体制改革。以服务国家目标和调动广大科技人员的积极性和创造性为出发点，以促进全社会科技资源高效配置和综合集成为重点，以建立企业为主体、产学研结合的技术创新体系为突破口，全面推进创新型吉林建设进程。二是加大知识产权保护力度。通过完善法律和加强执法，扩大宣传教育，把知识产权保护工作落实到各个环节，努力营造鼓励科技人员创新的社会环境。三是注重高素质人才的培养和引进。四是继续增加科技创新投入。加快重大科技基础设施建设，为科学技术取得重大突破提供保障。

重点解决具有战略性、前沿性和前瞻性的科技创新问题。在吉林省有相对优势或战略必争的关键高新技术领域实现技术的跨越发展。重点掌握一批能在数年后形成产业、有自主知识产权的重大高新技术；培育一批高新技术产业生长点。一是攻克支撑吉林省信息基础设施建设的关键技术。为加速吉林省国民经济和社会信息化进程，以信息化带动工业化，重点攻克一批未来 5～10 年内的关键技术和建立具有重大应用价值的系统。二是发展以提高人民生活质量为目标的生物、农业及医药关键技术。集中研究农业、医药等领域中的关键技术，大幅提高生物技术领域整体研究水平和开发能力。三是掌握以提高产业竞争力为目标的新材料和先进制造关键技术。利用吉林省资源、环境特点和自身所具有的技术特色与优势，按照国家安全及经济发展对新材料的重大需求，重点发展医药、磁悬浮列车、信息存取等所需的新材料和纳米材料与技术。四是突破以社会可持续发展为宗旨的资源、环保和能源关键技术。实施能源多元化发展战略，结合吉林省日益严重的资源紧缺和环境污染的局面，重点研究开发后续能源和发展环境污染防治技术、风能利用技术等。

第二节　推进技术突破和成果转化，加强人才队伍建设

吉林省着力提高自主创新能力，加快科技成果转化，加强科技创新平台和服务体系建设，解决关系民生的科技问题，推动产业重大技术突破。强化企业创新主体作用，加强人才队伍建设。

● 产业技术突破，科技成果转化现状

2009 年年初以来，为转变工业发展方式，吉林省组织实施了"自主创新与科技成果产业化'双十双百'工程"，即设立专项资金，着重支持 10 个重大科技成果转化项目；同时实施 10 个重大科技攻关项目；做大做强 100 户科技型创新企业；培养和引进 100 名中青年科技领军人才。"双十"工程中重点扶持的科技成果转化项目，涉及新能源汽车、生物医药、新材料、光电信息等多个高技术产业群。在提升传统产业，增强支柱产业、优势产业的可持续发展能力，培育和发展新兴产业方面，发挥了重要作用，加快推动了吉林省自主创新体系建设。

2009～2010 年两年里，吉林省共安排实施重大科技成果转化项目 22 项，投入资金 3.4 亿元（其中，2009 年 10 项，1.8 亿元；2010 年 12 项，1.6 亿元）。

根据项目的特性，以及承担单位的具体情况，项目经费采取无偿补助、贷款贴息、资本金投资、借贷等投入形式。其中，无偿补助 9000 万元，占 26.5%；贷款贴息 7000 万元，占 20.6%；资本金投入 1.4 亿元，占 41.2%；借贷 4000 万元，占 11.8%。2011 年已经完成了第三批重大科技成果转化项目和重大科技攻关项目的评估、评审、现场考察等工作，确定了 12 个重大科技成果转化项目，投入经费 1.65 亿元；确定了 10 个重大科技攻关项目，投入经费 3000 万元。

在政府财政资金的引导下，社会资金加大了科技成果转化的投入。据不完全统计，2009 年和 2010 年两批重大科技成果转化项目，共引导地方、企业、科技开发机构和金融机构等渠道的资金投入 31.5 亿元，较好地体现了项目的引导功能和集聚效应，放大了财政资金的效能。仅中国石油吉林石化公司"百吨碳纤维及配套聚丙烯腈原丝"一个项目，即争取到中国石油公司 5.2 亿元、国防科工局 9000 万元资金配套项目建设。

同时，实施"双十"工程进一步提升了吉林省传统产业的技术水平，增强了支柱产业、优势产业的可持续发展能力，培育了一批战略性新兴产业。如一汽集团公司"混合动力汽车"项目，截至 2011 年 7 月，已累计生产 442 辆混合动力客车，60 辆混合动力轿车，实现了整车的系列化、模块化，形成了混合动力客车批量生产能力。

此外，吉林省还重点实施了"1155 创新能力建设计划"。具体为：完成 10 家省级以上企业技术中心的培育；10 个产业技术创新中心试点建设；重点实施 50 项重大产业技术研发项目和 50 项重大新产品开发项目。通过"1155 计划"，加快推进重大新产品实现规模化生产，加强企业基础研发能力，建立完善以企业技术中心为主体，与高校和科研院所紧密合作的企业自主创新体系。这批重大科技成果转化项目对吉林经济的拉动作用已开始显现。重组人胰岛素及制剂、百吨级碳纤维、高清晰 LED 大屏幕显示器等 50 个重大新产品实现产值稳步增长，全省工业新产品产值率超过 20%。仅中国北车长客股份公司的产值已经超过 50 亿元。2012 年 1～5 月吉林省已有 27 个重大新产品项目累计实现产值超过亿元，占已投产项目的 79.4%。吉林省 50 个重大新产品项目全部实现规模化生产后，每年将实现工业产值 757 亿元，销售收入 759 亿元，利税 76 亿元。

二　产业技术突破，科技成果转化存在的问题

科技成果转化难，科技成果转化率不高，对吉林省企业技术含量提升和市

场竞争力的提高带来影响。

据有关调查显示：以2010年为例，吉林省的高新技术产业增值率排名全国第二；高新技术产业开发区利税率排名全国第四；万人专业技术人员列全国第五位；五年来全省共取得科技成果2228项，获得专利授权6373件，百万人发明专利批准量全国排名第五；多年来，吉林省有一大批科技成果走向市场，在光电子、现代中药与生物制药、农业高新技术等几个领域形成了较强的创新竞争力。但另外一组数字却令人焦虑：2010年，吉林省科研开发经费支出占GDP比例为0.81%，在全国列第24位；科研物质条件列全国第26位；万名科研人员向国外转化专利列全国第20位，吉林省5年来的2200多项科技成果，其转化率不尽如人意。这些数字给吉林省科技大省的称谓蒙上了阴影。

当前，吉林省在科技成果转化方面存在以下问题：企业没有成为技术创新的主体。吉林省企业的科研开发经费与支出占产品销售收入的比重为0.32%，在全国排名第26位。

科技成果转化渠道不畅，科技中介市场发育不健全，在资本与技术之间缺少一座桥梁，使产出方与需求方不能直接见面。又由于科技成果中缺乏投资人与企业家所关心的经济参数和其他相关内容，有投资能力的企业家与之失之交臂，大量的科技资源消耗在科技系统内部的"死循环"中。

另外，吉林省科技人才队伍建设有待加强。目前，全省企业和工程技术人员约有20万人的缺口，而到2015年这个缺口则会更大。经济建设第一线的科技人才短缺较为突出。吉林省现有的科技人才主要集中在教育、卫生、财会、经济等传统专业领域，比例高达80%左右，而高科技、支柱产业及重点发展行业的科技人才所占比例不足5%。信息技术、电子、石化、汽车、医药及农业方面的高层次人才十分匮乏。吉林省每年科技人才总量增加部分多为初、中级人才，而流失掉的却都是高层次人才，加上每年有大批高层次人才退离工作岗位，高层次科技人才的短缺构成了吉林省振兴老工业基地的人才瓶颈。

⊜ 产业技术突破，科技成果转化的发展目标

1. 推进产业重大技术突破

加强产业核心技术和前沿技术研究，集中力量突破一批事关吉林省产业发展的关键共性技术，构建产业创新体系。重点围绕整车设计及发动机、车身、底盘技术，原油勘探及精炼技术，盐化、煤化技术，玉米精深加工、肉乳深加

工、食品安全技术，采取联合攻关、消化吸收、整体引进等方式，实现技术创新和突破。围绕汽车、石化、农产品加工等产业融合，研发关联技术和关联产品。针对战略性新兴产业发展需求，围绕新能源汽车、生物、信息、新材料、先进制造等领域，重点突破动力电池、驱动电机、电控系统、蛋白高效筛选与表达、现代中药质量控制、新型微生物培养和发酵、生物炼制、高性能计算、新型平板显示器件、大功率全固态可调谐激光器、新型电力电子器件、时速 500 千米高速轨道客车、柔性制造、异戊橡胶、小丝束高模量碳纤维、高分子结构材料、超高分子量聚乙烯纤维、稀土镁合金、非金属纳米材料等核心关键技术。

以淘汰落后产能、提高装备水平、提升产品层级为重点，应用信息技术、先进实用技术，加快冶金、建材、轻纺、机械装备等传统产业改造升级。积极推广应用高耗能工业节能减排技术、建筑节能技术、水资源保护技术、环保产品开发技术、矿产资源高值化综合开发利用技术、尾矿资源综合开发利用技术等。保障粮食增产和粮食安全，重点开展主要粮食作物高产高效技术、重大生物灾害防控技术、转基因育种新材料的创制、水资源高效利用技术、黑土保育等关键技术研发；推进高效优质畜禽新品（系）培育和畜禽良种快繁技术研究，以及人参、梅花鹿、林蛙等特色动植物资源综合利用技术开发。围绕吉林省基础优势学科，加强技术预见和前瞻性基础研究和应用基础研究。

2. 落实鼓励政策，进一步完善体制机制，加速科技成果产业化进程

深入实施国家、省重大科技成果转化促进计划、重大高技术产业化示范工程专项计划，继续实施科技成果转化和百项高技术产业化示范项目。建立健全科研机构、高校的创新成果发布制度和技术转移机制，促进技术转移和扩散。充分发挥企业主体作用，积极促进产学研相结合，打造一批拥有核心技术、具有较强竞争力的高新技术企业。大力发展技术评估咨询、技术外包代理、科技成果推广、技术产权交易等中介机构，提升技术趋势预测、交易风险预警、知识产权法律咨询等中介服务能力，完善技术交易市场体系。进一步发挥长春、吉林、延吉国家级高新区重要平台作用，加强省级高新技术开发区建设。

加快重大科技成果产业化，实施科技成果产业化提速工程，加大对拥有自主知识产权、具备产业化条件、市场潜力大的科技项目的支持力度，促其成果尽快产业化。重点支持 100 个左右对吉林省经济社会发展具有重大影响的科技产业化项目，促进其尽快转化为现实生产力，形成吉林省新的经济增长点。对吉林省的科技项目和科技成果定期进行分类研究，对已具备产业化条件的科技项目，千方百计做大做强；对发展前景良好但尚未完成的科技项目，要加快工

程化研发速度，使其早日具备转化条件。

3. 加强科技平台建设与合作，充分利用国内外科技资源

进一步推进科技创新中心建设，按照《吉林省科技创新中心管理办法》《吉林省科技基础条件平台建设专项资金管理办法》，根据吉林省新型产业基地建设、地区经济社会发展的实际需求，继续组建一批创新中心，对已组建的创新中心实行动态考核和等级管理。

加强国家、省两级企业技术中心建设，依托大企业集团，重点建设和完善20个国家级企业技术中心、300个省级企业技术中心。依托产业优势，建设16个国家级产品质量监督检验中心和40个省级产品质量监督检验中心。着力打造面向中小企业的公共技术服务平台，实施百户重点企业创新能力提升计划，推动百种新产品规模化生产。实施科技型创新企业培育工程，培育认定高新技术企业1000家，创新型企业500家，鼓励民营科技型中小企业发展。

加强与中国科学院、中国工程院、中国农科院、清华大学、天津大学等高校和科研院所的合作，落实好合作协议中的重点项目，构建一批重点产业技术创新联盟。加强与辽宁省、黑龙江省在装备制造业、现代农业、现代医药等高新技术领域的区域性科技合作与交流，形成区域性科技集聚优势。发展与长三角、珠三角、环渤海等发达地区在科技成果转化和技术转移上的战略合作关系。积极开展以俄罗斯、欧美、日、韩为重点的对外科技交流与合作，加强中俄、中德科技园建设，推进中古生物技术合作。吸引域外技术、资本参与吉林省高新技术成果转化与产业化。

4. 加强人才队伍建设

深入实施《吉林省中长期人才发展规划纲要（2009—2020年）》，统筹推进各类专门人才队伍建设，突出培养造就创新型科技人才、优秀青年科技人才、经营管理人才、社会工作人才，加大高技能人才、熟练技术工人和农村实用人才培养力度。实施高层次人才创新创业引进计划、现代服务业高端人才开发计划、创新人才科技成果转化支持计划、首席技师打造计划、社会工作人员培养计划、科技创新攀登计划；推动实施拔尖创新人才工程、万名中青年科技创新带头人培养引进工程、新型企业家队伍建设工程、高技能人才培训工程、工业产业跃升人才支撑工程、现代服务业人才推进工程等。创新人才工作体制机制，健全人才评价机制，改进人才管理方式，营造尊重人才的社会环境、平等公开和竞争择优的制度环境、激励创新的政策环境及留得住人才的生活环境。依托长吉图开发开放先导区，加快形成创新人才集聚地。

第三节　切实加强环境保护和生态建设

"十二五"及未来一段时期，吉林省的工业化进程将继续向前推进，资源与能源供需态势将发生变化，各种污染所造成环境事故的不确定性将会进一步加大，低碳与新能源等方面的新科技创新与竞争也将更趋激烈，影响国内外环保形势的不确定因素明显增多。因此，环境保护与生态建设将成为吉林省经济社会发展的重要挑战。

⚊ 环保和生态建设现状

保护环境，合理开发资源，走可持续发展道路，是振兴老工业基地的重要条件。"十一五"以来，按照《吉林省生态省建设总体规划纲要》，重点围绕生态经济发展、生态环境建设和生态文明普及提高三大任务，全面完成了生态省启动阶段确定的各项目标和主要任务。以绿色名牌产品为主要标志的生态环保型效益经济得到了较快发展；以重点区域生态恢复和治理为主要内容的生态环境建设取得了可喜成绩。

初步确立了吉林省绿色品牌大省的形象。吉林省确定的 11 个重点生态经济产业不断发展壮大，到 2010 年年底，累计完成生态省建设项目 233 个，累计投资 1915 亿元。到 2010 年年底，全省绿色食品、有机食品、无公害农产品累计认证达到 1301 个，仅 2010 年就新增绿色品牌 100 个，超额完成生态省建设第一阶段确定的全省新增绿色名牌产品 50 个、绿色产业增加值占国内生产总值比重达到 12% 以上的目标。

按照区域经济一体化和市场经济规律，打破传统的行政区经济发展格局，组建了长白山生态经济合作区，研究制定了发展区域生态经济的措施，制定了长白山生态食品管理办法，开展标准化生产示范区建设，进行统一的区域空间规划和专业化分工，促进了产业整合、产业集聚和经济规模扩张，有力地推动了长白山区域生态经济的发展。

1. 加强了生态环境的保护和修复，环境和资源承载力进一步提高

（1）根据吉林省 4 个生态经济区的主要问题，采取积极措施，加快生态环境的恢复和建设。在东部生态经济区实施了长白山天然林保护工程和退耕还林工程，对重点生态功能区实行强制性保护；在东中部生态经济区实施了水资源

保护工程，加快实施水土流失治理工程和小流域综合治理工程；在中部生态经济区实施了松辽平原保护工程，进行土地面源污染治理试点，对黑土地进行积极性保护；围绕西部生态环境的修复和整治，重点实施了西部盐碱地治理和生态草建设工程。[①] 至 2010 年年末，吉林省盐碱地生态经济产值已达 30 亿元。建成草产品加工生产线和特色产品加工生产线，发展盐碱地生态经济加工企业 10家，盐碱地生态产品 20 ～ 50 个；初步形成耐盐碱顶级植被草业生态经济产业链，创建盐碱地生态畜牧业、生态渔业、生态农业、功能食品加工生产模式。

（2）在重点功能区保护方面，全省自然保护区面积已达到 221 万公顷，占全省国土面积的 11.83%。目前，启动了莫莫格自然保护区、波罗湖湿地和向海自然保护区的调水工程，实施了白山、靖宇矿泉水水源地保护工程和四平二龙湖水库污染治理等工程，切实保障了全省人民的用水安全。

（3）加强生态保护体系建设。吉林省加强西北部平原岗地农田防护林区、东南部低山丘陵水土保持林区、城市森林区、松花湖水源涵养林区建设，继续实施天然林保护、退耕还林、三北防护林、封山育林工程，积极营建速生丰产林。因地制宜开展绿化造林，深入实施绿色通道工程，建设以城镇、村屯绿化为依托，以公路、铁路、河渠、堤坝等沿线绿化为网络的国土绿化体系。积极推行森林分类经营，大力发展林地经济。加强林地、湿地、森林资源和野生动植物保护。在坚持以生态经济城镇体系建设为载体，加大城市环境综合整治力度，实施蓝天、碧水、绿色工程。开展了打击违法排污企业、保障群众健康专项行动，改善了人们的生产和生活环境；启动了环境在线监测控制与预警系统建设，城市环境质量有了较大改善。

2. 综合治理环境污染效果明显

（1）加强大气污染防治。"十一五"期间，吉林省调整城市能源结构，扩大天然气使用领域，在城市和有条件的城镇推行集中供热。加强机动车废气治理，市区内机动车严禁使用含铅汽油，积极发展燃气汽车、电动汽车。2010 年，吉林省已经实现大气功能区达标率 85%，工业废气处理率 100%，机动车尾气排放达标率 90% 以上。同时，在吉林省经济持续高速增长的情况下，污染排放总量大幅下降，单位 GDP 化学需氧量和二氧化硫的排放强度比 2005 年分别下降了62% 和 59%。到 2010 年底，吉林省化学需氧量和二氧化硫排放量预计控制在

---

① 2006 ～ 2010 年，吉林省治理 46 万公顷盐碱地，退化盐碱地植被恢复面积 10 万公顷，盐碱地植被基本恢复。轻度盐碱地在植被恢复的基础上，变成优质资源；中度盐碱地被恢复，80% 变成可利用资源；重度盐碱地植被基本恢复，30% 变成可利用资源。

35.66 万吨和 36.03 万吨以内，两项指标已经超额完成"十一五"污染减排任务。"十五"末期，吉林省 9 个市（州）政府所在地城市空气质量只有 4 个达到 Ⅱ 级标准，"十二五"末已经全部达到 Ⅱ 级标准。

（2）加强水污染防治。落实饮用水源保护区划，加强水源地环境保护，严禁向饮用水源汇水区排放各种污染物，严格限制水源地保护区各类开发建设活动，坚决取缔不符合环保要求的污染项目。吉林省全力推进松花江流域水污染防治"十一五"规划的实施，规划的 86 个项目已经全部落实。"十一五"期间，国家累计投入松花江流域治污资金 78.4 亿元；吉林省政府连续两年从省财政及地方债券中拿出 3.2 亿元，在流域治理上进行先行垫付，并优先安排 5000 万元地方债券，用于规划项目建设。截至 2010 年年底，新建 70 座城市污水处理厂，新增污水处理能力 295 万吨 / 日，相当于"十五"以前总污水处理能力的 2.2 倍。在国家 2009 年重点流域规划实施情况考核中，吉林省松花江流域被评为优秀，松花江休养生息初见成效。①

（3）加强固体废弃物和危险废弃物防治。吉林省推进城市垃圾的集中处置与综合利用，已经建成省危险废物处理中心，集中处置工业危险废弃物和医疗垃圾。结合发展新型建筑材料，大力提高粉煤灰、炉渣、冶炼废渣等工业固体废弃物的利用率。推行居民垃圾分类包装，推广使用可降解包装材料。提高环卫机械化作业水平，实施垃圾、粪便封闭化收运和无害化处理。到 2010 年，城市生活垃圾无害化处理场由 3 座增加到 10 座，垃圾无害化处理能力由每天 4620 吨提高到 9036 吨，生活垃圾无害化处理率达到 90%；城镇医疗废物处置率由"十五"末的 42% 提高到 99.5%；燃煤电厂二氧化硫脱硫能力达到 909 万千瓦，工业固废综合处理率达到 90%，危险废物处理率达到 100%。

（4）加强噪声和电磁辐射污染防治。吉林省综合治理噪声污染，建立环境噪声达标区，严格控制机动车噪声、建筑施工和生活噪声，加强重点行业、娱乐场所管理。加强特种行业和特殊场所管理，有效防治电磁辐射污染。到 2010 年，交通干线噪声平均值在 70 分贝以下。同时，吉林省对长春市、吉林市、四

---

① 松花江治理的主要成绩有以下几个方面。一是全面完成总量减排控制目标。截至 2010 年年底，松花江流域化学需氧量（工业和生活）排放量 63.1 万吨，较 2005 年削减 19.5%，全流域均实现总量减排控制目标。二是环境质量明显改善。2010 年，松花江水质总体上由中度污染好转为轻度污染，流入黑龙江的断面水质已稳定达到 Ⅲ 类，松花江流域 Ⅰ 至 Ⅲ 类水质断面比例为 52.9%，比 2005 年提高 29 个百分点；劣 Ⅴ 类水质断面比例为 17.6%，比 2005 年降低 2 个百分点；国控断面高锰酸盐指数、氨氮、化学需氧量平均浓度比 2005 年分别下降 20.5%、37.5%、24.2%。三是流域水生态系统功能逐步恢复，局部江段生态环境可满足鲟鱼、鳌花等稀有鱼类的繁衍条件；水鸟数量逐年增加，东方白鹳等珍贵水禽又重回松花江游弋。

平市、辽源市、通化市、白山市、松原市、白城市和延吉市 9 个城市进行了声环境质量监测。2010 年度，9 个城市区域环境噪声等效声级均值为 54.3 分贝。长春市、四平市、辽源市和白山市 4 个城市区域声环境质量属于轻度污染等级；吉林市、通化市、白城市、松原市、延吉市 5 个城市区域声环境质量属于较好等级。其中生活噪声占 58.15%，交通噪声占 21.04%，工业噪声占 8.00%，其他噪声占 10.95%，施工噪声占 1.86%。

（5）农村生态环境得到改善。吉林省政府出台的《关于加强农村环境保护工作的意见》提出了全省农村环保工作的主要目标、总体思路和具体措施。[①] "十一五"期间，吉林省规划建设了 4 个中等生态城市和 20 个生态示范镇，切实保护和利用好生态资源。鼓励民营企业集中连片开发，严禁将生产工艺落后的产品和设备转移给没有污染防治能力的乡村企业。加强村屯建设规划，加强对集约型禽畜鱼养殖业的污染防治，推进垃圾粪便集中处理和综合利用。积极开展利用生物质能，大力推广了日光温室、秸秆气化技术。2010 年，吉林省安排 2000 万元用于示范工程建设，现已完成对第一批 144 个农村环境连片整治示范项目的申报、现场核查，第一批申报项目已进入可研设计阶段。

⬛ 环保和生态建设中存在的问题

几年来，吉林省的生态和环保建设虽然取得了一定的成果，但在实践中仍然面临着诸多矛盾和问题，需要在今后的发展中进一步研究解决。

（1）东部森林生态功能减弱。森林资源的长期过度开发利用使全省的木材蓄积量急剧下降，除了长白山自然保护区及局部山峰地区的一些原始森林，全省原始森林几乎消失殆尽。尽管近年来的退耕还林、人工造林等使森林覆盖率有所上升，但是人工林的物种单一，生态结构简单、调节能力低下，在生态环境的生存性功能和生产性功能上都远不如原始森林。森林生物多样性锐减，大量的珍贵树种、经济植物物种和遗传基因丧失，森林生态系统遭到了巨大的破坏。森林系统在水土保持和涵养水源等生态功能上能力下降，使得旱涝灾害加剧。

（2）东中部水土流失严重。东中部地区由于过度垦殖，地表植被遭到破坏，水土流失现象严重。据 2004 年第三次全国荒漠化和沙化监测数据，全省水土流失面积已达 3.15 万公顷，占全省总面积的 16.5%，东中部水土流失面积约为 69

---

① 此外，还颁布了《吉林省农村环境连片整治实施意见》《吉林省农村环境连片整治示范项目管理暂行办法》等文件。

万公顷。东中部水土流失严重的主要原因是过度开垦，使地表植被减少，水土保持、水源涵养的能力大大下降。其次，还受降水、地势起伏大等自然内在因素的影响。东中部水土流失的主要危害表现为土壤肥力下降、有机质减少，大量的 N、P、K 等营养盐类流失，可耕种土地面积减少；土壤风蚀使得土壤沙化加剧，沟壑增加；河道泥沙量增大，易淤积河道水库洪涝灾害加剧。吉林省中部以黑土地著名，土质肥沃，适合农业耕种。但是，由于多年来"种大于养"，土壤肥力已大幅下降，土壤可耕作层变薄，蓄水保肥能力差，影响了农作物亩产量的提高。同时，因为土壤有机肥减少，农业生产需要施加更多的化学肥料，加上农药的大量使用，促使农业面源污染加剧，形成恶性循环。

（3）西部"三化"问题严重。吉林省西部的生态环境恶化问题主要表现为"三化"——土壤沙化、盐碱化和草原退化，成为制约地区经济可持续发展的主要环境问题。沙化土地面积虽然大幅减少（表 9-1），但局部地区形势依然不容乐观。草原退化使西部地区草原面积减少、草地质量下降、草原生态系统受到很大损害，对该区畜牧业发展不利；土壤盐渍化造成的土壤板结、肥力下降会大大影响农业作物生长及土地蓄水能力，严重影响该区农业的可持续发展。

表 9-1　吉林省西部"三化"土地面积及其在土地利用中所占比例统计表

土地类别	1986 年面积 / 公顷	1996 年面积 / 公顷	2000 年面积 / 公顷	1986 年比例 /%	1996 年比例 /%	2000 年比例 /%	15 年内变化比例 /%
草地	862 191.3	732 727.5	509 550.8	18.49	15.71	10.93	-40.90
沙地	61 975.2	31 714.8	25 092.8	1.33	0.68	0.54	-59.51
盐碱地	728 688.6	675 531.2	777 272.5	15.63	14.49	16.67	6.67

（4）水资源短缺与水污染。吉林省水资源缺乏，人均水资源量仅相当于全国平均水平的 57.8%，世界平均水平的 15%，耕地亩均水资源量是全国平均水平的 47%，全省有 45 座城市存在着缺水问题，其中有 32 座城市严重缺水。吉林省东部河流众多，降雨量较西部也更丰富；中西部地表水较少，主要利用地下水资源，长期过度开采地下水资源导致地下水位出现漏斗并且不断扩大。水资源空间分布不均和区域性水资源不足，制约了中西部地区的发展潜力。水污染情况严峻，进一步加剧了水资源短缺的现象。根据《吉林省 2006 年环境状况公报》，在全省 17 条主要江河中，Ⅱ类以上水质断面仅占 13.85%，Ⅲ类水质断面占 26.15%，Ⅳ类、Ⅴ类水质断面占 33.85%，劣Ⅴ类水质断面占到 26.15%，在 9 个湖泊水库中Ⅴ类水质就有 3 个。其中，伊通河、图们江、东辽河等污染尤为严重，劣Ⅴ类水质都超过了 70%。

吉林省生态产业总体上发展滞缓，竞争力不强，主要表现在四个方面。①开发不规范。技术手段落后，相关法律法规不健全，管理措施不到位，生态产业市场无序竞争。②产业规模小。加工技术工艺落后，深加工产品稀缺，龙头企业少，带动能力弱，产业集群尚未形成，产值不足 800 亿元。③产业链条短。初级加工产品比重大，大多以原料和半成品为主，终端产品比重小，资源消耗大，科技含量低，产品附加值低。④研发能力弱。R&D 资金投入不足，专业设计研发体系建设滞后，专业研究人员匮乏，科技成果转化率低。

⚫三 环保和生态建设的发展目标

"十二五"规划明确规定，到 2015 年，全省绿色产业增加值占全省国内生产总值的比重达到 30% 以上；森林覆盖率达到 45%；其中西部地区森林覆盖率达到 19%；建设基本草原和治理"三化"面积各 48 万公顷，退耕还林还草 22 万公顷，可利用草场占草场总面积 95% 以上；新增治理水土流失面积 12 000 千米^2，水土流失率小于 10%，土地退化治理率达到 60% 以上；自然保护区和生态功能保护区占全省的 18% 以上；城镇清洁能源使用率达 80%；矿山生态环境恢复治理率达到 35%；城市空气环境质量全部达到二级标准；地表水水质达标率、城市污水处理率、工业固体废物综合处理率分别达到 80%、70%、85%；生态城镇占全省城镇总数的 25%。

（1）深入推进重点流域水污染防治。重点治理辽河流域干流污染，加强松花江流域的伊通河、饮马河、辉发河等主要支流的综合治理，以及图们江、鸭绿江国际界河的环境管理和污染防治，加大饮用水源的保护力度，确保全省人民饮水安全。到 2015 年，松花江流域消灭劣 Ⅴ 类水质，全省城镇集中式饮用水水源地水质主要指标达标率为 100%，农村饮水安全普及率由"十一五"末期的 86% 提高到 100%。全省地表水国省控断面劣 Ⅴ 类水质的比例小于 20%，主要江河市（州）出界考核断面水质达标率不低于 80%。大力改善全省空气环境质量。强化颗粒物和机动车尾气的污染防治，市（州）政府所在地城市空气质量好于二级标准的天数达到 292 天，80% 的县（市、区）城市空气质量稳定达到国家二级标准。重点工业企业排放达标率达到 95% 以上。

（2）统筹城乡环境治理。加大工业污染治理力度，着力解决工业结构性污染问题，严格环境准入，推行清洁生产，到 2015 年，全省工业企业污染物排放稳定达标率到 90%。加强城市环境综合整治，加快城镇环境基础设施建设，开展国家环保模范城的创建活动，在"十二五"初期县县建成污水处理厂基础上，加快建设重点建制镇污水处理厂，加强现有污水处理厂的升级改造和配套管网建设，城镇污水集中处理率平均达到 70%；提高生活垃圾无害化处理水平，县以上城市全部建成垃圾处理厂，城市生活垃圾无害化处理率达到 80%。到 2015 年，全省创建 100 个以上生态乡镇，400 个生态村，80% 以上的畜禽规模化养殖场配套完善粪便处理设施。到 2015 年，全省危险废物污染防治达标率达到 90%，放射环境质量控制在天然本底值范围内。在吉林省被列为第二批农村环境连片整治示范省后，中央财政为吉林省安排农村环保专项资金 7 亿元，吉林省按 1∶1 配套资金 7 亿元。至 2013 年，吉林省将投入 14 亿元用于农村环境连片整治。吉林省确定了 4 个连片整治重点区域：一是长吉一体化区域内的农村地区；二是松花江和辽河流域；三是重要饮用水水源地周边的农村地区；四是"问题村"和典型村的环境整治。

（3）全面推进生态建设。加强东部地区森林资源和矿产资源保护、天然植被的保护和恢复。推进东中部地区水资源保护和合理开发。实施中部地区水土流失和小流域治理及黑土地保护。强化西部地区生态修复、草原湿地保护、荒漠化和盐碱化治理。建立上下游地区、自然生态保护地区和建设开发地区之间的生态补偿机制，有效保护和科学开发生态资源。加强环境风险防范。开展重点环境风险源和环境敏感点的调查和综合评估，加大对重金属、持久性有机物、危险废物、危险化学品污染防治力度，推动历史遗留的重点环境隐患治理。

第四节　大力推进节能减排，积极发展循环经济

● 一 节能减排与循环经济建设现状

"十一五"规划实施五年来，全省各地、各部门和重点企业认真贯彻国家和省委、省政府部署，把节能减排作为推动发展的重要任务，加强规划指导，推广节能降耗新技术，淘汰落后产能，实施重点节能减排工程，特别是强化公共机构节能，节能减排工作取得明显成效。吉林省"十一五"期间节能量如表 9-2 所示。

在能源节约方面，"十一五"期间，吉林省万元 GDP 能耗比"十五"期末降低 30%，年均降低 6.9%，5 年实现节能 2476 万吨标准煤。全省行业节能取得显著成效，全省万元工业增加值能耗降低 35%，节约 2135 万吨标准煤；万元

建筑业增加值能耗降低 14.5%，节约标准煤 25 万吨；万元农业增加值能耗降低 18%，节约标准煤 40 万吨；万元第三产业增加值能耗下降 15.5%，节约标准煤 276 万吨。其中，政府机构用能总量减少 15%，节约标准煤 47 万吨；生活用能总量减少 20%，节约标准煤 115 万吨。

表 9-2 吉林省"十一五"期间节能量

年份	GDP/亿元	万元 GDP 能耗/吨标准煤	万元 GDP 能耗比上年降低/吨标准煤	节能量/万吨标准煤	节能量/万吨标准煤
2005	3342.78	1.639			
2006	3777.34	1.526	0.113	427	427
2007	4268.39	1.421	0.105	448	875
2008	4823.28	1.323	0.098	473	1348
2009	5450.31	1.232	0.091	496	1844
2010	6158.85	1.147	0.085	524	2368

资料来源:《吉林省节能"十二五"规划》

在减少污染排放方面，全省通过推进工程减排、结构减排、管理减排三大措施，主要污染物排放总量得到有效控制，到 2010 年年底，全省化学需氧量、二氧化硫排放量控制在 35.21 万吨、35.63 万吨，较"十五"末期下降 13.48%、6.72%，分别完成"十一五"减排任务的 130.7%、142.7%，减排任务完成率位居全国第四位和第五位。

煤矿更新大批老旧杂设备，降低了能耗，整顿关闭了小煤矿 235 处；加强资源综合利用，建成 5 座瓦斯发电站，总装机容量达到 1.15 万千瓦，2010 年末累计利用煤层气 1145 万米^3，发电 3435.5 万千瓦时；利用煤矸石发电并生产建筑材料，减少了煤矸石排放。电力"上大压小"超额完成国家下达指标，关停小火电机组 160.92 万千瓦，推进了燃煤机组脱硫改造；火电供电煤耗比"十五"末下降 13.54%，积极开展电力需求管理和小火电机组发电权替代，提高了发电和用电能效。石油天然气行业千万吨炼油项目结构调整、硫黄回收、热能梯级利用效果显著，炼油能耗比"十五"末下降 8 千克标油/吨。

吉林省节水型社会建设初见成效。至 2010 年，全省总用水量为 160.34 亿米^3 左右，年用水增长率 8.33%，其中工业用水年增长 4.77%，农业用水年增长 9.43%。万元 GDP 用水量由 335 米^3 下降到 328 米^3。在农业方面，到 2010 年，新增工程节水灌溉面积 1312.9 万亩，农田灌溉水利用系数进一步提高，多数地区达到 0.54 以上，综合亩均毛灌溉用水定额较 2005 年减少 34 米^3。在工业方面，重点行业的火力发电、石油及化工、造纸、冶金、纺织、食品等，通过产业结构调整、企业技术改造和调整经济政策等，到 2010 年工业用水重复利用率由 2005 年的 55.81% 提高到 70.71%，工业万元增加值综合用水量降低到 104 米^3，工业供水管网漏失率由 2005 年的 17.17% 下降到 14.79%。在城镇生活方面，节水器具普及率提高到 62%，城镇生活人均用水定额达到每天 231 升，城市供水管网漏失率由 2005 年的 25.7% 下降到 20.7%。

土地资源利用更加合理。实行最严格的耕地保护制度，切实加强基本农田保护。严格控制城市和村镇建设用地。至 2010 年，全省新增建设用地控制在 6500 公顷，耕地总量保持在 66.8 万公顷。加强黑土地资源保护和水土流失防治，搞好矿山生态恢复和土地复垦。完善土地市场建设，全面落实招标、拍卖、挂牌出售制度，逐步把批租制改为年租制。结合民防建设，合理利用城市地下空间，科学规划建设地下停车场、地下通道及地下商业设施。

能源利用效率普遍提高。"十一五"期间强化了工业节能的思路，大力推广先进节能技术，重点工业累计节能量达到 1400 万吨标准煤。"十一五"期间，全省交通运输业累计节能量达到 500 万吨标准煤。在此期间，大力提倡绿色运输，适当加大小排量汽车的数量；加速淘汰高耗能的老旧汽车；加快发展柴油车、大吨位车和专业车；推广厢式货车，发展集装箱等专业运输车辆；改善道路质量；加快运输企业集约化进程，优化运输组织结构，提高运输效率；继续推广使用汽车燃料乙醇汽油，积极研发可替代燃料，减少一次能源使用量。全省建筑、民用等领域累计节能量在 2010 年达到 400 万吨标准煤。同时，完善了能源管理政策，推进新能源和再生能源开发利用。加强矿产资源规划管理，推行矿业适度规模经营，整顿规范矿业秩序，提高矿产资源开发利用水平，有效保护矿山地质环境。

工业"三废"综合利用成果显著。"十一五"期间，吉林省工业固体废弃物的综合利用规模不断扩大，综合利用产值达 36 亿元，综合利用量为 1281 万吨，利用率达 52.5%，与 2005 年比，增加了 6.1 个百分点。其中，煤矸石综合利用率达 74.7%，粉煤灰综合利用率达 41%，化工废渣综合利用率达 60%。新型墙材工业已形成以粉煤灰烧结空心砖和各类砼空心砌块为主导产品的系列化体系。工业废水（液）利用率有较大提高。全省工业重复用水量约 65 亿吨，工业重复用水率达 76%。四平、公主岭、辽源等城市已具备了再生水利用生产能力。矿井水回收利用率达 20%。工业放散气及余热、余压综合利用水平逐步提高。其中，瓦斯气抽放利用率达 35%。辽源矿业集团利用瓦斯总量达 27.7 亿米^3，吉林建龙、龙源钢铁公司、通钢都先后进行了高炉煤气发电，通钢、吉铁的余热综合利用,都取得了显著效益。

坚决淘汰落后产能和严控高耗能高排放行业的发展。2010年,关停小火电机组65万千瓦,淘汰水泥85.6万吨、造纸4.5万吨和酒精2.5万吨。目前,吉林省按照国家落实淘汰落后产能实施意见的要求,对没有完成任务的地区,暂停其项目的环评、供地、核准和审批,并追究主要领导责任;对未按期完成任务的企业,依法吊销生产许可证、排污许可证和安全生产许可证。对列入全国千家企业节能行动的23家企业和省内综合能耗万吨标准煤以上的100家重点企业,层层落实目标责任和降耗措施。严控"两高"和产能过剩行业新上项目。

加快节能技术改造和开发应用。加大节能新技术、新工艺、新材料、新设备的研发和应用,推进技术创新和科技成果转化,提高科技进步对节能减排的贡献率。突出工业领域,发展清洁生产和循环经济、低碳经济,积极推广余热余压利用、燃煤锅炉改造等节能技术,实施吉林化纤能量系统优化、吉林炭素工艺节能改造等100个重点节能项目。继续开展节能产品惠民工程,推广高效节能灯300万盏,做好高效节能空调推广工作,加大汽车、家电以旧换新工作力度,加快节能环保型汽车和清洁能源汽车研发进度。扎实开展长春市节能与新能源汽车示范推广试点,在已有50辆气电混合动力客车投入公交运营基础上,增加到100辆。

积极发展清洁能源,提高技术装备水平。大力调整能源结构,提高清洁能源占能源消费的比重,努力改变过度依赖煤炭能源的局面。天然气是一种清洁、低碳的能源,使用天然气比使用煤炭可以减少二氧化碳排放量50%、比石油减少30%。吉林省近年来积极落实与中石油公司的协议,加快实施"气化吉林"工程,逐步提高天然气管道覆盖率、天然气气化率、工业用气量,增加天然气占吉林省能源消费的比重。继续推进火电"上大压小"工作,推广中小城市背压机组建设,这不仅可以取代小锅炉供热,提高供热质量,而且有利于推进节能减排和减少环境污染,同时,小容量的装机负荷也可以缓解吉林省冬季电网调峰压力。另外,积极开发生物质能源,开展农业废弃物资源化利用。大力发展风电,积极推进水电、核电、光伏发电等可再生能源建设,构建多元化能源保障格局,减轻吉林省节能减排压力。

吉林省节能减排科技装备水平得到普遍提高。2010年年末,全省煤矿采煤机械化程度达到72.97%;掘进机械化程度达到27%。电力30万千瓦、60万千瓦超临界发电机组和500千伏变电站相继投入运行。天然气脱碳、二氧化碳驱油等一批重大科技成果推广应用到石油天然气行业,成效显著。吉林明阳大通、三一通榆产业园风电整机、叶片生产线投产，华锐等知名企业进入吉林风机市场；吉林昊宇公司消化吸收国外先进技术，研发制造的第三代 AP1000 核电主管道项目通过国家鉴定；引入中国兵器装备集团，以风机、太阳能电池组件、输变电设备制造为重点的新能源产业园建设启动。

组织开展循环经济示范区和示范项目建设，积极推动全省资源节约综合利用。推进企业开展清洁生产，目前全省已完成 12 家企业清洁生产审核试点，并通过了省级验收。创建了 10 个生态工业示范园区。在建设节约型社会方面，一批节能、节水、资源综合利用项目已经开始实施。

近几年吉林省在探索循环经济发展道路上取得了显著成效。已经建成了一批符合循环经济发展要求的重点企业、生态工业（农业）园区；选择有代表性的城市和区域，开展循环经济城市和区域试点；推进绿色消费，完善再生资源回收利用体系；全省资源利用率显著提高，废物最终处置量明显减少，初步建立资源节约型、环境友好型和谐吉林。循环经济在推进生态省建设、促进经济增长方式转变和提高经济发展质量等方面发挥着重要作用。截至 2010 可年年末，吉林省每万元 GDP 能耗由 2005 年的 1.60 下降到 1.22；每万元工业增加值取水量下降 35%；工业固体废物综合利用率达 65%；废旧物资回收利用率达 65%；主要再生资源回收利用率达 85%；城镇生活垃圾无害化处理率达 70%；固体废物无害化处理率达 100%。相关数据显示，在 2008 年年底，化学需氧量排放量为 37.43 万吨，下降 6.42%，居全国第四位；二氧化硫排放量 37.75 万吨，下降 5.38%，与 2005 年相比首次出现拐点。2009 年，全省化学需氧量（COD）排放量 36.08 万吨，比上年下降 3.62%；二氧化硫（SO_2）排放量 36.3 万吨。

同时，围绕重点行业、重点领域、重点产业园区和具体城市开展的循环经济试点工作也初见成效。再生资源集散市场国家级试点单位，吉林市、四平、白山循环经济示范区等四个循环经济试点单位已成为吉林省循环经济的亮点。例如，白山市 2010 年的单位 GDP 综合能耗比 2005 年降低 22%，二氧化硫提前一年完成减排任务，化学需氧量排放总量减少 10%，市中心区空气质量良好天数达到 318 天，并成功迈进中国十大生态旅游城行列。

二 节能减排与循环经济发展中存在的问题

节能减排与循环经济发展中存在的问题主要有如下几个。

一是资源和环境约束增强，环境保护和资源节约意识淡薄，体制性机制性障碍仍然存在。全省资源利用率低，单位增加值耗水、耗能水平是全国平均水平的 1.5 倍和 1.3 倍，既增加了生产成本，加剧了资源消耗，也造成了环境污染。全省企业环保设施投入不足、开工率低，东辽河流域水污染治理任务繁重，松花江流域水污染治理尚未全面完工。

二是认识不足，全社会对循环经济还缺乏了解和认识，企业自主发展循环经济的意识有待增强。一些地方与部门较重视和强调经济增长，往往忽视生态环境保护，对发展循环经济缺乏认识。

三是节能减排机制不甚健全。节能减排的政策支持体系、技术服务体系和监督管理体系与现有市场经济体制适应性较差，因而国家和省明令禁止的高耗能工艺、设备、产品难以淘汰，节能先进技术难以大量采用和推广，节能技术改造项目不易落实。另外，吉林省始终没有执行"新建项目年综合能耗超过 2000 吨标准煤的都应有节能专项评估报告"的规定。

四是吉林省尚未制定工业企业能源消耗定额，企业产品能耗水平没有参照标准。目前，吉林省还没有制定一个科学合理的工业企业主要产品能耗定额指标，因而政府对企业考核没有科学依据，企业也没有能源消耗水平的参照标准，这也是导致企业"轻节能重生产"的主要原因之一。

五是节能减排专项资金短缺，节能减排机构能力建设薄弱。全省能源监察及监测部门能力建设资金严重不足，致使检测和监测设备仪器陈旧，缺少必备的交通工具，节能专业人员缺乏足够的培训资金，办公自动化能力较低等。

▣ 三 节能减排与循环经济的发展目标

节能减排与循环经济的发展目标如下。

（1）加大节能工作力度。严格执行法律法规和相关技术标准，坚决淘汰落后产能。加快节能技术进步，积极推进节能新技术、新材料、新设备在工业、建筑、交通等领域的应用。实施燃煤锅炉改造、余热余压利用、节约和替代石油等重点节能工程。强化节能体系建设，建立健全节能标准、统计、监测、考核、政策等五大体系，强化节能目标责任评价考核。加强重点用能单位的监管，严格执行能耗限额和产品能效标识，对超限额的产品实行惩罚性电价。积极推行合同能源管理模式，全面开展固定资产投资项目节能评估和审查。加大舆论宣传和引导，深入开展节能减排全民行动，建设百家节约型公共机构示范单位。力争到 2015 年，单位地区生产总值能耗比 2010 年下降 16%。

（2）加强水资源节约。大力推进重点工业领域节水技术改造，在火力发电、石油石化、钢铁、纺织等高耗水行业，重点实施节水工艺改造及循环利用水工程，全面提升工业用水效率。加强城市节约用水，强制推广应用节水产品和器具，加快城市供水管网改造、居民社区节水示范、城市污水处理和中水回用、劣质水利用等工程建设，加快节水技术、设施研发与推广应用，建立用水计量与节水监督服务体系。

（3）强化污染减排。淘汰煤耗高的火电机组、供热小型燃煤锅炉，削减污染物排放。严格控制高耗能、高排放行业过快增长，控制新增排放量。继续推进重点排污企业深度治理，降低污染物排放强度。全面推进燃煤机组脱硫工程，着力推进30万千瓦以上燃煤机组脱硝工程、规模化畜禽养殖污染治理工程，加大机动车尾气治理力度。强化污染减排目标责任考核，严格污染物排放标准。健全完善脱硫优惠电价、脱硫机组优先发电调度、污水管网建设以奖代补、政府绿色采购等环境经济政策，探索建立污染治理设施稳定运行的长效机制，积极开展松花江流域主要污染物排污权交易试点。

（4）推动循环经济发展。按照减量化、再利用、资源化，减量化优先的原则，以提高资源产出率为目标，在生产、流通、消费各环节，在企业、园区、社会各层面，推动循环经济发展，加快构建覆盖全社会的资源循环利用体系。规划在全省企业层面、区域层面、社会层面和资源再生产业方面滚动实施"53121"工程，即抓好50个循环经济骨干企业（项目），3个循环经济示范园区，1个循环经济试点市，2个循环经济试点县（市），1个国家循环经济试点重点领域建设。循环经济重点领域建设在全省再生资源回收利用体系建设、废旧金属再生利用、废旧家电回收利用、再制造等4大领域开展循环经济试点工作。集中力量建设好国家第一批循环经济重点领域试点项目——吉林市再生资源集散市场建设。推行循环型生产方式。加快推行清洁生产，对原有工艺设备进行清洁生产审核，严格执行新上项目节能评估审查、环境评价制度，从源头上减少废弃物的产生和排放。

（5）大力开展矿产资源节约与综合利用示范区建设。加强对吉林、白山、延边、通化等地区老矿区低品位、共伴生矿产及尾矿、废石综合利用，提高资源综合利用率和综合回收率。大力推进钢铁、化工、火电等行业粉煤灰、脱硫石膏等大宗工业固体废弃物和建筑、道路废物，以及农林废弃物资源化利用。到2015年，工业固体废弃物综合利用效率达到70%，秸秆综合利用率达到90%，畜牧业规模养殖场（小区）粪污无害化处理和资源化利用率达到80%以上。

（6）完善再生资源回收体系。加快建设回收站点、集散市场、分类拆解"三位一体"的回收网络，建立健全垃圾分类回收制度，推进餐厨废弃物等垃圾资源化利用和无害化处理，促进再生资源规模化利用。积极开展一汽集团国家级零部件再制造、吉林市再生资源利用试点，加快推进白山、辽源等城市餐厨垃圾资源化利用试点和长春、吉林、珲春"城市矿产"试点。

第十章 深化体制改革，增强
发展内生动力①

坚持社会主义市场经济改革方向，加强改革总体指导和统筹协调，充分发挥各方面改革积极性，着力消除不利于发挥市场基础性作用、不利于转变经济发展方式、不利于社会和谐稳定的体制机制障碍，为推动科学发展奠定体制机制基础。

完善现代产权制度，发展民营经济，扩大有效需求，建设市场体系，扩大和提高对内对外开放水平，提高吉林省在东北区域向北、向东开放战略行动中的地位、作用。继续推进各项行政体制（包括财政管理体制）改革和社会管理体制改革，从根本意义上实现"还政于民、问政于民"。

第一节　完善现代产权制度，发展民营经济

坚持公有制为主体、多种所有制经济共同发展的基本经济制度，营造各种所有制经济依法平等使用生产要素、公平参与市场竞争、同等受到法律保护的体制环境。坚持平等保护物权，推进公平准入、改善融资条件、破除体制障碍，不断完善社会服务体系，促进非公有制经济总量上规模、结构上层次、质量上水平、管理上台阶。

➊ 优化国有经济布局和结构，建立健全现代企业制度

东北老工业基地振兴战略实施以来，吉林省以体制机制创新为动力，以产权制度改革为核心，以建立现代企业制度为目标，大力推进国有企业改革和国有经济布局调整来增强国有经济活力、控制力、影响力。大力发展国有资本、集体资本和非公有资本等参股的混合所有制经济，实现产权多元化，进一步释放微观经济主体活力。打破地区、行业、所有制的限制，引进战略投资者，推进企业兼并重组，培育具有国际竞争力的大型企业集团，增强国有经济竞争力。完善国有资产监督管理体制和组织体系，探索建立公益性和竞争性国有资产分

类管理办法，健全国有资本经营预算和收益分享制度。

1. 推进国有企业调整重组，优化国有经济结构布局

优化国有经济布局结构是提高国有经济发展质量和效益的重要途径。要着眼于优化国有资本配置，强化国有资本在战略性领域的控制力和影响力，加大结构调整力度，加快培育一批行业排头兵企业和具有较强国际竞争力的大公司大企业集团。按照国务院出台的区域经济社会发展意见的要求，紧紧结合编制"十二五"规划和重点产业调整振兴规划，培育发展技术含量高、带动作用大的战略性产业，推动国有资本向优势、支柱、特色产业及行业的龙头企业集中，推动产业结构优化升级，做强做大优势国有企业。围绕地方经济发展规划和布局结构调整重点，以骨干企业为龙头推进并购重组，进一步提高产业集中度。推动企业进一步明确战略定位和发展方向，加大企业内部资源整合力度，推进非主业资产的剥离重组，推动优势资源向主业集中。

鼓励、支持国有企业开展跨国、跨区域、跨所有制的联合重组，鼓励、支持各种所有制性质的企业，特别是有实力、有信誉的民营企业参与国有经济布局结构战略性调整。继续推进劣势企业关闭破产，努力探索在市场经济条件下劣势企业依法、有序、平稳退出市场的通道。进一步发挥国有资本经营预算对企业重组的引导和带动作用，通过国有资本的有序合理流动，有效配置国有资本，推动国有经济布局和结构不断优化。继续推进国有资产经营公司试点，构建国有资本布局结构调整和中央企业重组的新平台。探索科研院所与大企业集团结合的有效方式和途径，完成政策性关闭破产项目的组织实施。继续深化粮食购销、森工、文化、煤炭等领域的国企改革，增强国有经济的活力、控制力和影响力。

吉林省针对国有企业比重大、发展活力不足等长期积累的深层次矛盾，全力实施国有企业改革攻坚，全省绝大部分国有企业完成改制任务，企业发展的活力和国有资本控制力明显增强。大规模、集中式的企业改革已基本告一段落。到2006年年初，列入攻坚计划的816家企业全面完成改制任务，整体上实现了由国有及国有控股转变为股份制或民营独资，职工劳动关系实现转换，债权债务得到妥善处理，国有资本结构得到优化，现代企业制度基本建立。2008年，解决国企改制遗留难点企业问题和分离办社会职能、政策性破产工作取得新的进展。2009年，国企改制遗留难点问题得到有效解决。2010年，41家企业政策性关闭破产基本结束，通钢、吉粮集团分别实现战略性重组，厂办大集体改革深入实施，组织开展厂办大集体职工和"五七家属工"养老保险参保续保试点。

抓住全球范围内新一轮制造业转移的机遇，支持优势企业与国内外一流企业合资合作，纵向延长产业链，横向兼并收购，发展跨地区、跨行业、跨所有制的大集团，打造吉林省参与国际产业分工与合作的龙头。到 2015 年，在全省形成更多的主营业务收入超过 10 亿元的大公司和企业集团。

2. 建立健全现代企业制度

激发国有企业内在发展活力是提高国有经济发展质量和效益的必然要求。要继续加大公司制改革力度，通过重组上市、合资合作、相互参股等多种途径，加快推进国有企业，特别是母公司层面的公司制股份制改革，促进投资主体多元化。积极推动企业集团核心业务资产上市或整体上市，推动优势资源向绩优上市公司集中，提高企业资本的证券化比重。继续推动规范董事会建设，坚持外部董事占多数的原则，选好配好外部董事，真正实现决策层和经营层分开；推进董事会规范运作，建立完善规章制度，充分发挥专门委员会的作用，提高董事会科学决策水平；开展对董事会、董事年度和任期评价工作，对董事会运作较为规范的国有独资公司，按照公司法的要求将经营班子管理权下放董事会，逐步将部分属于股东的权力下放给董事会；根据企业股权结构的不同，依法正确处理好国资委与董事会的关系，建立健全董事、董事会与国资委的信息沟通与交流机制，建立完善董事会向国资委报告年度工作制度。健全适应现代企业制度要求的选人用人新机制，进一步加大企业领导人员选聘方式改革力度，继续深化用人、考评、激励制度改革，加快市场化选聘人才步伐。

3. 减轻国有企业负担

争取国家政策支持，多渠道筹措资金，增强支付国有企业改革成本的能力。进一步做好主辅分离辅业改制工作，使辅业单位与主业单位脱钩，组建非国有法人控股的新企业。帮助国有大中型企业剥离办社会职能，加快企业富余人员带资分流步伐；采取多种措施，减轻企业债务包袱，化解企业改制难题。积极稳妥处理好国有企业改革中出现的问题，充分发挥企业党群工会组织作用，维护职工合法权益。省政府制定了《省属国有企业分离办社会职能工作实施办法》，确定分离企业办社会职能工作与国有企业改革同步，分离移交经费由省财政承担，其他机构采取市场化分离。省企改办专门召开电视电话会议进行部署，省直有关部门采取各种措施积极支持。有关企业和企业主管部门相应地成立了分离移交工作小组，制订了移交接收工作方案，实现顺利移交。

4. 继续推进厂办大集体改革试点

吉林省厂办大集体改革在长春、四平、白山三个城市试点。目前突出的矛盾是改革成本严重不足。据测算，全省解除职工劳动关系和接续养老保险共需约 110 亿元。按现行政策，国家补助 18 亿元，省补助 16 亿元，仅占 30%；部分"三无"企业经济补偿金没有自筹能力，三个试点城市缺口 6 亿元；职工养老保险关系接续企业欠费断保人数 11 万人，人均欠费约 1.5 万元，政府承债每人 7500 元，总额约 8.3 亿元，地方财政压力很大。

二 促进民营经济和中小企业发展

吉林省中小企业及民营经济发展呈现快速增长扩张趋势，但与其他发达省份相比差距很大，主要表现在总量少、规模小、效益低。吉林省中小内向型企业多，外向型企业少；民营企业中小型零散企业多，强企、龙头企业少，企业整体素质不高，产品科技含量低，竞争力弱。为此，应大力发展中小企业和非公经济。深入贯彻《关于促进全民创业的若干政策》，研究制定新的政策措施，进一步改善振兴发展软环境，着力解决民营企业融资难、担保难问题，加强创业文化和制度建设，促进全民创业，真正把吉林建设成为投资成本最低、服务环境最好和发展潜力最大的创业发展高地。

1. 实施民营经济腾飞计划，促进民营经济快速发展

"十一五"期间，吉林省民营经济实现快速发展。到 2010 年年底，全省民营经济主营业务收入达到 1.39 万亿元，上缴税金 412 亿元，从业人员 470 万人。民营经济增加值占全省地区生产总值的比重由 2006 年的 35% 提高到 49.2%。

从 2007 年开始实施三年民营经济腾飞计划，制定出台了一系列政策措施，把发展民营经济摆上重要位置，放宽市场准入，加大融资扶持，组建中小企业服务联盟，改善发展环境，全力推动民营经济发展，实现了总量、质量、效益大幅提高，拉动了经济增长，增加了社会就业，培育了一批企业，促进了结构优化。但中小企业总量小、质量不高、配套性差等问题依然突出。尤其在国际金融危机冲击考验下，吉林省中小企业自身也进一步暴露出了产品层次低、市场开拓能力弱、自主创新能力差等诸多问题。

2011 年，吉林省开始实施为期 3 年的新一轮民营经济腾飞计划。新一轮的民营经济腾飞计划以转变经济发展方式为主线，以做大总量、做优结构、做强龙头、做精产品、做长链条为目标，抓住企业孵化、成长、集聚、配套和延伸等关键环节，实行基地化生成、产业化发展、职业化管理、市场化运作、社会

化服务。按照计划目标，到 2012 年，全省中小企业主营业务收入实现 1.6 万亿元，三年增长 60%，中小企业户数达到 12 万户，规模以上企业户数达到 1 万户，主营业务收入超亿元企业达到 2000 户，科技型民营企业发展到 6000 户。到 2013 年，吉林省民营经济主营业务收入将达到 2.4 万亿元，增长 72%，民营经济增加值占全省地区生产总值的比重将达到 56%，比 2010 年提高 7 个百分点；到 2015 年，吉林省民营经济主营业务收入将翻一番，达到 2.8 万亿元，民营经济增加值占全省地区生产总值的比重将达到 60%。

2. 创新非公有制经济发展环境

强化政策支持，使非公有制企业在市场准入、进出口、用地、信贷、企业债券发行等方面同等享受国家和地方各项政策待遇。支持民间资本进入基础产业、基础设施、市政公用事业、金融服务、文化产业等领域，不断提高民间投资在全社会投资中的比重。鼓励和引导民营企业通过参股、控股、资产收购等多种形式，参与国有企业改革重组。在县域经济、百镇建设、科技创新、基础设施、公用事业、金融服务和社会事业等领域，非公经济要实现新的历史性跨越发展。

着力推动全民创业。把创业作为富民的重要途径，鼓励全社会成员自主创业，提高创造财富人群比重。支持经营管理人员和科技人员带头创业，扶持下岗人员自主创业，帮助高校毕业生自立创业，推动广大农民致富创业，鼓励有成就的外出务工经商人员回省创业，吸引省内外人才和归国留学人员发展创业。进一步降低创业门槛，实行初创企业 2 年筹备期制度，凡符合国家法定前置审批条件的，筹备期间允许正常生产经营，享受新设企业相关政策。

实施中小企业创业成长工程，支持创业（孵化）基地建设，培育和发展一批成长型中小企业，壮大骨干企业群体。到 2010 年，全省建设更多的省级创业（孵化）基地。引导中小企业、非公有制企业完善法人治理结构，建立现代企业制度。充分发挥吉林省和东北地区老工业基地大企业聚集的优势，鼓励中小企业与大企业形成产业链的协作配套关系，促进专业化发展，尽快做大做强。

支持民间资本向股份制银行和中小金融机构投资入股，帮助有条件的企业到境内外资本市场融资。健全信用担保体系，尽快全面组建东北中小企业信用再担保公司分支机构，强化中小企业信用建设，不断增加贷款支持。设立中小企业贷款风险基金，加强对民间投资的金融服务。加大财税金融支持力度，对初创小型企业，由注册地政府按注册资本金的 30% ～ 50% 给予补助；逐步提高对自主创业者的贷款支持额度。

完善公共服务体系。支持在产业集群和工业集中区建立研发中心、检测中心、试验中心、信息中心、人才教育培训基地、信用担保机构等公共服务平台。按照社会化、市场化原则，引进培育资信评估、法律咨询、合作交流等各类中介服务平台。到2010年，培育形成更多的具有一定规模和较高档次的各类公共服务平台。继续实施"千名企业家""万名创业者、万名小老板"培训工程，壮大一批主业突出、核心竞争力强的民营企业集团和龙头企业。

第二节 扩大有效需求，建设市场体系

通过扩大消费需求来扩大拉动真实有效需求；通过调节收入分配，促进社会公平，推动经济长期持续增长。建设统一开放、竞争有序的市场体系，把经济协调发展的基础建在国内市场不断扩大的可靠基础上。

● 一 着力扩大消费需求

1. 实施积极的促进消费政策

（1）完善扩大消费特别是居民消费的政策措施，增强居民消费能力，增强消费对经济的拉动作用。2010年上半年，吉林省在"家电下乡"和减免小排量汽车购置税政策的作用下，家用电器及音像器材类商品和汽车类商品销售分别同比增长30.5%和34.7%；文化办公类商品销售同比增长63.3%；书报杂志类商品销售同比增长37%；金银珠宝类商品销售同比增长27.5%；化妆品类销售同比增长25.8%。

近年来，吉林省消费信贷呈快速增加趋势。2001～2009年累计增加消费贷款403.7亿元，年均增长速度高达44.5%，高于同期各项贷款年均增速33.2个百分点。到2010年5月末，全省消费贷款余额达610.5亿元，同比增长85%，继续呈加速增长态势。消费信贷品种不断创新。吉林省金融机构开办了多种形式的个人消费贷款业务，包括个人住房抵押贷款、个人汽车贷款、个人住房装修贷款、耐用消费品贷款、教育助学贷款、旅游贷款等。

（2）优化消费环境。依托城市交通建设，重点发展长吉"一小时消费圈"，积极发展个人消费信贷，推动消费模式向信用支持型转变。进一步加强价格调控监管，完善产品质量检测体系，规范市场秩序，创建优质的消费环境。继续实施家电、农机、汽车下乡和家电以旧换新等政策，探索实行家电下乡"即买

即补"政策，进一步激发农民消费积极性。深入实施"万村千乡""双百"市场工程，搞好农产品"农超对接"试点，为扩大农村消费创造条件，同时研究扩大城市居民消费的促进措施。

2. 积极培育新兴消费热点

大力培育假日旅游、电子商务、文化创意、影视娱乐等时尚消费热点。挖掘需求潜力，培育旅游、文化、教育、健康等新的消费热点，推动消费升级，进一步提高消费对经济增长的拉动作用。近年来，随着城镇居民生活水平的提高，以提升生活质量的体育娱乐用品、建筑及装潢材料、家具、汽车等为主的消费热点不断涌现，居民消费结构升级明显加快。家用汽车已逐步进入居民家庭，从而带动了城镇居民家庭与汽车相关的各类收支的快速增长。人们对医疗保健的需求更加讲究，用于教育方面的支出不断上扬。吉林省教育文化娱乐消费支出占消费总支出的比重大幅上升。随着居民收入的提高和休闲时间的增多，健身、旅游等逐渐成为居民生活的重要内容。

据统计，2009 年全省城镇居民在文教娱乐支出方面比上年增长 5.25%。从目前情况看，居民已走过温饱型消费阶段，服务性消费具有非常大的拓展空间。旅游消费中，出游方式以自驾游、自助旅行、自由行、家庭或亲友结伴为主。农村居民在社会需求方面，更加注重追求信息的沟通和生活的现代化，用于交通和通信方面的支出在不断增加，家庭设备不断现代化。居民消费已由实物消费为主走上实物消费与服务消费并重的轨道。

二 调节收入分配

1. 稳步提高城乡居民收入

逐步提高居民收入在国民收入中的比重，提高劳动者报酬在初次分配中的比重，更好地发挥二次分配的调节功能促进分配公平。努力使全省城乡居民收入增长幅度高于全国平均水平，农民人均纯收入水平保持在全国前列，社会工资增长与经济增长相协调。

同时，全面提高城乡低收入群体财政补助水平。城镇居民最低生活保障资金投入力度不断加大，保障对象迅速增加。2009 年，吉林省建立了城乡居民最低生活保障标准自然增长机制。城市居民最低生活保障标准，以当地城镇居民上年度月人均可支配收入的 25% 确定。吉林省还对有残疾、年老、重病等丧失劳动能力人员的低保家庭给予重点救助。进一步提高社会保险待遇水平。2010

年吉林省企业退休人员养老金标准提高 13% 以上。提高了城镇居民基本医疗保险参保标准和报销比例。城镇居民参保补助标准由每人每年 80 元提高到 120 元；城镇居民住院统筹基金平均支付比例由原来的 50% 提高到 60%。2009 年，吉林省城市低保对象人均补助水平由 150 元提高到 170 元，2010 年进一步提高到 180 元。

2. 努力提高城镇居民工资收入

把提高工资水平作为调节分配关系的着力点和增加居民收入的主渠道，确保社会工资增幅高于全国平均水平。2010 年，吉林省上调了工资增长指导线的上、中、下三线，其中上线 18%、中线 13%、下线 8%。全省最低工资标准平均增长幅度达到 22.9%，调整后最高地区的最低工资标准达到 820 元 / 月，最低的地区最低工资标准达到 680 元 / 月。

建立和完善企业工资集体协商制度，建立企业职工工资正常增长和支付保障机制。企业年工资增长幅度超过 20% 的，免征超过 20% 部分应缴社会保险费的单位缴费。进一步提高企业退休人员基本养老金。坚持最低工资标准与职工平均工资挂钩，每两年至少调整一次，到 2015 年达到职工平均工资的 40% 以上。逐步提高机关事业单位人员收入水平。

3. 促进城乡居民增加财产性收入

引导和鼓励城乡居民利用动产和不动产增加收入，到 2015 年，城乡居民人均财产性收入达到全国平均水平。搞好农民承包土地、宅基地、林地、荒山荒地等使用权的确权，探索农民各类财产权抵押贷款办法。维护农民土地权益，完善征地补偿机制，对依法征收农民集体土地，按照同地同价原则及时足额给予补偿。发展住宅、汽车等二级市场和城镇房屋租赁市场，盘活居民资产。

4. 建立农民增收长效机制

大力发展效益农业，增加农民在粮食、畜牧、园艺特产等农业生产中的收入。完善农民专业合作社，到 2015 年，加入专业合作社的农户和所带动的农户达到农户总数的 50% 以上。强化龙头企业与农户利益联结机制，完善农村劳动力转移就业服务体系，促进农民就业向农村二、三产业和城镇有序转移。到 2015 年，农民稳定转移就业一年以上的达到 150 万人，农民年人均工资性收入力争突破 2000 元。积极发展度假农业、乡村旅游、客货运输等农业经营，农民家庭经营二、三产业收入达到农民人均纯收入的 10%。搞好农民承包土地、宅基地、林地、荒山荒地等使用权的确权。进一步落实粮食直补、农资综合补贴、良种补贴、增产增效技术推广补贴等各项强农惠农政策。

🈺 建设统一开放、竞争有序的市场体系

（1）充分发挥市场配置资源的基础性作用，加大市场网络建设的力度。建立公开、透明、规范、统一的市场准入制度。营造法治、公平、文明、诚信、和谐的市场环境。在放宽市场准入的同时，强化政府的市场监管。全面清理和取消妨碍公平竞争、设置行政壁垒、排斥外地产品等各种分割市场的过时规定，维护市场公平竞争。切实加强市场监管，规范市场管理和市场秩序。严厉打击制假售假、走私贩私、商业欺诈、传销等违法和扰乱市场经济秩序行为，引导企业规范经营和守法经营。维护消费者合法权益，营造安全放心的消费环境。

（2）大力发展各类生产要素市场。加快发展资本、产权、技术、土地和劳动力等要素市场；发展产权交易市场；加强资本市场的基础性制度建设，解决资本市场不适应经济发展的矛盾。

（3）深化金融创新，加强政银企合作，做大金融总量，优化金融生态环境，完善金融风险预警和应急机制，使金融更好地发挥支撑经济发展的作用。加快社会信用体系建设，健全信贷信用评级制度和授信制度。

（4）加快发展多层次信贷市场。积极引导民间融资健康发展。健全中小企业担保体系，完善担保风险补偿和风险分担机制。完善商业性金融、政策性金融和合作金融共同构成的农村金融体系。

（5）切实搞好地方金融组织创新，积极发展村镇银行，加快推进小额贷款公司试点工作，拓展农业保险业务范围。加快研究推动建立图们江合作开发股份银行、长吉图开发开放投资公司，设立图们江开发创业投资基金。抓住 IPO 重启和创业板启动的有利时机，推动企业上市直接融资。

（6）改革和完善政府管理土地市场的方式，坚持公平、公正、公开原则，除国家规定可以采取划拨方式供地外，所有建设用地一律通过招标拍卖挂牌出让，提高土地使用效率。

（7）进一步整合各类人才市场，构建覆盖城乡、服务各类人才的人力资源市场体系。支持和鼓励民营、私营资本投资人才中介服务，鼓励国内外知名人才服务机构来吉林省开展合作。放宽户籍准入政策，完善引进人才居住证等制度，促进人才合理流动。健全和完善技术市场，保护知识产权，促进技术成果转化。

（8）深化价格改革，理顺资源价格体系，完善反映市场供求关系、资源稀

缺程度、环境损害成本的生产要素和资源价格形成机制，重点理顺水、电、油、气、土地等价格。加强价格宏观调控。加强对教育、医疗、文化、旅游等服务产品的价格监管。严格查处乱收费、变相抬价的行为。坚持市场化取向，加快推进能够充分反映市场供求关系、稀缺程度、环境成本的资源要素价格形成机制改革。建立健全矿产资源有偿使用制度和生态环境补偿机制。深化电价改革，积极推进居民生活用电阶梯电价，对超能耗的企业和产品实行惩罚性电价。完善城市供热按热表计量收费政策。对农业用水逐步推行支渠口以下计量收费，其他水利工程供水逐步实施"两部制"水价，城市居民用水实行阶梯式水价制度。改革天然气价格形成机制。进一步开展治理规范涉及民生的收费工作。建立健全环保收费制度。推行污水按实际处理量进行补偿的价格机制。完善资源产权交易机制。

（9）结合整顿和规范市场秩序，以完善信贷、纳税、合同履行、产品质量信用记录为重点，通过道德建设、产权改革和法律约束，开展企业增信行动，完善警示和惩戒机制，加大对恶意逃废金融债务企业的曝光力度，逐步提升企业信用等级，改善金融生态环境。积极发展独立公正、规范运作、市场认可的行业协会和专业化中介服务机构，在行业内发挥应有作用。

第三节　实施开放带动战略，提升对外开放水平

在更高层次上推动"引进来"和"走出去"。突出引资引智并重，充分利用"两个市场""两种资源"，有效整合国内外生产要素，提高开放带动能力，形成全方位、宽领域、多层次的开放格局。

发挥开放优势、改善开放环境、扩大开放领域、优化开放结构、提高开放质量、壮大外向型经济，逐步形成内外联动、互利共赢、安全高效的开放型经济体系，打造参与国际经济合作与竞争的新优势，以开放促振兴。

不断完善涉外管理体制，加快建立以"便利化"为核心的服务机制。加快长吉图开发开放先导区建设，全力打造吉林省扩大开放、改革创新的重要平台。畅通我国通往日本海的国际运输通道，对俄对朝跨境经济合作区建设取得积极进展，打造形成一批特色鲜明、优势明显、具有较强集聚能力的国际产业合作园区，长吉基本实现区域经济一体化，长吉图区域的竞争力和影响力显著增强。

一 努力提高对外经贸规模和质量

（1）优化结构，扩大总量，促进产业优势尽快转化为出口竞争优势。大力发展服务贸易和加工贸易，加快发展边境贸易，积极开拓国际市场。推动汽车及零部件、轨道客车、农副产品深加工、医药及高新产品、木制品及家具、轻工纺织等产业扩大出口规模，形成一批出口优势产业群，加快建设国家级汽车及零部件出口基地、吉林特色农产品出口基地、科技兴贸出口创新基地和20个省级出口基地，支持市、县建设特色出口基地。促进涉外旅游、文化产业等服务贸易加快发展。推动对俄罗斯、朝鲜、蒙古国等国家资源合作开发，支持有实力的企业建立国际经营网络，打造品牌，扩大市场份额。鼓励先进技术装备、关键零部件和资源性产品进口。

（2）构建多元化对外贸易新格局。进一步优化贸易结构，加快对外贸易增长方式转变。巩固开发周边国家与地区市场，大力开拓欧盟、美国、日本等发达国家和地区市场，积极培育南美、中东、非洲等新兴市场，促进贸易市场多元化。继续实施"科技兴贸"和出口品牌战略，加大对汽车、特种钢材、机械设备、IT产品、光机电一体化等机电产品和高新技术产品出口的扶持力度，重点培育一批产品科技含量高、市场发展潜力大、外向度高的新兴高科技中小企业，不断扩大高新技术产品出口比重。

（3）大力发展纺织、服装、林木产品、矿产品和机电产品等领域的加工贸易，支持企业加入跨国采购链条，培育壮大出口主导型产业，建设出口产业集群。重点扶持进出口超过3000万美元的大企业，实现贸易主体产业化和本地化。到2015年，机电产品和高新技术产品分别占出口总额的30%和20%以上，本地产品比重达到50%以上。

（4）完善境外投资重大项目协调机制和"走出去"服务体系。积极引导吉林省有实力的企业"走出去"，加大与周边国家和澳大利亚、加拿大等国家在资源和能源领域的合作开发力度。实现贸易产品原产地多元化。鼓励有优势、有实力的企业到境外承接电站、道路、桥梁工程，投资石油勘探、矿产资源、森林资源开发，带动成套设备等优势产品和技术出口及劳务输出。支持皓月等农畜产品加工企业提高国际市场竞争能力。推动吉恩镍业、通钢、金海木业等企业在海外建立资源性产品开发、生产、加工及进出口贸易基地。

二 加大经济合作力度

（1）提高经济合作能力和水平。继续发挥政府组织推动和企业主体作用，深入研究国内外大公司、大财团的投资战略和目标定位，搭建信息平台，有针对性地组织项目，实现与战略投资者的产业链条和价值链有效对接。积极引进战略投资者，吸引世界 500 强企业及跨国公司设立分支机构。继续巩固扩大对中国港澳台地区、日韩和东南亚国家招商，加大对欧美国家的招商力度，稳定利用国际金融组织和外国政府贷款规模，重点支持节能环保、生态建设、基础设施及社会发展等领域，优化贷款结构，提高使用效益。加强省际经济合作，积极承接沿海发达地区资金、技术、产业、人才转移。围绕优势特色产业的扩能升级、深度开发和链条延伸，加强产业合作，注重引进附加值高、资源节约、节能环保和基地型、龙头型项目。

（2）创造互利共赢环境。加快社会信用体系、政策促进体系、服务保障体系和风险控制体系建设，依法保护投资者合法权益。精心策划和组织好境内外重大招商引资活动。充分发挥东北亚博览会、汽博会、农博会、长春电影节等各类展会和节庆活动的交流平台作用。积极营造尊商、亲商、安商、富商的良好软环境。

（3）加强与东北亚各国合作，充分发挥东北亚博览会作为我国与东北亚国家经贸合作和文化交流的重要平台作用，不断完善吉林省与东北亚各国地方政府首脑会晤机制，积极推动建立跨境经济合作示范区。

（4）坚定不移地抓好招商引资。以招商引资拉动项目建设，提升产业层次，促进体制机制、经营方式和管理模式创新。以"长三角"、"珠三角"和发达国家及地区为重点，大力开展产业链招商、园区配套招商和区域经济捆绑式招商，着力引进先进制造业、高新技术产业、资源精深加工业和服务业大项目，承接产业转移。进一步落实相关政策。鼓励和支持省外企业在吉林省设立企业总部或地区总部，大力发展总部经济。改进招商引资工作机制，实施市场化运作，完善投资信息平台，建立以国内外会计、律师、信息咨询、行业组织为主体的招商服务体系。到 2015 年，力争外商直接投资规模达到 30 亿美元。

三　加快长吉图先导区的对外开放

全面推进长吉图开发开放先导区建设。紧紧抓住长吉图开发开放上升为国家战略的重大机遇，加速推进长吉图区域发展，并通过长吉图的先行、先导和示范，引领和带动其他区域的发展，实现吉林省全面的开发开放。贯彻落实长吉图先导区规划实施方案，完善和实施相关配套规划，加快推进基础设施建设和产业发展，增强节点城市功能，提升国际合作水平，切实推动长吉图先导区建设取得实质性进展。

（1）加强基础设施建设。加快区域内高速公路、铁路、民航、水利、能源、城市基础设施、环境保护等重大项目建设，快速推进延龙图基础设施同城化工程、长东北新区和吉林北部工业新区建设。加快建设贯通东北经济区、蒙古国通往日本海的国际运输通道，推进跨境陆海联运通道和国际空港物流通道常态化运营。促进边境地区与腹地联动发展；突出抓好区域内交通、能源及跨境通道等基础设施建设，巩固拓展国际陆海联运航线，努力在借港出海、内贸外运等方面实现突破。

（2）加强各类园区建设。高起点建设一批国际、省际产业合作园区，主动承接产业转移和产业配套，全面提升区域产业国际竞争力。继续办好中国吉林·东北亚贸易投资博览会，拓展服务功能。尽快在长春设立图们江区域地方首脑联络处和东北亚国际合作办事机构，建设长春东北亚国际商务区和东北亚总部经济基地。加快珲春出口加工区建设，全力推进长春综合保税区的申报工作，探索设立沿边地区进口资源加工区。进一步完善和提升珲春边境经济合作区的功能，加快推进中俄珲春—哈桑跨境经济合作区、中朝珲春—罗先跨境经济合作区建设，为最终建立图们江自由贸易区创造条件。强化组织领导，建立协调机制，创新区域管理体制，尽快出台强有力的政策措施。充分利用先行先试政策，建设和运行好长春兴隆综合保税区和珲春保税物流园区。

（3）进一步优化长吉图对外开放的格局。长吉图一体化需要进一步扩大对外开放，实现中部突破。在人口、交通、物流的一体化网络中，发挥重要的中心枢纽作用。要主动出击，打破省界、市界，大胆引进域外的人口、人才、资源、资金。在建设物流通道时，要促进过境资源的截留、加工和升值。打通从日本海到蒙古国直到欧洲的欧亚大陆桥十分必要。在海关的支持下，长吉两市内陆港的建设取得进展；集装箱运输条件得到改善。在南北向骨干交通网络方面，除现有的哈尔滨—长春—沈阳—大连轴线外，还应增加"沈阳—辽源—吉林—牡丹江"的通道。

（4）加强节点城市建设。提升延龙图前沿功能，推动建设珲春特殊经济功能区，加快敦化等重要节点城市建设。延龙图城市口岸种类齐全，功能比较完善，口岸群优势明显。除利用珲春口岸外，图们口岸也可以进一步加以利用。图们市是吉林省唯一有公路和铁路与朝鲜相连并允许第三国客货通行的国家一类边境口岸城市。图们火车站年吞吐能力达到500万吨，潜力十分巨大。图们铁路可直达朝鲜的清津、罗津港口，这使图们至清津、罗津铁路成为吉林省借港出海、开展陆海联运，实现内货外运跨境运输的最佳通道。这条通道可将东北的粮食、煤炭、重型装备等物资经铁路出境运输至朝鲜清津港，再经海路运输至中国东南沿海地区，还可将南方的轻工产品等物资通过此通道运往北方，相对低廉的海运成本将大力提升吉林省货物外销的竞争力，并有效缓解我国东北铁路的进关运输压力。

（5）加强口岸建设。"十一五"期间，全省口岸基础设施建设改造累计投入5亿元。加上口岸道路和口岸查验部门的投资，全省口岸及相关基础设施投入超过10亿元人民币。相继开辟了珲春—罗津港（朝鲜）—釜山港（韩国）陆海联运集装箱运输航线、珲春—扎鲁比诺港（俄罗斯）—新潟港（日本）陆海联运集装箱运输航线、珲春—扎鲁比诺港（俄罗斯）—束草港（韩国）陆海联运客货班轮航线、延吉—珲春—乌苏里斯克（俄罗斯）公路汽车客货运输线路、珲春—斯拉夫扬卡（俄罗斯）旅客班车线路和珲春—罗先（朝鲜）旅客班车线路，有效地促进了吉林省国际运输通道建设，增大了口岸客货通行量。经过投入建设和改造，全省口岸客、货通行能力得到了明显提高。据不完全统计，"十一五"期间，全省口岸进出口货物1150万吨，比"十五"期间增长70%，进出境人员480万人次，比"十五"期间增长70%。"十二五"期间，依托"长吉图"开发开放战略的进一步实施，重点规划开放珲春春化分水岭对俄公路口岸（国家一类口岸），开放长白山机场为航空口岸；提升三合、南坪、临江公路口岸为国家一类口岸；提升安图双目峰公务通道、集安青石临时过货点为国家双边客货口岸；增加图们铁路口岸过客功能；开放和龙南坪—帽山铁路口岸、龙井开山屯—三峰铁路口岸、珲春甩弯子—朝鲜铁路口岸。实现口岸年货物流量翻一番，由目前的年300万吨，达到600万吨；实现口岸年客流量翻一番，由目前的年90万人次，达到200万人次。使全省口岸客货通行量达到全国中等位次；实现全省口岸基础设施和相关设施项目建设和维修改造投资 20 亿元，比"十一五"期间增长一倍，投资效益系数预测 15% 以上，对外经济贸易增长贡献率超过 50%。

四 推进对俄韩经贸科技合作战略升级

深入开展对俄合作。抓住中俄两国政府签署《中国东北地区老工业基地与俄罗斯远东地区合作规划纲要》和我国政府正在建立中俄地方合作发展基金的有利时机，进一步提升吉林省与俄罗斯经贸合作水平和扩大合作领域。加强跨境基础设施建设，改造提升珲春—克拉斯基诺公路口岸、珲春—卡梅绍娃亚铁路口岸，尽快恢复珲春—马哈林诺铁路运行，合作开发扎鲁比诺港。加快推进长春中俄国家级科技联合研究中心、珲春俄罗斯工业园和哈桑中国工业园建设，重点支持珲春建设边境贸易中心、经济合作区、出口加工区、进口资源加工区。调整和优化进出口贸易结构，进一步扩大对俄贸易规模。积极争取货物贸易人民币结算试点，加快发展边境贸易和跨国旅游。

做强对俄能源原材料投资合作、出口加工、农产品生产加工、科技合作四大基地。推动在俄投资兴办加工企业，开展基础设施和住房建设，有计划地组织高素质的劳动力赴俄从事农业、工业、服务业方面的劳务合作。一是争取国家支持，引进战略投资者，尽快在勘探权、开发权、经营权等关键方面取得突破，大力推进能源原材料投资合作项目，在石油、矿产、林业等领域尽快建成一批具有示范和带动作用的大项目。二是大力推动对俄出口加工基地建设，优先发展俄罗斯市场需求较旺的轻纺、机电、食品、建材及装饰材料等产业，壮大对俄出口加工产业群。三是充分发挥对俄科技合作城作用，加快技术、人才和智力引进，做大做强对俄科技合作基地。

全面推动对韩经贸科技合作战略升级。充分发挥吉林省与韩国在产业、技术、资源和经贸关系等方面的优势，抓住韩国制造业、信息产业和服务业梯度转移的有利时机，尽快启动建设韩国汽车零部件、电子信息、化工医药等产业园区。以 IT 配套产品、汽车零部件、小型农业机械、北药等产品出口为重点，大力开拓韩国市场，扩大对韩贸易规模。

第四节 继续推进行政管理体制改革

在经济体制改革已经取得进展的基础上，推进行政体制改革。以行政体制改革配合社会体制改革，推动政治体制改革。努力建设"法治政府、服务政府、效率政府、透明政府、廉洁政府"。做好顶层设计，同时积极向下扩权放权，完善行政层次改革和区划改革，努力实现行政扁平化管理。

⚊ 加快转变政府职能

加快推进政企分开、政事分开、政资分开，充分发挥市场在资源配置中的基础性作用，除法律明确禁止和要求特许经营、专项审批的行业和领域外，一律放开。进一步转变经济调节和市场监管的方式，切实把政府经济管理职能转到主要为市场主体服务和创造良好发展环境上来。建立健全各种预警和应急机制，提高政府应对突发事件和风险的能力，妥善处理各种突发事件，维护稳定的社会秩序，保护国家、集体和个人利益不受侵犯。强化公共服务职能和公共服务意识，简化公共服务程序，降低公共服务成本，逐步建立统一、公开、公平、公正的现代化公共服务体制。

⚌ 改革行政管理方式

加快推进行政审批制度改革。进一步理清和精简行政审批事项，坚决取消不符合政企分开和政事分开原则、妨碍市场开放和公平竞争的行政审批。可以用市场机制代替的行政审批，应当通过市场机制运作。推进政府运行机制创新和管理方式创新，加强电子政务建设，促进政府部门间信息互通和资源共享，扩大政府网上办公范围，2014 年之前，建成覆盖全省的电子政务网络，建立政务信息资源公开和共享机制；政府门户网站成为政务信息公开和公共服务的重要渠道，能够通过网络办理的行政许可都要纳入网上办理。继续推行政务大厅建设，对与企业和人民群众密切相关的行政管理事项，有条件的要纳入政务大厅办理，改善服务质量，提高服务效率，降低行政成本。

三 继续深化扩权强县改革

赋予县（市）更大的自主权和决策权，引导发展要素向县域集中，不断激发县域经济发展活力，推动全省县域经济实现新的跨越。加大县域金融创新力度，引导和推动银行机构在县域设立服务网点，加快县域融资平台建设，支持县域内企业上市直接融资和间接融资。完善提升工业集中区和各类开发区功能，强化配套设施建设，吸引和承接产业转移，打造支撑县域经济发展的载体和产业集聚区。支持县（市）依托资源禀赋和发展基础，大力发展特色经济，重点围绕农产品加工、矿产开发、生物资源开发、旅游资源开发等特色产业，加大招商引资和市场融资力度，推动精深加工，培育优势产业集群，提升县域经济整体实力。

四 完善行政层次改革和区划改革

积极探索省直管县行政管理体制，减少行政管理层级，创新行政管理体制。尝试推行珲春市计划单列或升格为省辖市。推动长吉图地区一体化进程。加快推进"百镇"管理模式创新。改变长东北管委会目前仍是个办事协调机构的现状，促使其成为一个实体，改变"城不城，乡不乡"，工业、商业和居民居住区混杂的情况。继续深入推进双阳区的"宜县即县，宜农即农"的管理体制。加快九台市"撤市建区"进度，使其尽早与长春市融为一体。在坚持民族自治的前提下，增加州政府的城市管理职能，把延龙图改为与州政府关系更加密切的三个州辖区。

五 积极推进政府信息公开

落实《政府信息公开条例》，充分保障公民、法人和其他组织依法获取政府信息，提高政府工作的透明度。加大主动公开力度，重点推进财政预算、公共资源配置、重大建设项目批准和实施、社会公益事业建设等领域的政府信息公开。政府所有公共支出、基本建设支出、行政经费支出的预算和执行情况，以及政府性基金收支预算和中央国有资本经营预算等情况都要尽量公开透明。完善政府信息公开机制，健全保密审查机制，规范工作流程。推进政府信息公开向社区和乡镇延伸，所有面向社会服务的政府部门都要全面推进办事公开制度，依法公开各项办事的依据、条件、要求、过程和结果，充分告知办事项目有关信息，2014 年以前，应当公开的信息要 100% 公开。建立健全政府信息公开的监督和保障机制，定期对政府信息公开工作进行评议考核。

六 健全行政决策机制

科学、合理界定各级政府、政府各部门的行政决策权，完善政府内部决策规则。实现决策过程的制度化、程序化，提高决策的透明度，做到依法决策、科学决策、民主决策。建立流程顺畅、权力明晰、责任明确的行政决策程序，推进行政决策的科学化、民主化、法治化。要把公众参与、专家论证、风险评估、合法性审查和集体讨论决定作为重大决策的必经程序。做出重大决策前，要广泛听取、充分吸收各方面意见，意见采纳情况及其理由要以适当形式反馈或者公布。完善政府决策专家咨询论证制度，充分发挥政府决策智力支撑体系的功能作用。完善重大决策听证制度，扩大听证范围，规范听证程序，听证参加人要有广泛的代表性，听证意见要作为决策的重要参考。重大决策事项应当在会前交由法制机构进行合法性审查，未经合法性审查或者经审查不合法的，不能提交会议讨论、做出决策。完善并坚持重大行政决策集体决定制度，重大决策要经政府常务会议或者部门领导班子会议集体讨论决定。

七 加强公共安全和应急体系

建立健全维护社会稳定工作机制。加强食品药品安全保障体系建设，推进省医疗器械检测检验中心、全功能生物制品、疫苗签发检测等项目建设，完善和健全食品药品检验检测体系、不良反应监测及安全评价体系、电子信息网络监管系统，促进食品药品公共安全保障逐步均等化，落实安全监管责任，确保人民群众饮食用药安全。加强消防和交通安全管理。强化安全生产，加强安全监管监察能力建设，完善安全技术标准体系，严格安全许可，实行重大隐患治理逐级挂牌督办和整改效果评价制度，规范发展安全专业技术服务机构，加强安全宣传教育与培训。

健全应急管理组织体系和技术保障体系，强化应急队伍建设，建立健全应急物资储备体系，加强地震和气象灾害的预测预防，提高政府防范和应对突发事件能力。加强防灾减灾体系建设，提高城乡综合防灾减灾能力。

第五节　深化财政管理体制改革，建设公共财政

以为人民当家理财的负责态度，按照行政管理现代化的精神，深化财政管理体制改革，以提高公共服务能力为目标，建设现代公共财政。

● 一　深化公共预算体制改革

深化预算制度改革，建立完整的政府预算体系。完善公共财政预算，细化政府性基金预算编制，完善国有资本经营预算制度。在建立社会保险基金预算的基础上逐步建立社会保障预算，形成有机衔接、完整的政府预算体系，全面反映政府收支总量、结构和管理活动。

细化部门预算编制。实现部门预算编制试点全面铺开，省级部门预算编制全部到位，部门预算编制内容全面细化，编制数据更加科学合理，逐步规范预算追加追减，加大项目支出审核力度，增强预算约束能力。要建立完善公共支出标准体系：一方面逐步完善基本支出定额标准体系；另一方面推进项目支出标准体系建设，提高预算管理的公正性。继续推进综合预算编制，深化"收支两条线"改革，进一步加大对部门结余资金的统筹使用力度，形成公共资源统筹使用机制。进一步研究解决部门关注的热点问题，推进公共服务民生化。

推行预算支出绩效考评。要理顺政府绩效管理体制机制，包括建立健全社会公众参与机制、绩效信息共享机制、绩效管理制度体系，为绩效考评工作提供激励约束；完善绩效考评工作机制，包括严格选择考评对象、加强计划制订工作、建立健全指标体系、完善检测报告制度、建立健全考评信息运用机制，为绩效考评工作提供技术指导等。

● 二　建立政府之间层级合理分工的公共服务体制

按照"一级主体、一级预算、一级事权"的原则，应明确省级和市、县级政府提供公共服务的专有职责和共有职责。省级和市、县级政府提供公共服务的职责划分总体上应是：省政府负责全省公共产品的供给、协调地区间具有收益外溢性特点的公共服务供给等，强化其再分配职能；地方性、区域性公共产

品的供给由市、县级政府根据因地制宜的原则自主提供，强化其公共服务的供给效率；需要由省政府和基层政府共同提供的公共服务，要根据支出的责任和受益的程度明确各级政府应承担的比例。

本着调动省政府和基层政府两个积极性的原则，健全省级和市、县级财力与事权相匹配的财政体制。在现行划分省、市、县地方固定收入、分享收入的基础上，进一步明确税种划分的框架。适当扩大基层政府的税权，改革调整资源税等对地方收入影响较大的税种，保证基层政府拥有稳定的收入来源。

三 完善地方政府间财政转移支付制度

继续调整完善各级政府财政管理体制，逐步理顺地方政府间收入分配关系，规范收入范围，明确支出责任。加快省、市（州）、县（市、区）事权财权配套。探索建立公共财政向公共事业和民生事业工程倾斜的保障体系和机制。建立完善县（市）级基本财力保障机制，完善乡镇财政管理体制和乡财县管方式，健全村级组织运转经费保障机制。

规范转移支付制度，优化转移支付结构。推动民生的改善和基本公共服务均等化。现行财政中具有均等化功能的一般性转移支付所占比例不足 20%，均等化作用十分有限。因此，应逐步提高一般性转移支付规模和比例。在扩大一般性转移支付的同时，减少专项转移支付。上级财政对基层财政的转移支付可以采取直拨的方式，以提高效率。

规范专项转移支付资金预算及配套政策，提高专项转移支付资金效益，调整完善专项转移支付测算办法，加强对转移支付资金使用的监督检查，财政和审计部门要组织经常性的专项检查，对各部门专项转移支付资金的使用情况进行监督，通过加强执行监督管理，确保专项转移支付资金发挥应有的效益。

四 推进现代财政管理制度建设

推进国库集中收付改革。在全面实行国库单一账户和零余额账户管理基础上，开展公务卡改革试点，有序推进财税银库横向联网试点，建立预算执行动态监控机制，从制度机制上杜绝虚报冒领和闲置浪费财政资金，提高预算执行效率，增强国库资金调度能力。扩大国库集中收付制度改革覆盖面，2012 年将所有财政性资金全部纳入国库单一账户体系运行管理。扩大工资统发覆盖面，推动参公管理事业单位职工工资统发，结合工资统发指纹数据库，加大审核力度，加强对代发银行的监督。

进一步强化政府采购改革。根据《中华人民共和国政府采购法》继续完善相关的制度、办法，使政府采购制度体系得以深入贯彻实施。进一步扩大政府采购规模和范围，实现政府采购的规模效益。实现各级政府采购资源共享，包括政府采购评审专家库、中介机构组织共享、定点采购及协议供货项目的供应商资源共享等，提高政府采购工作效率。

推进财政管理信息化建设。加快金财工程建设，提升信息化对财政科学化、精细化管理的保障能力。以"五统一"（"统一领导，统一规划，统一技术标准，统一数据库，统一组织实施"）原则为指导，全力建设金财工程应用支撑平台，充分发挥其"多功能插座"的作用，促进实现业务畅通和数据贯通。规划和建立流程通畅、业务协同、数据共享的一体化管理系统，实现预算编制、预算执行及监督监控全方位管理，提高财政信息建设水平。

规范政府非税收入和债务管理。继续推进非税收入收缴管理制度改革试点。探索建立地方金融、行政事业单位、自然资源资产监管体制。推进财政票据管理改革、收缴管理改革和非税收入预算管理改革，严格项目审批管理，落实"收支两条线"规定，规范征收行为。完善非税收入收缴制度，加快推进非税收入信息化建设，逐步完善"单位开票、银行代收、财政统管"的银行代收办法，健全非税收入收缴网络系统，提高非税收入管理的科学化、法制化、信息化、规范化水平。

将土地出让收支全额纳入地方基金预算管理，收入全额缴入地方国库，支出通过地方基金预算从土地出让收入中予以安排，实行彻底的"收支两条线"管理。加强土地储备资金的全程监管，建立有效的管理体制，努力提高土地储备资金管理效率。加强土地出让收支预算编制，科学核算土地收储成本，严格审核土地储备资金收支项目决算，实现土地储备资金的良性循环。依法加强彩票管理，培育彩票市场健康发展，壮大彩票公益金筹集规模，拓展公益金资助领域和覆盖面。

规范债务管理，做好政府性债务的统计工作，摸清各级债务底数。既要积极申报项目、利用国外资金，又要统筹考虑地方政府债务风险和财政承受能力，强化借、用、还全过程监督和管理。同时加强融资平台公司监管，有效防范财政金融风险。将政府债务收支纳入预算，规范政府举债行为，防范债务风险。

五 增强依法理财能力，不断强化财政财务监督

加强财政法制建设，推行预算信息公开，注重发挥财政监督职能作用，建立健全财政收支运行监督机制；进一步加强基层和基础管理工作，加大会计人才培养力度，不断提高理财水平。

加强财政法律法规的贯彻执行，深入开展"六五"普法，全面提高财政干部法律素质。进一步加强财政立法、执法和监督工作。在立法上，主动介入地方财政规范性文件的制定工作，严把各类立法项目中涉及财政条款的审核关。

在执法上，要认真贯彻《中华人民共和国行政许可法》、《中华人民共和国会计法》、《中华人民共和国政府采购法》和《财政违法行为处罚处分条例》等法律法规，严格行政审批程序，规范工作程序和方法，提高服务质量和管理水平。

在监督上，要完善执法监督机制，对内要做好行政复议、行政应诉及听证工作，做好依法理财的监督检查。对外主动接受人大代表、服务对象等各类各层次的监督，贯彻执行政务分开制度，提高财政工作透明度。以抓住领导干部学法用法为关键，着力强化财政干部的法律意识和法制观念，增强财政行政执法能力。

要建立健全覆盖所有政府性资金和财政运行全过程的监督机制。强化事前和事中监督，促进监督与管理的有机融合。积极推进监督关口前移，认真开展部门预算编制抽查、重大支出项目评审及政策调研等工作。严格执行《财政违法行为处罚处分条例》，强化财政违法责任追究，加大对违规问题的处理处罚和信息披露力度。运用自查、检查、重点调查等手段，加强对重点部门、行业、资金的监督检查。

第六节 积极推进社会管理体制创新

社会管理体制创新是当前热点之一。按照"小政府、大社会"的原则，积极稳妥地推进社会管理体制创新。

一 构建并完善社会管理体系

构建党委领导、政府负责、社会协同、公众参与的社会管理新格局。发挥党委的领导核心作用，总揽全局，统筹各方。强化政府的社会管理和公共服务

职能，完善地方性法规、政府规章和社会政策。加强城乡自治组织和社区建设，推进社区居民依法民主管理社区公共事务和公益事业，健全基层管理和服务体系，建设社区综合管理和服务平台，加强社区工作人员队伍建设，动员和支持公民依法参与社会管理，推动城乡社区组织和基础设施全覆盖，实现政府行政管理与基层群众自治有效衔接和良性互动。坚持培育发展和管理监督并重，推动社会组织健康有序发展，发挥其提供服务、反映诉求、规范行为的作用。

二　创新城市管理体制

按照统一领导、分级管理、条块结合、以块为主、责权一致、讲求实效的原则和科学有序、协调高效的要求，进一步强化城市管理职能，形成城市管理与城市规划、建设相互协调、相互促进的新机制。坚持管理重心下移和属地管理，增强条块管理的互补性，努力消除管理盲区。要充分发掘街道、居委会、物业部门的管理潜力，落实各层面管理职责，形成立体交叉管理网络，通过疏堵结合和源头控制，变突击整治为长效管理。进一步完善城市管理投入机制，运用市场机制，多方引导国内外各类社会资金参与城市基础设施建设和运营。依托现代化信息技术，推进城市管理数字化及智能化，综合运用经济、法律和宣传教育等多种手段拓展城市管理的广度和深度，做到市区与郊区、治标与治本、整治与疏导并举，形成规范有序、结构合理、开放透明、保障城市安全高效运行、市民安居乐业的长效管理机制。

三　加快城市管理法制建设

依法对城市进行管理，制定和完善土地、房产、建筑、市政、园林、市容环境卫生、交通、环保等方面的城市管理法规、规章及实施细则，逐步建立和完善符合社会主义市场经济体制和城市发展规律要求的城市管理规章制度体系，使城市管理做到有法可依、有章可循。加强城市管理综合执法队伍建设，确保严格执法、秉公执法、文明执法。深入开展政务公开，建立综合执法与市民的信息交流平台，公开执法标准，及时公布处理结果，提高政府执法的透明度，使城市管理从传统的以行政手段为主向以法律手段为主的方向转变，逐步形成"依法管理、全面覆盖、综合执法、部门协作、上下联动"的城市管理执法新体系。

四 积极推进户籍管理制度改革

以实现全省人口的自由居住和迁移为目标,以稳步推进符合条件的农民工市民化为突破口,进一步加大户籍管理制度改革力度,适度放宽大城市落户条件,全面放开中小城市落户条件,实行有利于吸引资金和人才的城镇户口迁移政策,促进有稳定劳动关系并在城镇居住一定年限的农民工特别是新生代农民工转化为城镇居民。全面推行暂住人口居住证制度,居住证持有人在升学、社会保险、就业培训、子女义务教育等方面与当地居民享受同等待遇。逐步取消农业户口、非农业户口、自理口粮户口及其他类型的户口性质划分,按照常住地户口登记的原则,实行城乡统一的户口登记管理制度。

五 开展平安创建活动,维护群众权益

完善社会治安防控体系,加强城乡社区警务、群防群治等基层基础建设,广泛开展平安创建活动,加大社会治安综合治理力度,建设刑释解教人员安置帮教基地,做好流动人口服务管理,加强特殊人群帮教管理工作,加强网络管理能力建设和机制创新,依法打击各种违法犯罪活动,增强公共安全和社会治安保障能力。

完善信访制度,拓展社情民意表达渠道,正确处理人民内部矛盾,健全完善社会稳定风险评估机制、社情民意调查机制和社会矛盾多元解决机制;深入推进司法体制和工作机制改革,健全完善人民调解、行政调解、司法调解三位一体的大调解工作体系,努力从源头上解决影响社会和谐稳定的问题。

第十一章

振兴政策的评价及进一步的
政策建议[①]

作为全书正文的结尾，本章首先对国家老工业基地振兴政策做了一个简单的回顾和评价。然后，针对东北老工业基地特别是吉林省老工业基地发展的前景，以及前进道路上遇到的困难、存在的矛盾，从学者研究的角度，提出了一些政策建议，供各级政府及有识之士参考。

第一节　对国家老工业基地振兴政策的回顾和评价

改革开放以来，特别是东亚金融危机以来，部分老工业基地一度陷入困境，出现了相对衰退的现象。为此，国家专门出台了不少对应之策。我国老工业基地振兴政策大致经历了以下三个阶段的战略转变。

一是早期的调整改造时期（2002 年以前）。早在 20 世纪 80 年代，国家经贸委就设立了老工业基地调整改造基金，并把上海、天津、武汉、重庆、沈阳、哈尔滨等 6 个老工业基地作为重点改造城市。这一时期，国家把政策支持的重点放在国有工业调整改造，尤其是国有企业技术改造上；其范围还主要局限于某些部门，属于一种部门层次的战略。2002 年 11 月，党的十六大报告首次明确提出"支持东北地区等老工业基地加快调整和改造"，由此将老工业基地调整改造提升到国家战略层面。

二是东北振兴阶段（2003 ～ 2008 年）。2003 年 10 月，中共中央、国务院下发《关于实施东北地区等老工业基地振兴战略的若干意见》，明确提出"将老工业基地调整改造、发展成为技术先进、结构合理、功能完善、特色明显、机制灵活、竞争力强的新型产业基地，使之逐步成为我国经济新的重要增长区域"。这意味着我国老工业基地振兴政策已从过去的调整改造转变为区域振兴。2003 年 12 月，国务院决定成立振兴东北地区等老工业基地领导小组。这期间，国家先后制定了一系列振兴政策，涉及基础设施、国债投资、财税、金融、国企改革、社会保障、科技人才、沉陷区治理等诸多方面，有关部委也相继出台

[①] 本章主要由王劲松、李林君完成。

了许多配套措施。

2007 年 1 月，国务院办公厅发出《关于中部六省比照实施振兴东北地区等老工业基地和西部大开发有关政策范围的通知》（国办函〔2007〕2 号），决定对中部六省的 26 个城市比照实施振兴东北地区等老工业基地有关政策。2007 年 8 月，国务院正式批复《东北地区振兴规划》，提出经过 10 ~ 15 年的努力，实现东北地区的全面振兴，并将规划范围扩展到内蒙古东部地区。

三是全面振兴阶段（2009 年至今）。2009 年 9 月，国务院又发出《关于进一步实施东北地区等老工业基地振兴战略的若干意见》，从 9 个方面提出 28 条推进东北地区等老工业基地全面振兴的具体措施。[①] 这标志着我国老工业基地振兴政策已由前一阶段的东北振兴转变为全面振兴阶段。

自中央实施振兴东北战略以来，吉林省积极实施国企改制、开放带动、投资拉动、县域突破、科教兴省、工业提速增效、节能减排、民营经济腾飞、服务业跨越、全民创业等一系列战略措施，吉林老工业基地经历了启动（2003 ~ 2004 年）、攻坚（2005 ~ 2007 年）、走向全面振兴（2008 年以后）三个阶段，取得了一定的成效。但回顾振兴历程，国家现行的老工业基地振兴政策还存在以下几个方面的问题。

一是政策泛化，扶持对象需进一步明确。目前，国家对东、中、西不同区域实行不同的区域政策。东北地区作为后发地区和最大的老工业基地，需要国家继续给予扶持。然而，十分泛化，而又缺乏特惠和针对性的政策，难以收到应有的实效。老工业基地调整改造政策，应该针对老工业基地，带有一定"普惠制"性质的援助政策难以取得较好的实施效果。政策的制定，要"从上到下，从下到上，上下结合"，充分发挥中央和地方的积极性。

二是缺乏对政策对象的分类指导。以吉林省老工业基地城市为例，长春属于装备制造业主导型老工业基地城市，吉林、通化、四平属于原材料主导型老工业基地城市。从另一个角度看，长春为繁荣型老工业基地城市，吉林为发展型老工业基地城市；四平、通化为问题型或困难型老工业基地城市。目前的振兴政策没有很好地考虑到各种不同性质老工业基地的差异性。国家已经出台了

① 《关于进一步实施东北地区等老工业基地振兴战略的若干意见》从建立现代产业体系、企业技术进步、现代农业发展、基础设施建设、资源型城市转型、生态环保、民生与社会事业、区域经济一体化、深化改革开放等九个方面进一步明确了东北老工业基地全面振兴的内涵；更加突出了全面振兴，突出了统筹协调发展，突出了东北特色，并明确提出要把东北老工业基地建设成为"具有独特优势和竞争力的新的增长极"，进一步彰显了东北地区等老工业基地振兴战略在全国经济社会发展格局中的重要地位。

关于支持资源枯竭型城市转型的一系列政策，但仍然没有出台关于老工业基地城市转型的政策。

三是政策没有被法制化。通过实施老工业基地的调整改造，实现老工业基地的全面振兴是一项中长期的艰巨任务。因此，需要从国家、部门、地方等不同层面，建立完善法律规章制度，采取特殊的振兴措施，给予明确的资源支持，使老工业基地调整改造和全面振兴走上法制化、制度化的轨道。同时，逐步形成老工业基地调整改造和全面振兴的长效机制。

四是缺乏对节能减排、可持续发展、人力资源开发等方面的针对性政策考虑。老工业基地仍然粗放增长，尚未实现经济增长方式的彻底转变；加强节能减排，对彻底转变老工业基地经济发展方式有着极其重要的意义。目前还没有专门针对老工业基地的政策，并且缺乏对节能减排的完全有效的监督检查。

在总结现行吉林省老工业基地振兴政策基础上，从吉林省老工业基地实际情况出发，充分体现"区别对待，分类指导、切实可行、适时调整"原则，统筹利用财政、税收、金融、投资、产业、土地、区域与对外合作、资源环境等政策，从经济、社会、对外、产业等多个方面对吉林省老工业基地进行全面调整改造，十分必要。

第二节 推进吉林省老工业基地振兴的政策建议

尽管吉林省振兴发展中仍面临诸多困难，但在国家政策强力扶持下，经过自身不懈努力，仍然具备又好又快发展的条件。针对东北老工业基地特别是全省发展中遇到的矛盾和困难，谨向各级政府提出一些具有理论性和操作性的政策建议。

一 更加注重振兴政策差别化设计，加大对二线城市和老工业集中区的支持力度

针对各个老工业基地城市所处的不同发展阶段，进一步采取有差别的扶持政策。振兴以来，沈阳、大连、长春、哈尔滨等中心城市已有很快的发展，中央的支持也比较多。省会城市、副省级城市之所以发展较快，在一定程度上得益于各种行政资源带来的聚集效应和波及效应。

一些二线城市和次中心城市，目前还处在调整改造的攻坚克难阶段，自身

造血功能和自我扩张能力明显不足，与发达城市包括东北一线城市已经不在一个起跑线上，如果不采取特殊倾斜政策，这种差距会越来越大。要创新政策扶持方式。除了继续给予必要的资金和项目支持外，建议国家对老工业基地中的二线城市研究出台综合性支持政策，比如对吉林省的吉林市，以及邻省的鞍山市、齐齐哈尔市等城市，可否参照副省级城市给予"一揽子"政策扶持。

吉林省比较困难的是吉林市、四平市、白山市等"二线"城市。希望中央从产业布局调整和构建现代产业体系等方面，加大对"二线"城市发展的支持力度，重点支持吉林哈达湾企业整体搬迁改造项目、赤松核电项目，以及高速公路、高速铁路等基础设施的建设，扶持重点产业聚集区加快发展。

加大对老工业基地城市成片老工业区整体改造的扶持力度。建议国家从以下几个方面予以支持。一是建议国家设立专项资金，集中用于支持成片老工业区改造，主要支持腾空区域和新建区的基础设施建设。二是协调国家开发银行对成片老工业区搬迁改造给予政策性贷款支持。三是纳入搬迁改造规划的重点企业新增设备购置税，在一定期限内予以适当减免。四是整体搬迁改造企业新征用土地，在不超过企业原址面积的限度内，给予土地出让金减免等政策支持。编制连片改造规划，制定一揽子政策进行有步骤推进。

⬤ 加大对老工业基地产业调整升级的支持力度

充分发挥老工业基地比较优势，加大力度提升和改造传统产业，加快淘汰落后产业类型，防止重复建设。积极培育新兴的具有潜力的支柱产业，以高新技术产业和新型战略性产业为重点，不断优化产业结构，推动新兴产业企业成长，形成具有高水平的产业集群。积极推进信息化与工业化融合，用现代信息手段改造传统产业，提高数字化、智能化水平。支持老工业基地支柱和优势产业、骨干企业、重要品牌扩大市场份额。

制定汽车及零部件、农产品加工、轨道客车、生物、光电信息、能源、新材料制造、现代装备制造、农机制造及现代服务业十大产业推进纲要，明确各产业发展方向、发展重点和发展目标，并将任务具体落实到相关部门，促进各产业快速、有序、协调发展。加快发展现代服务业，对金融、产权交易、现代物流业、旅游业、软件和服务外包业、文化产业等给予具体的鼓励政策支持。

根据地区产业发展特点，予以专项支持。由于各地区老工业基地调整改造重点不尽相同，涉及社会经济发展的各行各业、方方面面，体现在需要国家帮扶、支持的发展重点也不尽相同。建议国家、省能在老工业基地支持专项资金与政策上，扩大行业支持面，由各地区根据自身调整改造实际，上报需国家、省支持的建设项目。对传统产业比重过高、依靠自身力量难以实现根本转型的城市，国家应给予必要的政策扶持。主要是设立产业专项和产业基金，扶持发展战略性新兴产业，优先审批国家级高技术产业基地，或适当降低审批标准，优先安排补贴资金。例如，吉林市的碳纤维产业具有良好产业基础和研发优势，可以考虑提升到国家战略产业层面进行大力扶持。

三　加大对老工业基地城市的财政政策支持力度

1.增加对老工业基地城市的转移支付

提高中央财政对老工业基地城市的一般性转移支付水平，同时在节能环保、新能源、教育、卫生、社会保障、农业综合开发、商品粮基地、扶贫开发、生态补偿等方面的转移支付上给予更多支持。加大对财政收入较低地区的乡村基础设施和改善民生的财政转移力度。

2.设立老工业基地调整改造基金

基金专项用于老工业基地衰退产业的退出、接续产业的培育、重点项目补贴、就业安置和职工培训等。加大国债资金投入力度，支持企业技术进步。安排贴息资金、国债资金等对企业技术改造项目进行补贴，并加大补贴比例。

3.试点发行老工业基地建设改造债券

为解决调整改造、完善城市整体功能中巨大的资金需求缺口问题，由中央政府或省级政府发行中长期国债并转借给进入试点的老工业基地城市；或由中央政府批准列入试点的老工业基地城市发行地方债券，由此形成的地方政府债务，由地方从减持国有资产、财政收入及其他政府性收入逐步偿还。

4.争取中央财政专项资金支持

加大中央财政性投资、预算内投资、国债投资对老工业基地的投资力度，提高中央部门专项建设资金对老工业基地城市的基础设施建设项目的投资补助标准和资本金注入比例，对于老工业基地的重点项目，中央财政给予前期工作资金支持。在中央支持战略性新兴产业发展、高新技术产业化示范、生态环境建设、技术改造等专项资金中，对老工业基地城市给予更多支持。

5.加大农业、社保、搬迁、治陷等专项资金的支持力度

提供针对老工业基地城市老工业区改造的专项资金；提供老工业基地城市

产业结构调整的专项资金，加大对夕阳产业、落后产能的淘汰与战略性新兴产业的培育；对老工业基地高新技术产业和战略新兴产业发展提供必要的专项资金，加大对高技术产业化项目的重点支持；提供安排老工业基地节能减排与生态环境保护的专项资金，强化节能减排与环境整治。尽快改善当地人居环境，打造现代宜居城市、高档社区、和谐社区。

四 加大对老工业基地城市的税收政策支持力度

1. 实施区域性的增值税分成政策

适当提高老工业基地城市税收的地方分成比例。考虑吉林、抚顺等城市燃油税占财政收入比重较大的实际，建议国家研究制定针对成品油生产地的燃油税返还政策。可否考虑参照石油资源税适当照顾油田所在地的政策，成品油消费税也应适当照顾生产地，加大对炼油城市的生态环境补偿。

优化增值税和营业税制度，推进增值税转型改革。在原有八大行业基础上，进一步扩大增值税转型行业范围，降低起征点和税率，鼓励和促进企业投资，促进各行业均衡发展。实行消费型增值税向生产型增值税转变。稳步推进增值税、房产税、个人所得税改革。

2. 对搬迁改造企业给予税收支持

企业根据搬迁规划，经过批准异地重建恢复原有或转换新的生产经营业务，用于企业搬迁或处置收入购置或建造与搬迁前相同或类似性质、用途或者新的固定资产和土地使用权（以下简称重置固定资产），或对其他固定资产进行改良，或进行技术改造，或安置职工的，准予企业所得税税前扣除固定资产重置或改良支出。企业从规划搬迁次年起的五年内，其取得的搬迁收入或处置收入暂不计入企业当年应纳税所得额。

3. 对特定收入给予税收支持

对实行改组改制的老工业基地城市企业取得的豁免债务，免征企业所得税。对改制后的企业利用原企业的非主业资产、闲置资产和关闭破产企业的有效资产进行独立核算，并吸纳原企业富余人员达到30%以上的，免征3年企业所得税。工业企业的固定资产（房屋、建筑物除外），可在现行规定折旧年限的基础上，按不高于40%的比例缩短折旧年限。受让或投资的无形资产，可在现行规定摊销年限的基础上，按不高于40%的比例缩短摊销年限。

4. 对进口设备和关键部件给予税收支持

凡经过国家发改委或省级发改委审批同意的老工业基地城市改造项目，所需的进口设备及仪器，不受原有国家产业政策和鼓励外商投资产业指导目录的限制，一律享受免征设备进口关税和进口环节增值税政策优惠。

5. 对老工业基地城市的税收支持

对老工业基地城市的企业实行以上一年度实际缴纳税收为基数，新增税收地方留成部分由政府返还企业，用于扶持企业发展的办法。纳入老工业基地调整改造规划的城市，企业所得税按 15% 税率征收；企业当年高新技术产品产值加技术性收入达到年总产值 60% 以上，企业所得税实际税负不超过 10%。

五 加大对老工业基地的金融投资政策支持力度

1. 加大金融信贷扶持力度

金融"瓶颈"制约一直是老工业基地发展亟待解决的问题。建议国家统筹考虑老工业地区金融改革和生态环境建设。扩大老工业基地调整改造期间的贷款规模。允许银行业金融机构适当突破存贷比，特别是地方吸收存款用于当地经济发展。鼓励银行增加对当地优势特色产业的贷款投放，出台支持重大装备制造、高新技术、优势资源开发企业贷款的政策，容许对这类产业的企业运用封闭贷款、合同抵押贷款、开发权或经营权质押贷款等方式。银行对达到信用等级的企业，应当提供比其他地区更多的商业票据贴现服务。同时在评估审贷、贷款到位、还款期限及贷款发放范围等方面，给予政策优惠。

2. 加强对金融机构发展的支持

放宽老工业基地城市的地方商业银行的资本扩张限制，容许其组建以服务于改造和特定领域发展的专业性商业银行，放宽地方商业银行跨区域设立分支机构的政策限制。支持老工业基地城市培育新型农村金融机构，发展地方法人金融机构、保险机构、金融租赁公司。积极争取扩大村镇银行、贷款公司、农村资金互助社等新型金融机构和小额贷款公司的试点范围。鼓励国内外金融机构在老工业基地城市设立分支机构，支持大型企业集团设立非银行金融机构或分支机构。支持中小企业担保公司发展，增加各级中小企业担保公司的资本金投入和担保额度。

3. 扩大商业银行核销历史坏账规模

继续争取核销历史上国有商业银行对老工业基地城市企业贷款的呆坏账。

扩大老工业基地城市中国有商业银行对不良资产进行处理、剥离的处置权力，提高老工业基地城市中国有商业银行的呆账核销比例。在政策规定范围内允许老工业基地城市的国有商业银行具有更多的处置不良资产权力，容许其通过债务打折、债务延期、债务减免息、资产置换等多种途径，加大国有企业债务重组和不良资产处置力度。

4. 扩大投资项目的审批权限，增强地方投资能力

进一步下放审批权限，对不需要中央、省平衡建设资金和其他外部条件的项目，享受省级审批权限或自行审批报省备案。允许老工业基地城市地方政府通过变现部分国有资产、土地转让等方式，多渠道筹集产业结构调整改造资金，推进企业的技术改造和城市的转型升级，焕发生机活力。

5. 进一步拓宽项目融资渠道

提高项目成熟度，主动与国家开发银行等国家政策性银行和各商业银行沟通，扩大银行贷款规模。做好国有股减持、企业上市和城开集团发行企业债券等协调服务，扩大直接融资。加大土地收储和出让力度，提高土地经营水平。对政府投资的基础设施项目，积极推行"代建制"、特许经营和 BOT 等多种建设方式。扩大外商投资领域，大力吸引域外和国外资本。积极争取用地指标，盘活存量资源，集约使用土地，确保重点项目用地需求。

6. 努力争取增加央企投资项目数量

增加央企在老工业基地城市的投资项目数量，争取央企的母公司增加对其在老工业基地城市的子公司资本金注入，督促企业发展新项目，剥离非经营性资产和企业办社会的包袱。

六 加大对老工业基地的土地政策支持力度

1. 推动城乡土地政策改革

推动老工业基地城市积极稳步开展农村土地整治与城乡建设用地增减挂钩，开展农用地转用、土地征收审批和实施分离试验。允许跨区域设置项目和用市场方式配置挂钩指标。加大省市土地整理复垦开发力度，统筹使用好新增建设用地土地有偿使用费等各类专项资金，主要用于土地整理复垦开发，形成的有效土地，除补充耕地数量、提高耕地质量外，也应适量用于增加重点建设用地指标。

2. 统筹建设用地计划

凡国家批准的调整改造项目和重点基础设施项目用地计划指标，应由国家

统筹安排下达；凡省重点建设项目用地计划指标，应由省在用地年度计划指标中统筹解决。允许老工业基地城市开展节约集约用地试点，并实行国家奖励制度，以完善土地使用"双向约束"机制，确保企业用地合法合规、节约集约，促进按时开竣工、按期投产增效。

3. 制定与调整改造相适应的土地政策

放宽老工业基地城市的非耕地建设用地指标，适当降低老工业基地城市开发园（区）建设用地的基准地价。对老工业集中区依法实施破产或搬迁的企业，土地可由当地政府根据用途以稍高于市场的价格收购储备。应允许搬迁企业利用部分原有土地、住宅区，建设公租房、廉租房、经济适用房、改善房等保障性住房，改善企业职工的住房条件；搬迁所需的用地指标，可由国家统一下达、省统筹安排。对调整改造中确需调整土地利用总体规划的，应依法及时予以调整。适当放宽土地审批权限。

4. 适当增加用地指标

在安排土地利用年度计划指标时重点向老工业基地城市的各类国、省级产业示范基地、产业园区倾斜。适当增加老工业基地城市重点建设项目的土地指标，允许占补平衡指标与拟整理的土地项目对应挂账。对老工业基地搬迁用地指标单列，不占用每年国家下达省的指标，并逐年适度增加老工业基地用地指标。

七 加大对老工业基地城市企业改制和社会保障的扶持力度

延长老工业基地土地收益用于抵补职工安置费不足，以及国企改制产权变更税收优惠的政策期。扩大已有企业改革政策的惠及面，明确将厂办大集体政策覆盖到各类集体企业，允许将国企改革的政策扩大到集体企业，并相应加大财政支持力度。扩大对老工业基地城市社保定额补助基金划拨额度，及时划拨做实个人账户基金，进一步延长老工业基地社保补贴政策享受年限，扩大享受范围。

彻底解决国企改制遗留问题。针对国企改革遗留的一些问题，建议出台新的政策，在就业群体的培训、职业介绍、社会保险和公益性岗位等方面，加大补贴力度。规范企业法人治理结构，明确产权定位、产业梯次，不断完善法律法规，加强企业管控体系建设。

八 加大对老工业基地的节能减排和环境治理政策支持力度

1. 完善老工业基地资源开发利用政策

完善资源价格形成机制，完善资源开发补偿机制。推进矿山地质环境恢复治理和矿区土地复垦，完善矿山环境恢复治理保证金制度等。

2. 推进老工业基地节能减排的政策

加强节能减排政策的实施。支持开发和应用低碳技术。加强政策支持，开发应用源头减量、循环利用、再制造、零排放和产业链接技术，推广循环经济模式。一是建议国家在节能减排试点城市、循环经济示范园区、清洁能源基地选点时，优先考虑有一定发展基础、环境治理任务较重的城市，并给予相应政策扶持。二是建议国家在深入实施松花江流域综合治理工程的同时，支持建立松花江上游城镇居民生态补偿机制。

3. 加大环境污染治理

加强重点污染物治理的资金投入机制。开展排污权交易试点。建立环境污染责任问责制度。进一步加强对城市污水的治理，加大对松花江流域污染防治规划的投入。

4. 加强老工业基地生态环境保护

加强生态保护与治理，包括继续实施天然林资源保护工程、退耕还林还草等政策，加强矿山环境整治等生态工程建设。建立健全生态补偿长效机制，包括建立自然保护区、重要生态功能区，以及矿产资源开发、流域水环境保护等重点领域的生态补偿标准体系，明确生态补偿的资金来源、补偿渠道、补偿方式和保障体系。

九 加大对资源型城市转型发展的支持力度

资源型城市转型是东北全面振兴的重点和难点，急需建立可持续发展长效工作机制。近年来，中央给予辽源、白山等资源枯竭型城市财力性转移支付等一系列政策，对这些城市经济转型帮助很大，取得了显著成效。希望中央继续给予资源枯竭型城市财力性转移支付支持，同时进一步扩大资源型城市充分吸纳就业、资源综合利用、接续替代产业发展专项规模。将长白山林区生态保护与经济转型纳入国家东北"大生态"建设总体规划，比照《大小兴安岭林区生态保护与经济转型规划》享受相关全部政策。

长白山区域部分地区应该参照享受资源枯竭型城市财政转移支付等政策。《关于进一步实施东北地区等老工业基地振兴战略的若干意见》明确提出，建设东北生态大屏障，包括长白山区域。该区域大部分地区森林覆盖率超过80%。近几年吉林省在国家支持下，实施"天保"工程等，生态环境进一步改善。2010年，特大洪灾也波及东部地区，对整个生态环境造成一定影响，将长白山区域纳入东北生态建设范畴，有利于东北生态大屏障的构建。

✚ 加快行政体制改革，推进综合改革试验区工作

行政改革是当前改革的突破口。要加快推进政务公开、信息公开、预算公开，逐步实现公共服务均等化。结合财政"省管县"的试点，要加强转移支付。要完善行政层次改革和区划改革，适当地推进"县改市（区）"等工作。要推动开发区、新区行政体制的发展。为扩大长春中心城市的影响，可以跨区域地设立"长春经济区"。

推动吉林省设立综合改革试验区工作，可以分别设立地级、副地级或县级综合改革试验区。结合综合改革试验工作，推进行政区划调整。主要设想包括如下几个方面。

其一，设立副市级的长春长东北新区。长春长东北新区目前存在"七龙治水"的情况，不利于新区的统筹协调发展。应进行行政区划调整，进一步明确规范长东北新区的行政区划范围，明确和调整其辖内的行政主体的区划范围。通过组建高位统筹的长东北新区管理委员会，统筹长东北土地储备与管理、重大基础设施和布局、区域规划和新区建设。

其二，以吉林市全辖，设立吉林（地级市）综合改革试验区。吉林市作为吉林省老省会城市和次中心工业城市，在吉林省区域发展中具有特殊的历史地位。吉林市的地理位置，也决定了吉林市在东北经济一体化，特别是联系黑龙江省东部方面具有重要作用。目前，吉林市已经被列入低碳城市试点范围。吉林市下辖的舒兰、蛟河已经列入国家资源枯竭转型城市。所以，设立吉林（地级市）综合改革试验区对于推进东北经济一体化、开放创新，以及产业融合、发展低碳经济等，具有重要意义。

其三，设立梅河口（地级市级别）综合改革试验区。新的试验区范围包括梅河口、柳河、辉南等3县（市），随着其实力的不断融合发展还可以进一步扩

大范围，将其他地级市所辖的县级行政区纳入进来。待条件成熟时，梅河口综合改革试验区可以进一步改为梅河口（地级市）。届时，吉林省向南可以以梅河口的名义加强与抚顺、沈阳的合作，向北可以加强与牡丹江、佳木斯等黑龙江东部城市的联系。梅河口地区将发挥重要的南来北往通道和交通枢纽的作用，极大地促进东北经济一体化进程。

其四，敦化、公主岭等城市可以设立副地级或县级的综合改革试验区，以试验各项改革措施，以试点带动全局。

十一 加大对东北区域经济合作和新发展轴的支持力度

积极参与东北区域分工与合作。发挥东北地区行政首长联席会议作用，推动区域合作、经济一体化发展。要主动出击，打破省界、市界，大胆地引进省外的人口、人才、资源、资金。要大力建设吉林省"两横两纵"发展轴，充分发挥其作用。

在建设物流通道时，要促进过境资源的截留、加工和升值。围绕"大生态、大交通、大电网、大开放"，鼓励跨省（区）经济合作和企业兼并重组，加快推进一批旅游、物流、交通、能源、科技和生态环保等方面跨省合作重大项目。比如，加快与蒙东地区能源合作和跨省运输通道建设，满足吉林省日益增长的煤炭需求。

吉林城市南北两翼分别与辽宁、黑龙江接壤，在东北城市人口、交通、物流的一体化网络中，起着重要的中心枢纽作用。辽宁、吉林两省合作，在南北向骨干交通网络方面，除现有的哈尔滨—长春—沈阳—大连轴线外，还应增加"沈阳—辽源—（梅河口）—吉林—（敦化）—牡丹江"的通道；打造新发展轴。而从黑龙江的佳木斯、牡丹江出发，途经吉林、通化（梅河口），进入辽宁的抚顺、鞍山等市，一线往南，到达营口港；此线将成为与哈尔滨—长春—沈阳—大连轴线平行的一条新的经济发展轴。今年连接吉林市与沈阳市的高速公路即将通车，这将进一步推动东北北部三江平原的资源、能源和客流的南下。另外，打通丹东出海通道，共同建设通（化）—白（山）—丹（东）经济区，促进东北地区东部 12 个城市的一体化发展，也具有重要的全局意义。

后　记

本书获国家软科学出版计划资助，同时得到了吉林省人民政府、吉林省发展和改革委员会的支持。课题研究得到了国家发改委东北振兴司的大力支持和具体指导。课题组成员先后参加了国家发改委在北京、大连、襄阳等地召开的专题研讨会，并交流了研究成果。课题组还多次赴长春、吉林、四平、延边等地进行调研。本书写作中参考利用了大量的规划材料和工作材料，但无法一一列出出处。在此表示感谢和歉意！

课题组的研究得到吉林省社会科学院的支持。付百臣同志担任了本课题的指导工作。在领导的支持下，成立了一个由十余人组成的研究团队，涵盖经济、管理、社会、历史、财政、地理等不同学科，形成了强大的综合研究能力，充分体现了社科院科研队伍的风采。课题组体现了团结协作、艰苦作业的精神，深入实践，勇于创新，收集、消化了几百万字，甚至更多字的材料，最后形成了本书。课题的研究得到了朴日勋、吴长杰、周华、陈玉梅、李靖斌等同志的关心和支持。课题组成员以中青年人员为主。同时，作为课题的承担主体，吉林省城市发展研究所也是一个相对年轻的研究所。本书的作者主要有王劲松、张志勇、韩桂兰、张丽娜、赫曦滢、李林君、王晖、孙博、赵光远、吴妍、林琳等。作为团队的一员，每个人都做出了应有的贡献。另外，课题组的研究还得到中国社会科学院城市和环境研究所单菁菁、袁晓勐、李学锋等的支持。

本书仅代表个人的观点。作为生活在吉林这方热土，以为吉林振兴腾飞建言献策为己任的人们，我们将对吉林大地的无限热爱，投入到课题研究中去。我们充分相信，吉林振兴之路是吉林3000万人民齐心努力、开拓前行的振兴之路，它和每个人都息息相关。吉林人民对振兴之路的探索实践，始终在进行之中，没有停止，必将走向辉煌！我们期待着吉林老工业基地的全面振兴，现代化宏伟蓝图的成功绘就，也为中华民族的伟大复兴做出光辉贡献！

著　者

2015 年 5 月于北京